그래도 경제학이다

Economics Rules

그래도 경제학이다

우울한 과학의
성공과 실패
Economics Rules

대니 로드릭 지음 | 이강국 옮김

생각의힘

차례

머리말 | 007

서론 | 013

1장 모델의 역할 | 021

2장 경제모델 만들기의 과학 | 061

3장 모델의 선택 | 099

4장 모델과 이론 | 133

5장 경제학이 틀릴 때 | 169

6장 경제학과 그 비판가들 | 203

주석 | 245

찾아보기 | 265

머리말

이 책은 하버드 대학교에서 내가 몇 년 동안 로베르토 망가베이라 웅거 Roberto Mangabeira Unger와 함께 가르친 정치경제학 수업을 기반으로 쓰여졌다. 웅거는 나에게 경제학의 강점과 약점은 무엇인지, 그리고 경제학적 방법에서 무엇이 유용하다고 생각하는지 말해보라고 했다. 그는 경제학이 아담 스미스나 칼 마르크스와 같은 방식의 거대한 사회적 이론화를 포기했기 때문에 메마르고 진부해졌다고 주장했다. 이에 대해 나는 경제학의 강점은 정확하게 소규모의 이론화, 즉 인과관계를 밝히고 사회적 현실을 조명하는(비록 부분적이라 해도) 맥락에 기반한 contextual 사고에 있다고 지적했다. 그리고 스스로를 낮추며 연구를 수행하는 겸손한 과학이 자본주의 체제가 어떻게 작동하거나 무엇이 전세계의 부와 빈곤을 결정하는가에 관한 보편적인 이론을 찾는 것보다 더 유용하다고 주장했다. 내가 그를 설득했는지는 모르겠지만, 그의 주장은 내게 어느 정도 영향을 미쳤다는 것을 웅거가 알았으면 좋겠다.

이런 의견을 책의 형태로 발표하자는 생각은 마침내 2013년 여름에 방문하여 즐겁게 2년을 보낸 고등연구원Institute for Advanced Study, IAS에서 구체화되었다. 나는 경력의 상당 기간을 다양한 학문 분과의 환경에서 보냈고, 스스로 사회과학 내의 서로 다른 전통을 (비록 아주 잘 알지는 못하지만) 많이 접했다고 생각했다. 그러나 IAS에서의 2년은 완전히 다른 수준으로 나의 사고를 확장하는 경험이 되었다. 내가 머물렀던 IAS의 사회과학대학원School of Social Science은 경제학의 경험적 실증주의 empiricist positivism와 크게 대비되는 인문학적이고 연역적인 접근에 기초하고 있었다. 이 대학원에 방문한 많은 이들과의 만남을 통해 (경제학과 함께 인류학, 사회학, 역사학, 철학 그리고 정치학을 전공한) 나는 이들의 마음 깊이 경제학자들에 대한 강한 의심이 자리잡고 있다는 것을 알고 매우 놀랐다. 그들에게 경제학자는 명백한 것을 이야기하거나 단순한 분석 틀을 복잡한 사회현상에 너무 과도하게 적용하는 사람들이었다. 때때로 나는 그 곳 주변의 몇 안 되는 경제학자들이 수학과 통계학은 잘하지만 그밖에는 쓸모없는 사람으로 취급되고 있다는 느낌을 받았다.

아이러니는 내가 이러한 태도를 이전에도 본 적이 있었다는 것이다. 다만 정반대로. 경제학자들과 어울리다 보면 이들이 사회학이나 인류학에 관해 어떻게 생각하는지 알 수 있다. 경제학자들에게 다른 사회과학자들은 엄격하지 않고, 훈련받지 않았으며, 말만 많고 충분히 실증적이지 않거나 또는 (그 반대로는) 실증 분석의 함정을 잘 모르는 사람들이다. 또한 자신들은 어떻게 사고하고 결과를 얻어야 하는지를 아는 반면, 다른 사회과학자들은 주변을 빙빙 돌기만 할 뿐 핵심을 알아내지 못한다고 여긴다. 그래서 아마 나는 이와 정반대되는 방향의 의심이 존재하리라고 생각하지 못했던 것 같다.

놀랍게도 IAS에서 여러 분야의 학문에 몰두하는 경험을 통해 나는 경제학자로서 더욱 뿌듯하게 느낄 수 있었다. 오랫동안 나는 동료 경제학자들이 편협하고, 모델을 과도하게 그 자체로 받아들이며, 사회적 과정에 적절한 주의를 기울이지 않는다고 비판하곤 했었다. 하지만 경제학 외부로부터의 많은 비판들은 적절하지 않다고 생각했다. 무엇보다 경제학자들이 정말로 무엇을 하는지가 너무나 잘못 알려져 있었다. 이와 함께 나는 다른 사회과학의 일부 접근법들이 경제학자들의 일용할 양식인 분석적인 논증과 증거에 대해 주의를 기울임으로써 개선될 수 있다고 믿을 수밖에 없게 되었다.

하지만 이러한 상황에 대해 비난받아야 할 사람들은 바로 경제학자들 자신이라는 점도 분명했다. 문제는 단지 경제학자들의 자기만족의 느낌이나, 종종 나타나는 세상을 바라보는 특정한 방식에 대한 그들의 고집스러운 집착이 아니다. 문제는 경제학자들이 그들의 과학을 다른 이들에게 잘못 전하고 있다는 점이다. 이 책의 상당 부분은 세상이 어떻게 움직이는가에 대한 서로 다른 해석과 공공정책에 대한 다양한 시사점들과 함께, 경제학이 매우 진화하고 있는 다양한 분석틀을 포용한다는 것을 보이는 데 할애되었다. 그러나 비경제학자들이 보통 경제학으로부터 듣는 내용은 시장, 합리성 이기적 행동에 대한 한결같은 찬사 같은 것들이다. 경제학자들은 사회 현상을 조건에 맞춰 설명하는 데에 뛰어나다. 시장이(그리고 시장에 대한 정부의 개입이) 특정한 조건에 따라 어떻게 효율성, 평등 그리고 경제성장을 만들어내는지를 명확하게 설명할 수 있다. 그러나 경제학자들은 흔히 맥락에 상관없이 어떤 상황에도 들어맞는 보편적인 경제적 법칙을 주장하는 것 같은 인상을 준다.

나는 이러한 분열에 다리를 놓을 수 있는 (경제학자와 비경제학자 모두를 위한) 책이 필요하다고 생각했다. 나는 경제학자들에게 우리가 연구하는 과학을 보다 잘 설명할 필요가 있다는 메시지를 전하고 싶다. 이를 위해 경제학 내부에서 이루어지고 있는 유용한 연구를 조명하는 새로운 시각을 제시하고, 동시에 경제학자들이 빠지기 쉬운 함정을 명확하게 드러낼 것이다. 비경제학자들에게는 경제학에 대한 보통의 많은 비판들이 이 책에서 소개할 대안적인 시각에는 적용되지 않는다는 메시지를 전하고 싶다. 경제학에는 비판할 점이 많지만, 또한 높이 평가할 (그리고 모방해야 할) 점들도 많다.

IAS는 여러 면에서 이 책을 쓰기에 완벽한 환경이었다. 그곳에서 나는 조용한 숲과 훌륭한 식사를 즐기며 놀라운 역량을 지닌 학자들과 교류할 수 있었다. 과의 동료였던 다니엘 알렌Danielle Allen, 디디어 파신 Didier Fassin, 존 스콧Joan Scott, 마이클 왈저Michael Walzer는 서로 대조적인 그러나 동시에 엄격한 학문적 모델을 통해 경제학에 관한 나의 생각에 영감을 주었다. 우리 과의 낸시 코터맨은 효율적인 행정 지원 뿐 아니라 내 원고에 대해서도 유용한 의견을 주었다. 나는 이 훌륭한 지적공동체의 일원으로 나를 받아들여준 IAS의 여러분들, 특히 원장인 로베르튀스 데이크흐라프에게 감사드린다.

앤드루 와일리의 지도와 조언 덕분에 훌륭한 출판사를 만날 수 있었다. 노턴 출판사의 브렌단 커리는 훌륭한 편집자였고, 스테파니 히버트는 원고를 꼼꼼하게 손봐주었다. 두 사람 모두 이 책을 수많은 방식으로 개선해주었다. 경제학자들의 귀감이자 이 책에서도 언급되는 아비나쉬 딕싯Avinash Dixit은 꼼꼼한 논평과 제안을 해 주었는데 그에게 특히 감사드린다. 내 친구이자 공저자와 다름없는 샤룬 무칸드Sharun Mukand와 아르빈드 수브라마니안Arvind Subramanian은 너그럽게도 그들의 시간을 내어 이 책의 전반적인 계획을 세우는 데 도움을 주었다. 마지막이지만 매우 중요하게, 언제나 그렇듯이 아내 피나르 도간에게 큰 감사를 드린다. 그녀는 내가 경제학의 개념에 관한 주장과 논의를 명확히 하도록 도와주었을 뿐 아니라, 언제나 내게 사랑과 지지를 보내주었다.

서론

경제학의 아이디어의 올바른 사용과 오용

1944년 7월 뉴햄프셔의 리조트 브레튼우즈에서 전후 국제경제질서를 논의하기 위해 44개국의 대표단이 모임을 가졌다. 3주 동안의 모임 후, 그들은 30년 이상 지속될 세계체제의 구조를 설계했다. 그 체제는 두 경제학자의 발명품이었다. 경제학의 거인인 영국의 존 메이너드 케인스 John Maynard Keynes와 미국 재무부 관료 해리 덱스터 화이트Harry Dexter White가 그들이다.[1] 케인스와 화이트는 많은 문제에서 의견이 달랐는데, 특히 국가적 이해가 걸린 쟁점들에서 그랬다. 그러나 그들은 전간기의 경험에 의해 형성된 사고의 틀을 공유했다. 그들의 목표는 금본위제와 대공황 마지막 시기의 대혼란을 방지하는 것이었다. 그들은 이 목표를 달성하기 위해 고정된, 그러나 때때로 조정 가능한 환율제도, 국제무역의 자유화, 자본흐름의 통제, 일국의 통화정책과 재정정책 폭의 확대, 그리고 국제통화기금과 (세계은행으로 알려진) 국제부흥개발은행을 통한 국제적 협조의 발전이 필요하다는 데 동의했다.

케인스와 화이트의 브레튼우즈 체제는 매우 성공적이었다. 이 체제는 선진 시장경제와 갓 독립한 수십 개의 국가들에게 전례 없던 경제성장과 안정의 시대를 열었다. 그리고 케인스가 경고했던 바대로, 1970년대에 투기적 자본흐름의 성장에 의해 결국 약화되었다. 그러나 브레튼우즈는 세계적인 제도 설계의 표준으로서는 여전히 유지되었다. 세계경제의 혼란들을 계속해서 겪으며 개혁가들이 외친 목소리는 '새로운 브레튼우즈'였다.

1952년 컬럼비아 대학교의 경제학자 윌리엄 비크리^{William Vickrey}는 뉴욕 시의 지하철에 새로운 요금체계를 제시했다. 교통량이 많은 시간과 구간에서는 지하철 요금을 높이고 다른 시간과 구간에서는 요금을 낮추자는 것이었다. 이 혼잡요금^{congestion pricing} 체계는 경제학의 수요-공급 원칙을 대중교통에 적용한 것이었다. 요금이 시간에 따라 다르므로, 시간 조정이 가능한 통근자들은 교통량이 많아 요금이 높은 시간을 피하려는 인센티브를 갖게 된다. 결국 이 체계는 통근자들의 지하철 이용을 시간에 걸쳐 분산시키고, 전체적으로 더 많은 승객들이 지하철을 이용하게 하자는 것이었다. 비크리는 나중에 도로와 자동차 통행에도 이와 비슷한 체계를 제언했다. 그러나 많은 이들은 그의 생각이 말도 안 되고 가능하지도 않다고 생각했다.

싱가포르는 혼잡요금제를 실제로 도입한 최초의 나라였다. 1975년부터 싱가포르의 운전자들은 도심 비즈니스 지구로 들어갈 때 통행료를 내게 되었다. 1998년부터는 전자 통행료 시스템으로 변경되었는데, 이는 도로망의 자동차 평균 속도에 기초하여 운전자들에게 서로 다른 요금을 매길 수 있도록 해주었다. 이 제도의 시행 이후 교통 혼잡이 줄었고, 대중교통 이용이 늘어났으며, 이산화탄소 배출이 줄고, 싱가포르 정부는 상당한 수입을 올렸다. 싱가포르의 성공 이후 런던, 밀라노, 그리고 스톡홀름 등 다른 주요 도시들이 이 제도를 다양한 방식으로 조금씩 다르게 모방했다.

1997년 고국 멕시코의 재무부 차관이던 보스턴 대학교 경제학과의 산티아고 레비$^{Santiago\ Levy}$는 정부의 빈곤 퇴치 정책을 철저히 재검토했다. 기존의 정책들은 주로 식품 보조의 형태로 빈곤층을 지원하고 있었는데, 레비는 식품 보조가 효율적이지 않다고 주장했다. 경제학의 핵심적인 교리에 따르면, 빈곤층의 후생은 특정 소비재를 보조할 때보다 직접 현금을 나눠줄 때 더 효율적으로 개선된다. 또한 레비는 현금 보조를 건강 상태와 교육을 개선하는 수단으로 사용할 수 있다고 생각했다. 이에 부모가 아이를 학교에 보내고 의료 혜택을 받게 할 경우, 정부가 부모들에게 현금을 지급하는 정책을 시행했다. 경제학 용어로 이야기하면, 부모가 아이들에게 투자를 하도록 하는 인센티브를 제공한 것이다.

이 프로그레사^{Progresa}—나중에 오포튜니다데스^{Oportunidades} 그리고 더 나중에 프로스페라Prospera로 명칭이 바뀐다—프로그램은 개도국에서 최초로 도입한 대규모 조건부 현금이전conditional cash transfer, CCT이었다. 이 프로그램은 점진적으로 도입되었는데, 레비는 또한 프로그램이 성공했는지 아닌지 명확하게 평가할 수 있는 독창적인 실행 계획을 고안했다. 그것은 모두 단순한 경제학 원리에 기초한 것이었는데도, 빈곤 퇴치 프로그램에 대한 정책결정자들의 생각을 혁명적으로 변화시켰다. 이 프로그램이 성공하자 다른 나라들도 관심을 갖게 되었고, 브라질과 칠레를 포함한 10개 이상의 라틴아메리카 국가들이 결국 비슷한 프로그램을 도입했다. 마이클 블룸버그 시장 시절의 뉴욕 시에서도 시범적인 CCT 프로그램을 도입한 바 있었다.

세계경제, 도시의 교통, 그리고 빈곤 퇴치 등 세 가지 서로 다른 영역에서 나타난 경제학적 아이디어를 살펴보았다. 각각의 경우, 경제학자들은 단순한 경제학의 분석틀을 공공의 문제에 적용함으로써 세상을 부분적으로나마 개선했다. 이 사례들은 경제학이 할 수 있는 최선이 무엇인지를 잘 보여준다. 다른 사례들도 많다. 게임이론이 통신 주파수 경매를 실행하는 데 사용되었고, 시장설계모델market design models은 의료 전문가들이 주민들을 병원에 할당하는 데에 도움이 되었으며, 산업조직이론의 모델들이 경쟁과 반독점 정책의 기초가 되었고, 최근 거시경제이론의 발전은 전 세계의 중앙은행들이 인플레이션 타겟 정책을 널리 도입하도록 만들었다.[2] 경제학자들이 올바른 역할을 할 때 세상은 더 나은 곳이 된다.

그러나 이 책의 많은 사례들이 보여주듯이, 경제학자들은 종종 실패한다. 나는 왜 경제학이 때로는 올바르고 때로는 그렇지 않은지 설명하기 위해 이 책을 썼다. 그 핵심은 '모델'—경제학자들이 세계를 이해하기 위해 사용하는 추상적이며 대개는 수학적인 분석틀—이다. 모델은 경제학자들의 강점이자 아킬레스건이다. 모델은 또한 (양자물리학이나 분자생물학과 같은 과학은 아니지만) 경제학을 과학으로 만드는 요소이기도 하다.

경제학은 하나의 모델 내신 여러 종류의 많은 모델들을 포괄한다. 경제학은 수많은 모델들을 발전시키고, 이 모델들이 현실 세계를 더 잘 묘사하도록 개선하며 진보한다. 경제학에서 모델의 다양성은 세상사의 유연함에 대응하는 필연적인 것이다. 사회적 환경이 다르면 그 모델도 달라져야 한다. 앞으로도 경제학자들이 보편적이며 두루 쓰이는 general purpose 모델을 발견할 것 같지는 않다.

그렇지만 경제학자들은 모델을 잘못 사용하는 경향이 있는데, 이는 부분적으로 그들이 자연과학을 경제학의 본보기로 생각하기 때문이다. 하나의 모델을 모든 조건에서 적절하고 적용 가능한 유일한the 모델로 잘못 생각하는 것이다. 경제학자들은 이 유혹을 극복해야만 한다. 환경이 변화하거나 하나의 환경에서 다른 환경으로 시선을 돌릴 때 경제학자는 모델을 주의 깊게 선택해야 한다. 그리고 더욱 유연하게 한 모델에서 다른 모델로 옮겨가는 법을 배워야 한다.

이 책은 경제학을 찬양하는 동시에 비판한다. 나는 이 학문의 핵심

－경제모델이 지식을 창출해내는 데 수행하는 역할－을 지지하지만, 경제학자들이 종종 그들의 전문기술을 실행하고 그들의 모델을 (잘못) 사용하는 방식에 대해 비판한다. 내가 제시하는 주장은 '경제학자들의 집단적 의견^{party view}'이 아니다. 나는 많은 경제학자들이 경제학에 관한 나의 생각에, 특히 경제학이 어떤 종류의 과학인가에 관한 내 관점에 동의하지 않을 것이라 생각한다.

경제학자가 아닌 다른 사회과학 연구자들과 만나는 경우, 나는 종종 경제학에 관한 외부자의 관점에 당황하곤 했다. 잘 알려져 있는 경제학에 관한 비판들, 즉 '경제학은 단순하고 고립적이다' '경제학은 문화, 역사, 다른 배경조건들을 무시하는 보편적인 주장을 한다' '경제학은 시장을 물신화한다^{reifies}' '경제학은 암묵적인 가치판단으로 가득 차 있다' 그리고 '경제학은 경제의 발전을 설명하고 예측하지 못한다'와 같은 비판들은 상당 부분 경제학이 사실은 특정한 이념적 성향이 있거나 유일한 결론을 내리거나 하지 않는 다양한 모델들의 모음이라는 것을 인식하지 못한 결과이다. 물론 경제학자들 스스로가 그들의 전문분야 내부의 이러한 다양성을 나타내지 못하는 한에서는, 잘못은 경제학자들 자신에게 있을 것이다.

처음부터 또 다른 해명을 해야 하겠다. '경제학'이라는 단어는 두 가지 서로 다른 방식으로 사용되어 왔다. 첫 번째 정의는 이 학문의 실질적인 분야에 초점을 맞춘다. 이 해석에 따르면 경제학은 경제가 어떻게 작동하는지 이해하는 것이 목표인 사회과학의 하나이다. 두 번째 정의는 방법에 집중한다. 경제학은 특정한 수단을 사용하여 사회과학을 하는 하나의 방법이다. 이 해석에 따르면 경제학은 경제에 관한 특정한 가설이나 이론보다는 형식적 모델 만들기와 통계적 분석의 수단과 관계가 있다. 그러므로 경제학의 방법은 경제 이외의 다른 많은 분야들―가족 내의 의사결정에서 정치제도 문제까지―에 적용될 수 있다.

나는 '경제학'이라는 단어를 주로 두 번째 의미에서 사용한다. 모델의 이점과 잘못된 적용에 관해 내가 이야기하는 모든 것은 비슷한 접근을 사용하는 정치학, 사회학 또는 법학에도 똑같이 적용된다. 흔히 경제학의 이러한 방법을 논하면 『괴짜경제학*Freakonomics*』과 같은 종류의 작업들만 회자되곤 한다. 경제학자 스티븐 레빗Steven Levitt에 의해 대중화된 이러한 접근은 스모 선수들의 관행에서 공립학교 교사들의 부정까지 다양한 사회적 현상들을 섬세한 실증 분석과 인센티브에 기반한 추론을 사용하여 조명해 왔다.[3] 몇몇 비판가들은 이러한 종류의 작업이 경제학을 시시하게 만든다고 주장한다. 레빗과 같은 방식의 접근은 경제학의 가장 중요한 질문들, 즉 '언제 시장이 성공적으로 작동하고 실패하는가' '무엇이 경제를 성장하도록 만드는가' '완전고용과 가격 안정이 어떻게 조화될 수 있는가' 등에 대답하기보다는 현실적이고 일상적인 문제들에 경제학을 적용하려고 한다.

이 책에서 나는 이 중요한 질문들 그리고 모델이 이 질문들에 대답하는 데 어떻게 도움이 되는지에 분명하게 초점을 맞출 것이다. 경제학은 맥락과 관계없이 적용되는 보편적인 설명이나 처방을 제시할 수 없다. 사회 현상은 너무도 가변적이고 다기하여 유일한 분석틀에 구겨 넣어질 수 없다. 각각의 경제학 모델은 전체적인 지형의 조각들을 보여주는 부분적인 지도와 같다. 이들이 모두 합쳐지면, 경제학자의 모델은 사회적 경험을 구성하는 무수히 많은 언덕과 계곡에 대한 우리가 가진 최고의 지적인 안내서가 된다.

1장 모델의 역할

Economics is a collection of models. Cherish their diversity.

When economists go wrong — **The world is almost always**

1973년 스웨덴 출생의 경제학자 악셀 레종후푸드 Axel Leijonhufvud는 「이콘들the Econ 사이의 삶」이라는 제목의 소논문을 발표했다. 이 논문은 재미 있는 가짜 민속지 연구로서, 여기서 그는 경제학자들 사이의 지배적인 관행, 신분 관계 그리고 터부들을 자세하게 묘사했다. 레종후푸드는 '이콘 종족'이 자신이 '모들modls'–경제학자들의 직업적 수단인 정형화된 수학적 모델을 의미–이라 부르는 것에 집착하는 특징이 있다고 설명했다. 그는 이콘들이 모들을 강조하기 때문에 '소시오그Sociog'(사회학도의 비유적 의미–옮긴이)와 '폴시스Polscis'(정치학도의 비유적 의미–옮긴이)와 같은 다른 종족들을 깔본다고 설명한다. 이 다른 종족들은 모들을 만들지 않는다.[1]

레종후푸드의 말은 40년이 넘게 지난 지금도 여전히 적절하다. 경제학 공부는 본질적으로 일련의 모델을 배우는 것으로 이루어진다. 아마도 경제학자들의 서열을 결정하는 가장 중요한 요소는 현실의 어떤 측면을 조명하기 위해 새로운 모델을 개발할 수 있는 능력 또는 새로운 증거와 연계하여 기존의 모델을 사용할 수 있는 능력이다. 경제학계의 가장 뜨거운 지적 논쟁은 이 모델 혹은 저 모델이 적절한지 또는 적용 가능한지를 둘러싸고 벌어진다. 만약 경제학자에게 상처를 주기 원한다면 그저 '당신은 모델이 없어요'라고 말하면 된다.

모델은 자존심의 원천이다. 경제학자들과 어울리다 보면 '경제학자는 모델을 사용한다'라고 쓴 머그컵이나 티셔츠를 흔히 마주칠 수 있다. 또한 많은 경제학자들이 현실 세계에서 사람들과 어울려 놀기보다 수학에 기초한 모델을 가지고 놀기를 더 좋아한다는 것도 알 수 있다.

비판적인 사람들이 보기에, 경제학자의 모델에 대한 의존은 경제학의 가장 큰 문제다. 사회의 복잡성을 몇몇 단순한 관계들로 환원하고, 명백히 사실이 아닌 내용을 기꺼이 가정하며, 현실보다 수학적인 엄격함에 대해 집착하고, 정형화된 추상으로부터 정책 결론으로 흔히 비약하는 등의 잘못이 그것이다. 그들에게는 경제학자들이 모델의 방정식으로부터 곧장 자유무역이나 특정한 조세정책을 옹호하는 결론을 내놓는 것이 매우 놀라운 일이다.

다른 비판은 경제학이 평범한 내용을 복잡하게 만든다고 주장한다. 경제모델economic models은 상식에 수학적 형식주의의 옷을 입힌다. 주로 주류와 거리를 두기로 선택한 경제학자들이 이를 가장 강력하게 비판한다. 이단적인 경제학자 케네스 보울딩Kenneth Boulding은 이렇게 말했다. "수학은 경제학에 엄격함을 가져다주었지만, 불행히 경직성도 가져다주었다." 케임브리지 대학교의 경제학자 장하준은 "95퍼센트의 경제학은 상식인데, 그것을 전문용어와 수학을 사용하여 어렵게 보이게 만든 것이다"라고 말한다.[2]

사실 경제학자들이 만드는 단순한 종류의 모델은 사회가 어떻게 작동하는지를 이해하기 위해 절대적으로 중요하다. 바로 단순성, 수리화 그리고 현실의 다기함을 추상해내는 속성들이 모델을 가치 있게 만든다. 그 속성들은 문제가 아니라 특징이다. 모델이 유용한 이유는 그것이 현실의 특징을 포착하기 때문이다. 모델이 필수적이게 되는 이유는 제대로 사용되면 그것이 **주어진 맥락하에서 가장 적절한 현실의 특징**을 포착하기 때문이다. 다양한 맥락들—서로 다른 시장, 사회적 배경, 국가, 시간 등—은 서로 다른 모델을 필요로 한다. 그리고 이것이 경제학자들이 보통 어려움에 빠지는 지점이다. 경제학자들은 흔히 경제학의 가장 가치 있는 기여—다양한 상황에 맞추어 설계된 모델의 다양성—를 집어던지고 하나의 그리고 유일한 보편적인 모델을 추구한다. 모델이 신중하게 선택되면, 그것은 훌륭한 설명을 할 수 있다. 모델이 교조적으로 사용되면, 그것은 정책에서 오만과 실수를 낳는다.

모델의 다양성

경제학자들은 사회적 상호작용의 두드러진 특징을 포착하기 위해 모델을 만든다. 그런 상호작용은 보통 상품과 서비스의 시장에서 발생한다. 이 시장이 무엇인가에 관해 경제학자들은 매우 폭넓게 이해하는 경향이 있다. 우선 구매자와 판매자는 개인, 기업 또는 집단적 주체일 수 있다. 거래되는 상품과 서비스는 (시장가격이 존재하지 않는) 정치적 직책이나 지위 같은 것들을 포함한 거의 모든 것일 수 있다. 시장은 국지적, 지역적, 국가적 또는 국제적일 수 있다. 그것은 전통시장의 경우처럼 물리적으로 조직될 수도 있고, 전자상거래의 경우처럼 가상적으로 조직될 수도 있다. 경제학자들은 전통적으로 시장이 어떻게 작동하는지에 몰두한다. 시장이 자원을 효율적으로 사용하고 있는가? 시장이 더 개선될 수 있는가? 그렇다면 어떻게? 교환의 이득이 어떻게 분배되는가? 경제학자들은 또한 학교, 노동조합, 정부와 같은 다른 제도들의 작동을 밝히기 위해서도 모델을 사용한다.

그렇다면 경제모델economic model이란 과연 무엇일까? 경제모델을 '특정한 메커니즘을 다른 혼란스런 영향들로부터 분리하여, 그것이 어떻게 작동하는지 보여주기 위해 설계된 단순화'로 정의하면 이해하기 쉽다. 모델은 특정한 원인들에 초점을 맞추고 그 원인들이 시스템을 통해 어떤 결과를 낳는지 보여주고자 한다.

모델 개발자는 부분들 사이의 특정한 종류의 상호연관ー복잡하고 뒤죽박죽인 현실 세계를 보아서는 인식하기 어려울지도 모르는 그런 연관—을 보여주는 가상적인 세계를 건설한다. 경제학에서 모델은 내과의사나 건축가가 사용하는 물리적 모델과 다르지 않다. 내과의사의 진료실에서 볼 수 있는 호흡기의 플라스틱 모델은 인체의 다른 부분들은 생략하고 폐의 세부 사항에 초점을 맞춘다. 건축가는 집을 둘러싼 경관을 보여주는 모델이나 인테리어 설계를 보여주는 모델을 만든다. 경제학자의 모델은 물리적 모델이 아니고 단어와 수학을 사용하여 기호에 의해 작동한다는 점을 빼면 그것들과 비슷하다.

경제학에서 가장 대표적인 모델은, 경제학개론 수업을 수강한 사람이라면 누구에게나 친숙한 수요—공급 모델이다. 수요—공급 모델에서는 각 축에 가격과 수량이 나타나고, 우하향하는 수요곡선과 우상향하는 공급곡선이 교차한다.[3] 이 모델은 수많은 소비자와 생산자가 있는, 경제학자들이 '완전경쟁시장'이라 부르는 세계를 가정한다. 이 세계에서는 모두가 자신의 경제적 이해를 추구하며, 어느 누구도 시장가격에 영향을 미칠 수 있는 능력을 가지고 있지 않다. 이 모델에는 많은 것들이 생략되어 있다. 예를 들어, 사람들은 물질적 동기 외에 다른 동기를 가지고 있으며, 감정이나 인지 오류로 인해 종종 비합리적 선택을 하며, 어떤 생산자들은 독점적으로 행동할 수 있다. 하지만 수요—공급 모델은 현실 시장경제의 몇몇 단순한 작동원리들을 해명해준다.

그중 몇 가지는 명백하다. 예를 들어, 생산비용의 상승은 시장가격을 높이고 수요량과 공급량을 감소시킨다. 에너지 비용이 상승하면 에

너지 요금이 높아지고 사람들은 난방과 전기를 절약하는 추가적인 방법을 찾아낸다. 그러나 명백하지 않은 것들도 있다. 예를 들어, 석유와 같은 상품에 대한 세금이 생산자에게 부과되는가 아니면 소비자에게 부과되는가 하는 것은 결국 누가 세금을 지불하는가와 아무 관련이 없다. 세금이 석유회사에 부과될 수 있지만, 실제로 세금을 지불하는 것은 석유를 살 때 더 높은 가격을 지불하는 소비자일 수 있다. 또는 소비자에게 소비세의 형태로 추가적인 비용이 부과되더라도, 석유회사가 더 낮은 가격을 통해서 그 부담을 져야만 할 수도 있다. 이 모두는 수요와 공급의 '가격탄력성'에 달려 있다. 추가적인 가정들의 긴 목록과 함께(이에 관해서는 나중에 더 이야기할 것이다) 이 모델은 또한 시장이 얼마나 잘 작동하는지에 관해서도 상당히 설득력 있는 결과를 제시한다. 특히 경쟁적인 시장경제는 다른 누군가의 후생을 감소시키지 않고서는 누군가의 후생을 증가시킬 수 없다는 의미에서 효율적이다(경제학자들은 이것을 파레토 효율성Pareto efficiency이라 부른다).

이제 죄수의 딜레마prisoners' dilemma라고 불리는 다른 모델을 생각해 보자. 이 모델은 수학자들의 연구로부터 비롯되었는데, 최근 많은 경제학 연구의 토대를 이루고 있다. 이 모델에서 두 개인은 둘 중 누군가가 자백을 하면 벌을 받는 상황에 직면해 있다. 이를 경제학의 문제로 만들어보자. 경쟁하는 두 기업이 광고에 큰 돈을 쓸 것인지 결정해야 한다고 가정해 보자. 한 기업은 광고를 하고 다른 기업은 하지 않을 경우, 광고를 한 기업은 다른 기업의 고객 일부를 빼앗아올 수 있을 것이다.

그러나 두 기업 모두가 광고를 하면, 고객을 빼앗아오는 효과는 서로 상쇄된다. 두 기업 모두 쓸모없이 돈을 쓰게 되는 것이다.

우리는 어떤 기업도 광고에 돈을 쓰지 않을 것이라고 예상할 수도 있지만, 모델은 이러한 논리가 틀렸음을 보여준다. 기업들이 독립적으로 선택을 하고 스스로의 이윤만을 고려할 때, 각 기업은 다른 기업이 어떻게 하느냐에 상관없이 광고를 할 인센티브가 존재한다.[4] 다른 기업이 광고를 하지 않으면 그 기업으로부터 고객을 빼앗아 올 수 있고, 다른 기업이 광고를 하면 고객을 빼앗기는 손실을 막기 위해 광고를 해야만 한다. 따라서 두 기업 모두가 자원을 낭비해야만 하는 나쁜 균형에 빠지게 된다. 앞의 구절에서 묘사했던 것과 다르게 이 시장은 전혀 효율적이지 않다.

두 모델 사이의 명백한 차이점은, 하나는 아주 많은 시장 참가자가 있는 경우(예를 들어 오렌지 시장)를 묘사하는 반면, 다른 하나는 경쟁하는 두 개의 대기업이 있는 경우(보잉과 에어버스가 경쟁하는 항공기 제조업과 같은)를 묘사한다는 것이다. 그러나 이러한 차이가 한 시장은 효율적이고 다른 시장은 그렇지 않은 유일한 이유라고 생각하는 것은 옳지 않다. 두 모델의 다른 가정들도 부분적으로 역할을 한다. 보통 암묵적인 이 다른 가정들을 약간 비틀면 또 다른 종류의 결과를 얻을 수 있다.

시장 참가자의 수를 알 수 없지만, 매우 다른 결과를 가지는 세 번째 모델에 대해 생각해보자. 이 모델을 조정모델coordination model이라 부르자.

하나 또는 복수의 기업(숫자는 중요하지 않다)이 조선소를 건설하는 투자를 할 것인지 결정을 해야 한다. 이 기업은 만약 충분히 대규모로 생산할 수 있다면 그 투자가 이윤이 날 것임을 알고 있다. 그런데 이를 위해서는 중요한 투입요소인 철강을 근처에서 값싸게 조달할 수 있어야만 한다. 이 기업은 결국 '만약 근처에 제철소가 있다면 조선소 건설에 투자하고, 없다면 투자하지 않는다'고 결정할 것이다. 이제 이 지역에서 철강을 생산할 수 있는 가능성이 있는 투자자에 관해 생각해보자. 조선소가 이 철강의 유일한 잠재 고객이라고 가정하자. 제철소는 만약 그들의 철강을 구매할 조선소가 있으면 돈을 벌 수 있고, 없으면 돈을 벌 수 없다고 생각할 것이다.

여기서 우리는 경제학자들이 '다중균형multiple equilibria'이라고 부르는 두 가지 가능한 결과를 얻을 수 있다. '좋은' 결과에서는 두 종류 모두의 투자가 이루어지고, 조선소와 제철소 모두가 이윤을 얻고 행복해진다. 균형에 도달하는 것이다. '나쁜' 결과에서는 어느 누구의 투자도 이루어지지 못한다. 투자하지 않기로 한 결정이 서로를 그렇게 만들기 때문에, 이 두 번째 결과도 균형이다. 만약 조선소가 없다면 제철회사는 투자하지 않을 것이고, 철강이 없다면 조선소는 건설되지 않을 것이다. 이 결과는 잠재적인 시장 참가자의 수와 별로 관계가 없다. 대신 그것은 세 가지 다른 특징에 달려 있다. 첫째, 규모의 경제가 존재한다(다른 말로 하면, 이윤이 나기 위해 사업이 커다란 규모를 필요로 한다). 둘째, 제철소와 조선소가 서로를 필요로 한다. 셋째, 대안적인 시장과 투입요소가 존재하지 않는다(예를 들어, 이는 해외무역에 의해 제공될 수도 있다).

이 세 모델은 시장이 어떻게 작동하는가(또는 그렇지 않은가)에 관해 세 가지 서로 다른 시각을 보여준다. 그중 어떤 것도 항상 옳거나 그르지는 않다. 각각은 현실 세계의 경제에서 작동하고 있는 (또는 작동할 수 있는) 중요한 메커니즘을 조명해준다. 이미 우리는 상황에 가장 잘 맞는 '최적의' 모델을 선택하는 것이 얼마나 중요한가를 알기 시작했다. 경제학자들에 관한 어떤 전통적인 견해에 따르면, 경제학자들은 판에 박힌knee-jerk 시장근본주의자이다. 경제학자들은 시장을 그냥 놔두면 모든 문제가 해결된다고 생각한다는 것이다. 많은 경제학자들이 그런 성향을 가지고 있을 수도 있다. 그러나 분명 경제학은 그렇게 가르치지 않는다. 거의 모든 경제학의 문제에 대한 올바른 대답은 '상황에 따라 다르다it depends'이다. 저마다 훌륭한 서로 다른 모델들이 서로 다른 대답을 제시한다.

경제모델은 그 결과가 서로 다를 수 있다고 주의를 주는 이상의 역할을 한다. 모델은 가능한 결과가 **무엇에** 달려 있는가에 관해 정확히 이야기해주기 때문에 쓸모가 있다. 몇몇 중요한 사례들을 생각해보자. 최저임금은 고용을 감소시킬 것인가 아니면 증가시킬 것인가? 이에 대한 답은 개별적 고용주가 경쟁적으로 행동하는가 아닌가, 즉 그들이 자신의 지역의 현재 임금에 영향을 미칠 수 있는가 아닌가에 달려 있다.[5] 신흥시장에 자본이 유입되면 경제성장율이 높아질까, 낮아질까? 답은 그 나라가 투자할 돈이 없어서 성장을 못하고 있는지, 아니면 (예를 들어 높은 세금 탓에) 수익성이 낮아 성장을 못하고 있는지에 달려 있다.[6] 정부의 재정적자 감축이 경제활동을 저해하는가 아니면 촉진하는가? 그 답은 신뢰의 정도, 통화정책 그리고 통화체제에 달려 있다.[7]

이 각각의 질문에 대한 대답은 현실 세계의 몇몇 결정적인 특징들에 달려 있다. 모델은 이러한 특징들을 강조하고 그 특징들이 어떻게 결과에 영향을 미치는지 보여준다. 각각의 경우에 전통적인 대답을 제시하는 표준적 모델이 존재한다. 최저임금은 고용을 감소시키고, 자본 유입은 성장을 촉진하고, 재정 감축은 경제활동을 저해한다. 그러나 이 결론들은 모델의 결정적인critical 가정들―위에서 말한 현실의 특징들―이 현실을 잘 반영하는 정도만큼만 사실이다. 그렇지 않을 경우 우리는 다른 가정들을 가진 모델에 의존해야 한다.

나는 뒤에서 결정적인 가정들에 관해 논의하고 더 많은 경제모델의 사례들을 제시할 것이다. 그에 앞서 먼저 모델은 무엇이고 무엇을 하는지에 관한 몇 가지 비유들에 관해 살펴보자.

우화로서의 모델

경제모델에 관해 생각하는 하나의 방식은 그것을 우화로 생각하는 것이다. 이 짧은 이야기들에는 흔히, 이름이 없지만 일반적인 장소(마을, 숲)에 살고 그들의 행동과 상호작용이 일종의 교훈적인 결과를 만들어내는 몇몇 주요한 인물들이 등장한다. 이들은 사람일 수도 있고 의인화된 동물이나 무생물일 수도 있다. 우화는 그 자체로 간단하다. 이야기의 배경은 대략적으로 묘사되고, 등장인물의 행동은 탐욕이나 질투와 같은 정형화된 동기에 의해 유발된다. 우화는 현실적이거나 그 인물의 삶을 완전하게 묘사하기 위한 노력은 거의 기울이지 않는다. 그것은 이야기 구조를 명확하게 하기 위해 현실성과 모호함을 포기한다. 중요한 점이라면, 각 우화는 명백한 도덕적 교훈—'정직이 최선이다' '최후에 웃는 자가 성공하는 것이다' '불행한 이들은 다른 이들의 불행에서 위안을 얻는다' '곤경에 빠진 이를 내팽개치면 안된다' 등—을 가지고 있다.

경제모델도 이와 비슷하다. 모델은 단순하고 추상적인 환경을 가정하여 만들어진다. 모델은 많은 가정들에 대해 현실적이어야 한다고 요구하지 않는다. 모델 내에 많은 현실의 사람들과 기업들이 나오는 것처럼 보이지만, 주요 등장인물들의 행동은 매우 정형화된 형태로 표현된다. 무작위적 충격random shock, 외생적 파라미터, 자연과 같은 무생물도 흔히 모델에 나타나고 행동을 유발한다. 모델의 이야기 구조는 명백한 인과관계, 즉 '만약-그렇다면if-then'의 관계를 둘러싸고 전개된다. 그리고 도덕적 교훈—또는 경제학자들의 표현에 따르면 정책적 함의—은 보통 아주 명백하다. '자유로운 시장은 효율적'이라든지, '전략적인 상호작용에서 기회주의적 행동은 모두를 불행하게 만든다'든지, '인센티브가 중요하다'는 등이 그것이다.

우화는 짧고 간단명료하다. 그래서 메시지를 확실히 전달할 수 있다. '토끼와 거북이'는 비록 느리지만 꾸준한 진보가 중요하다는 사실을 마음속에 아로새겨준다. 이 이야기는 세계를 해석하는 지름길이 되어, 다양한 비슷한 상황들에 적용된다. 경제모델을 우화에 비교하는 것이 모델의 '과학적' 지위를 경시하는 것처럼 보일 수도 있다. 그러나 모델의 매력 중 일부는 정확하게 그것이 우화와 같은 방식으로 작동한다는 것이다. 경쟁적 수요−공급 모델을 접한 학생은 시장의 힘에 대한 오래된 존경을 배운다. 죄수의 딜레마를 공부하면 우리는 협조의 문제를 이전과는 완전히 다른 방식으로 생각할 수 있게 된다. 특정한 세부사항은 잊혀져도, 모델은 세계를 이해하고 해석하는 기초로 남게 된다.

최고의 경제학자들은 이러한 비유에 관해 잘 알고 있다. 그들은 논문에서 사용하는 추상적인 모델이 본질적으로 우화라는 것을 흔쾌히 인정한다. 존경받는 경제 이론가 아리엘 루빈스타인Ariel Rubinstein에 따르면 "'모델'이라는 단어는 '우화'나 '동화'보다 더 과학적으로 들린다. (그러나) 나는 그들 사이에서 별로 차이점을 발견할 수 없다."[8] 철학자 앨런 기바드Allan Gibbard와 경제학자 할 배리안Hal Varian에 따르면 "(경제)모델은 언제나 이야기를 전한다."[9] 과학철학자 낸시 카트라이트Nancy Cartwright는 경제모델이 비유담에 더 가깝다고 생각하지만, '우화'라는 단어를 경제모델과 물리모델 모두와 관련하여 사용한다.[10] 그녀에 따르면 도덕적 교훈이 뚜렷한 우화와는 달리, 경제모델은 정책적 함의를 끌어내는 데 많은 주의와 해석이 필요하다. 이러한 복잡성은 각각의 모델이 단지 특정한 상황에 적용되는 결론만을 포착한다는 사실과 관련이 있다.

그러나 여기에서도 우화는 쓸모 있는 비유가 된다. 세상에는 수많은 우화들이 있고, 각각의 우화는 각기 다른 환경하에서 행동에 대한 지침을 제공한다. 전체적으로 볼 때, 우화는 때때로 모순적으로 보이는 도덕적 교훈을 제시하기도 한다. 어떤 우화는 신뢰와 협조의 미덕을 찬양하는 반면, 다른 우화는 자조自助를 강조한다. 어떤 우화는 사전 준비가 중요하다고 이야기하지만, 다른 우화는 너무 많이 준비하면 위험하다고 경고한다. 지금 가진 돈을 쓰고 즐겨야 한다고 말하는 우화가 있는 반면, 미래에 대비하여 저축해야 한다고 말하는 우화도 있다. 친구를 가져야 한다는 우화가 있는 반면, 친구가 너무 많으면 좋지 않다는 우화도 있다. 이처럼 각각의 우화는 명확한 도덕적 교훈을 가지고 있지만, 전체적으로 볼 때 우화는 의심스럽고 불확실하기도 하다.

따라서 우리는 특정한 상황에 적용되는 우화를 선택할 때 판단을 해야 한다. 경제모델도 이와 똑같은 판단을 필요로 한다. 우리는 이미 서로 다른 모델이 어떻게 서로 다른 결론을 제시하는지 살펴보았다. 이기적인 행동은 우리가 배경 조건을 어떻게 가정하느냐에 따라 효율성(완전경쟁시장모델)과 낭비(죄수의 딜레마 모델) 모두를 만들어낼 수 있다. 우화와 마찬가지로, 경제학에서도 경쟁하는 모델들이 들어 있는 메뉴로부터 적절한 모델을 선택할 수 있는 판단력이 필수적이다. 비록 그

과정은 과학보다 기술에 더 가깝기는 하지만(3장 참조), 다행히도 증거 evidence가 여러 모델들 사이의 선택을 위한 유용한 지침을 제공할 수 있다.

실험으로서의 모델

우화로서의 모델이라는 생각에 끌리지 않는다면, 모델을 실험실의 실험으로 생각해보자. 이는 아마도 놀라운 비유가 될 것 같다. 우화의 비유가 모델을 단순한 동화처럼 보이게 만든다면, 실험이라는 비유는 모델을 너무 과학적으로 치장할 위험이 있다. 어쨌든 대부분의 문화권에서 실험은 과학적인 것으로 받아들여지고 존중된다. 실험은 흰 가운을 입은 과학자들이 세계가 어떻게 작동하는지 그리고 특정한 가정이 사실인지 아닌지에 관한 '진실'에 도달하는 수단이다. 경제모델이 이와 비슷한 역할을 할 수 있을까?

실험실의 실험이 실제로 어떤 것인지 생각해보자. 실험실은 실험에 사용되는 재료를 현실의 환경으로부터 분리하기 위해 설계된 인공적인 환경이다. 연구자들은 실험의 과정을 잠재적으로 중요한 다른 영향으로부터 분리하여, 가설화된 인과관계를 조명하기 위한 실험 환경을 고안해낸다. 예를 들어, 중력이 복잡한 영향을 미칠 때, 연구자들은 실험을 진공에서 실행한다. 핀란드 철학자 우스칼리 마키Uskali Mäki가 설명하듯, 경제모델의 개발자들은 사실 이와 비슷한 격리insulation, 분리 isolation, 식별identification의 방법을 사용한다. 주요한 차이는, 실험실의 실험은 인과적인 영향을 관찰하기 위해 물리적 환경을 의도적으로 만들어내는 반면, 모델은 가정을 조작하여 이를 수행한다는 것이다.[11] 모델은 가설을 검증하기 위해 관념적인 환경을 만들어낸다.

실험실 실험의 경우, 비록 그 환경은 인공적이지만 그래도 현실 세계에서 일어나는 것이라 반박할지도 모른다. 이 경우 우리는 적어도 어떤 하나의 환경에서 그것이 실제로 그렇게 작동하는지 아닌지 알 수 있다. 이와 대조적으로 경제모델은 우리의 생각에서만 전개되는 완전히 인공적인 구성물이다. 그러나 둘 간의 차이는 종류가 아니라 정도의 차이다. 실험의 결과도 그것이 현실 세계에 적용될 수 있기 전에 상당한 추론이 필요할지 모른다. 실험실에서 성공했던 실험이 실험실 외부에서는 실패할 수 있는 것이다. 예를 들어, 실험 환경에서 고려되지 않았던(통제되었던) 현실 세계의 조건들과 결합되면 실험실에서는 성공했던 약품이 현실에서는 실패할 수도 있다.

이것은 과학철학자들이 내적 대 외적 타당성internal versus external validity이라 부르는 구분이다. 특정한 환경에서 인과관계를 성공적으로 찾아낸 잘 설계된 실험은 '내적 타당성'이 높다고 이야기된다. 그러나 '외적 타당성'은 그 결론이 실험실 환경 밖의 다른 환경에서도 그대로 나타나는지에 달려 있다.

실험실이 아니라 현실 세계에서 이루어지는 이른바 현장실험field

experiment도 이와 비슷한 어려움에 직면한다. 현장실험은 최근 경제학에서 많이 사용되고 있는데, 어떤 사람들은 현장실험이 때때로 모델로부터 자유로운 지식을 만들어낸다고 생각한다. 즉, 현장실험은 모델이 가지고 있는 여러 가정들과 가설적인 인과관계 없이도 현실이 어떻게 돌아가는지에 관한 통찰을 제공한다는 것이다. 하지만 이런 생각은 옳지 않다. 일례를 들자면, 콜롬비아에서 사립학교 바우처를 무작위로 배분한 실험은 교육 성취도를 크게 개선시켰다. 그러나 비슷한 실험이 미국이나 남아프리카공화국에서도 똑같은 결과를 낳을 것이라는 보장은 없다. 최종적인 결과는 나라마다 서로 다른 수많은 요인들에 따라 달라질 수 있다. 소득수준과 부모의 선호, 사립학교와 공립학교 사이의 질적 차이, 학교의 선생님들과 직원들을 움직이는 인센티브 등과 같은 요인들과 잠재적으로 중요한 다른 많은 고려사항들이 함께 영향을 미칠 것이다.[12] '거기에서 성공했다'는 것이 '여기에서도 성공할 것이다'가 되려면 많은 추가적인 단계들이 필요하다.[13]

실험실에서 (또는 현장에서) 수행되는 실제 실험과 우리가 '모델'이라 부르는 사고의 실험 사이의 차이는 생각했던 것보다는 크지 않다. 두 종류의 실험 모두 필요한 시간과 장소에 적용될 수 있으려면 그 전에 어느 정도의 추론extrapolation이 있어야 한다. 올바른 추론을 위해서는 또한 올바른 판단, 다른 원천으로부터의 증거, 구조화된 논리 전개 등이 함께 필요하다. 이 모든 종류의 실험들의 힘은 그것이 우리에게 실험이 수행되는 환경 밖의 세계에 관해 무언가를 가르쳐준다는 것이다.

이는 다양한 환경의 유사성을 알아내고 비슷한 점들을 비교할 수 있는 우리의 능력 덕분이다.

현실의 실험과 마찬가지로 모델의 가치는 한 번에 하나씩 특정한 인과관계의 메커니즘을 분리하고 식별할 수 있다는 데에 있다. 이 메커니즘들이 특정한 인과관계의 작동을 알기 어렵게 만들 수 있는 수많은 다른 메커니즘들과 함께 작동한다는 사실은 과학적 설명을 시도하는 모두가 직면하는 어려움이다. 경제모델은 이러한 점과 관련하여 잇점이 있을 수도 있다. 조건적인 특징contingency—결과가 특정하게 가정된 조건에 좌우되는 것—이 모델에 내재되어 있기 때문이다. 3장에서 이야기할 것처럼, 이러한 확실성의 부재로 인해 우리는 경쟁하는 많은 모델들 중 어떤 것이 당면한 현실을 가장 잘 설명하는지 알아내도록 노력해야 한다.

비현실적인 가정들

경제모델의 소비자는 초합리적이고 이기적이며 언제나 더 많은 소비를 선호하고, 무한대까지 확장되는 장기적인 시계time horizon를 가지고 있다. 경제모델은 이와 같은 수많은 비현실적인 가정들로 이루어져 있다. 분명 모델들 중에는 보다 현실적인 가정을 가지고 있는 경우도 많이 있다. 그러나 이렇게 더욱 다양한 가정들 속에서도 어딘가에서는 다른 비현실적인 가정들이 등장할 수 있다. 단순화와 추상으로 인해, 모델의 여러 요소들은 현실을 위배한다는 의미에서 필연적으로 계속 사실에 반하게 된다. 이러한 현실성의 부재를 어떻게 생각할 것인가?

20세기의 가장 위대한 경제학자 중 하나인 밀튼 프리드만^{Milton Friedman}은 1953년 이에 관해 경제학에 심대한 영향을 미친 해답을 제시했다.[14] 프리드만은 비현실적인 가정들이 이론화의 필수적인 부분이라는 주장보다 더욱 과감한 주장을 했다. 프리드만에 따르면, 가정의 현실성은 간단히 말해 문제가 되지 않으며, 오로지 이론이 정확한 예측을 하는가의 여부만이 중요하다. 이론이 정확한 예측을 하는 한, 이론에 도입된 가정은 현실 세계와 비슷할 필요가 없다는 것이다. 그의 더욱 정교한 주장을 거칠게 요약한 것이기는 하지만, 이 주장은 대부분의 독자들이 프리드만의 글을 읽으며 얻게 되는 핵심을 잘 보여준다. 이는 그 자체로 경제학자들에게 현실의 경험과 매우 다른 가정들에 기초한 모든 종류의 모델을 개발하도록 허가해주는, 놀라울 정도로 해방적인 주장이었다.

그러나 가정의 현실성이 전혀 중요하지 않다는 주장은 사실일 수 없다. 스탠포드 대학교의 경제학자 폴 플라이더러^{Paul Pfleiderer}가 설명하듯, 우리는 어떤 모델이 유용하다고 취급할 수 있기 전에 결정적인 가정들에 대해 언제나 '현실성 필터'를 적용해야만 한다('결정적'이라는 단어에 대해서는 곧 다시 설명할 것이다).[15] 그 이유는 우리가 어떤 모델의 예측이 성공적일지 아닐지 결코 알 수 없기 때문이다. 그루초 맑스

Grouchuo Marx(미국의 코메디언—옮긴이)가 이야기했을 법한 바대로, 예측은 언제나 미래에 관한 것이다. 우리는 사후적으로 현실을 설명하기 위해 거의 무한한 종류의 수많은 모델들을 조합할 수 있다. 그러나 이 모델들 대부분은 도움이 되지 않는다. 조건이 바뀌는 미래에는 그 모델들이 올바른 예측을 할 수 없을 것이기 때문이다.

내가 어떤 지역의 지난 5년 동안의 교통사고 데이터를 가지고 있다고 가정해 보자. 나는 하루 일과가 끝나는 시간, 오후 5시에서 7시 사이에 더 많은 사고가 발생했음을 알고 있다. 이에 대한 가장 합리적인 설명은 직장에서 집으로 가기 위해 그 시간에 더 많은 사람들이 길 위에 있다는 것이다. 그러나 어떤 연구자는 다른 설명을 제시한다고 해보자. 그 설명에 따르면, 그것은 존의 잘못이다. 존의 뇌가 모든 운전자에게 영향을 미치는 보이지 않는 뇌파를 방출한다. 그가 오피스를 나서면 그의 뇌파가 운전을 방해하여 더 많은 사고를 일으킨다는 것이다. 이는 말도 안 되는 이야기일지도 모르지만, 어떻든 하루 일과가 끝나는 시간에 교통사고가 많아지는 것을 '설명'하기는 한다.

우리는 두 번째 모델이 유용하지 않다는 것을 알고 있다. 만약 존이 그의 일과시간을 바꾸거나 퇴직을 하면, 그 모델은 예측의 가치를 잃을 것이다. 존이 더 이상 밖에 나와서 돌아다니지 않아도 사고의 수는 줄어들지 않을 것이다. 그 결정적인 가정—존이 교통을 방해하는 뇌파를 방출한다—이 잘못되었기 때문에 이 설명은 틀린 것이다. 현실을 잘 묘사한다는 의미에서 모델이 쓸모가 있으려면, 그 결정적인 가정도

현실을 충분히 비슷하게 묘사해야만 한다.[16]

결정적인 가정이란 정확히 무엇일까? 아마도 좀 더 현실적인 방향으로 가정을 수정할 경우 모델이 도출하는 결론이 크게 변화한다면, 그런 가정을 결정적이라 말할 수 있을 것이다. 대부분까지는 아니더라도 많은 가정들이 이런 의미에서 결정적이다. 완전경쟁시장 모델에 관해 생각해보자. 우리가 관심 있는 많은 질문들에 대한 대답은 이 모델의 세부사항에 결정적으로 달려 있지 않다. 방법론에 관한 논문에서 프리드만은 담배에 부과하는 세금에 관해 논의했다. 그는 기업의 수가 많든 적든 그리고 서로 다른 담배들이 완전한 대체재이건 아니건, 우리는 담배세 인상이 담배의 소매가격을 높일 것이라고 안전하게 예측할 수 있다고 했다. 이와 비슷하게, 완전한 합리성이라는 필요조건을 아무리 현실적으로 완화해도 그 결과에 커다란 영향을 미치지는 못할 것이다. 기업들이 최후의 소수점까지 계산하지 않는다 해도 우리는 그들이 지불해야 하는 세금이 인상되었음을 알아차리게 될 것이라고 합리적으로 확신할 수 있다. 이런 구체적인 가정들은 어떤 질문이 제기되는지 그리고 모델이 어떻게 사용되는지―예를 들어, 세금 효과가 담배의 가격에 어떤 영향을 미치는가?―에서 볼 때 결정적이지 않다. 그러므로 이러한 가정은 현실적이지 않다 해도 크게 중요하지는 않다.

이제 우리가 다른 질문―담배산업에 대한 가격통제의 효과―에 관심이 있다고 가정해 보자. 여기서는 담배산업의 경쟁의 정도가 매우 중요해지는데, 이는 소비자가 서로 다른 담배 상품을 서로 대체하려는

용의가 어느 정도인가에 부분적으로 달려 있다. 완전경쟁시장에서는 가격통제가 기업의 공급을 줄인다. 낮은 가격은 기업의 이윤을 떨어뜨리고, 기업은 판매를 축소함으로써 이에 대응한다. 그러나 한 기업에 의해 독점되는 시장에서는 온건한moderate 가격통제, 즉 그 상한이 규제받지 않는 시장가격보다 크게 낮지 않은 경우가 실제로 기업이 생산을 더욱 **증가시키도록** 만든다. 이 메커니즘이 어떻게 작동하는지 보기 위해서는 약간의 단순한 수학이나 그래프가 도움이 된다. 직관직으로 볼 때는 독점기업은 판매를 제한하고 시장가격을 올려서 이윤을 더 증가시킨다. 그러나 독점기업으로부터 가격을 설정하는 힘을 빼앗아가는 가격통제는 실제로 더 적게 생산하려는 인센티브를 무디게 만든다. 독점기업은 이에 대해 판매를 증가시켜서 대응을 한다.[17] 더 많은 담배를 판매하는 것이 이제 더 많은 이윤을 버는 유일한 수단이다.

따라서 우리가 가격통제의 효과를 예측하려 할 때는 시장경쟁의 정도에 관한 가정이 결정적이 된다. 이 특정한 가정이 얼마나 현실적인가가 중요하며, 사실 매우 중요하다. 어떤 모델의 적용 가능성은 결정적인 가정들이 얼마나 현실 세계를 잘 반영하는가에 달려 있다. 그리고 어떤 가정을 결정적으로 만드는 것은 부분적으로 그 모델이 무엇을 위해 사용되는가에 달려 있다. 나중에 나는 주어진 환경에서 적용할 모델을 어떻게 선택할 것인가에 관해 훨씬 더 자세히 살펴보면서, 이 점에 대해 다시 논의할 것이다.

존의 뇌파의 경우처럼 모델의 결정적인 가정이 명백하게 현실에 반할 때 모델의 유효성에 관해 질문을 던지는 것은 완벽하게 정당한 일이며, 사실 필요한 일이다. 그런 경우 우리는 모델 개발자가 현실을 지나치게 단순화했고 우리가 길을 잃도록 만들고 있다고 정당하게 말할 수 있다. 그러나 이에 대한 적절한 대답은 (모델 그 자체를 포기하는 것이 아니라) 더욱 현실적인 가정들을 사용하여 대안적인 모델을 만드는 것이다. 나쁜 모델의 교정수단은 좋은 모델이다.

궁극적으로 우리는 가정의 비현실성을 피할 수 없다. 카트라이트에 따르면, "비현실적인 가정을 이유로 경제모델을 비판하는 것은 갈릴레오의 경사면 실험(갈릴레오가 경사면에 공을 굴려서 자유낙하운동의 가속도를 측정하기 위해 고안한 실험—옮긴이)에 대해 거기에 사용된 평평한 판자를 최대한 마찰이 없게 만들었다고 비판하는 것과 같다."[18] 그러나 우리가 꿀단지 속에 떨어진 구슬에 갈릴레오의 가속도 법칙을 적용하고 싶지 않은 것처럼, 이것이 결정적인 가정이 현실에 크게 반하는 모델을 사용하는 것의 변명이 될 수는 없다.

수학과 모델에 관하여

경제모델은 명백하게 진술된 가정과 행동 메커니즘으로 구성되어 있다. 그렇게 보면 모델은 수학이라는 언어에 적합하다. 경제학의 어떤 학술지들을 들추어봐도 거의 끝없이 이어지는 수식들과 그리스 문자들을 마주치게 된다. 물리학자의 기준으로 보면, 경제학자들이 사용하는 수학은 그다지 고급 수준은 아니다. 보통 다변수 계산법과 최적화에 대한 기초 지식이면 경제학을 이론화하는 데 충분하다. 그럼에도 불구하고, 모델의 수학적인 공식화는 독자들의 이해력을 필요로 한다. 이는 경제학과 다른 대부분의 사회과학들 사이에 이해의 장벽을 만들어낸다. 이는 또한 경제학에 대한 비경제학자들의 의심을 자극한다. 즉, 수학을 사용함으로써 경제학자들은 현실 세계로부터 동떨어져 그들만이 만들어낸 추상적 세계에서 살고 있는 것처럼 보이게 된다.

나는 대학생 시절에 글쓰기와 연구를 사랑했기 때문에 박사학위를 받고 싶었다. 그런데 매우 다양한 사회현상들에 관심을 가지고 있던 나는 정치학과 경제학 사이에서 결정을 하지 못하고 있었다. 나는 일단은 정치학과 경제학 박사과정에 모두 지원했지만, 학제간 석사과정 프로그램에 등록하여 최종 결정을 뒤로 미뤘다. 그리고 언젠가 진로를 결정하기 위해 프린스턴 대학교 우드로 윌슨 대학원의 도서관에서 경제학과 정치학의 대표적 학술지인 「전미경제학리뷰」*American Economic Review*」와 「전미정치학리뷰*American Political Science Review*」의 최신호를 집어들었다. 그 둘을 서로 비교해보니, 경제학 박사학위를 가지고는 「전미정치학리뷰」를 읽을 수 있겠지만 정치학 박사학위를 가지고는 「전미경제학리뷰」를 이해할 수 없겠다는 생각이 들었다. 돌이켜보면 이 결론은 그리 정확한 것은 아니었다. 「전미정치학리뷰」의 정치철학 논문들은 수학은 둘째 치고 「전미경제학리뷰」의 어떤 논문들보다 어려울 수도 있기 때문이다. 또한 그 이후 상당수의 정치학 연구는 수학적 모형을 도입하여 경제학의 방식을 뒤따랐다. 그럼에도 불구하고, 내 판단은 어느 정도는 진실이었다. 현재까지도 경제학은 대학원에서 필요한 훈련을 받지 않으면 거의 이해하기 어려운 유일한 사회과학으로 남아 있다.

사람들은 경제학자들이 수학을 사용하는 이유를 대개는 잘못 이해하고 있다. 그것은 연구를 세련되게 보이도록 하기 위해서나 복잡하게 만들기 위해서가 아니며, 더 진실처럼 보이게 하기 위해서도 아니다. 경제학에서 수학은 본질적으로 두 가지 역할을 하는데, 그것은 바로 명료성clarity과 일관성consistency이다. 이 두 가지 모두 그 자체로 명예로운 것은 아니다.

첫째, 수학은 모델의 요소들─가정, 행동 메커니즘, 주요 결과─이 명백하게 진술되고 투명하도록 보장한다. 일단 모델이 수학적 형식으로 진술되면, 모델이 진술하는 바나 그것이 수행하는 바가 그것을 읽는 모두에게 명백하다. 이 명료성은 커다란 가치가 있는데 적절히 평가받지 못하고 있다. 우리는 마르크스, 케인스, 슘페터가 정말로 무엇을 주장했는지에 관해 여전히 끝없는 논쟁을 하고 있다. 이 세 명 모두는 경제학의 거인이었지만, 그들은 자신의 모델을 주로 (전적으로는 아니지만) 말의 형식으로 구성했다. 이와 대조적으로, 폴 사무엘슨Paul Samuelson, 조셉 스티글리츠Joe Stiglitz 또는 케네스 애로우Ken Arrow가 노벨상을 수상한 이론들을 개발했을 때 그들이 어떤 생각을 했는지에 관해서는 어떤 논쟁도 없었다. 수학을 이용한 모델은 생각을 매우 엄격하고 명백하게 전달해주기 때문이다.

둘째, 수학은 모델의 내적인 일관성을 보장한다. 간단히 말해서, 결론이 가정들로부터 도출된다. 이는 평범하지만 반드시 갖추어야 할 특성이다. 어떤 주장들은 자명할 수 있을 정도로 충분히 간단하지만, (특히 우리가 원하는 결과를 보려고 하는 인지적 편향을 고려할 때) 매우 주의해야 하는 주장들도 있다. 때때로 모델의 결과가 완전히 틀릴 수 있다. 더 자주 있는 일이지만, 결정적인 가정이 생략되어 있어서 모델의 주장이 잘못 제시될 수도 있다. 이런 경우 수학은 유용한 검증의 수단을 제공한다. 케인스 이전 시대의 위대한 경제학자이자 최초의 경제학 교과서 저자인 알프레드 마샬Alfred Marshall은 이에 관해 훌륭한 원칙을 가지고 있었다. '축약된 언어로서 수학을 사용하고, 그것을 영어로 번역한 다음, 수학은 집어던져라!' 나는 내 학생들에게 경제학자들은 똑똑해서가 아니라 충분히 똑똑하지 못해서 수학을 사용한다고 말한다.

젊은 경제학자이던 시절에 나는 1979년 노벨 경제학상 수상자인 위대한 개발경제학자 아더 루이스Sir W. Arthur Lewis의 강연을 들은 적이 있다. 루이스는 간단한 모델을 사용하여 복잡한 경제적 관계의 핵심을 뽑아내는 뛰어난 능력이 있었다. 하지만 이전의 전통을 따르는 많은 경제학자들처럼 그는 자신의 주장을 수학적 형식보다는 말로 전달하는 경향이 있었다. 강연의 주제는 가난한 나라의 교역조건—그 국가의 수입과 비교한 수출의 상대가격—결정문제였다. 루이스가 강연을 마쳤을 때, 청중 중에서 수학에 더욱 경도된 한 젊은 경제학자가 일어서더니 칠판에 몇몇 수식을 썼다. 그는 처음에는 루이스 교수가 말한 내용이 혼란스러웠다고 지적했다. 루이스가 흥미롭게 지켜보는 가운데 그 젊은 경제학자는 계속해서 수식을 쓰더니, 이제 그것이 어떻게 작동하는지 알게 되었다며 "이 세 개의 수식들이 우리가 모르는 이 세 개의 변수들을 결정합니다"라고 말했다.

이렇게 경제모델에서 수학은 순수하게 도구적인 역할을 수행한다. 원칙적으로는, 모델이 수학을 필요로 하는 것은 아니고, 수학이 모델을 쓸모 있거나 과학적으로 만드는 것도 아니다.[19] 루이스의 사례가 보여주듯, 몇몇 훌륭한 경제학자들은 수학을 거의 하나도 사용하지 않는다. 신뢰성, 약속, 방해 등 현재의 게임이론의 몇몇 주요한 개념들을 만들어낸 톰 셸링Tom Schelling은 주로 수학과 관계없는 연구로 노벨상을 받았다.[20] 셸링은 오직 단어, 현실의 사례들 그리고 고작해야 그림을 사용하여 전략적으로 생각하는 개인들 사이의 상당히 복잡한 상호작용 모델을 풀어내는 드문 능력을 가지고 있었다. 그의 글은 학자들과 정책결정자 모두에 커다란 영향을 미쳤다. 하지만 고백하건데, 나는 그의 주장이 완전히 수학으로 표현된 것을 본 다음에야 그의 통찰의 깊이와 주장의 정확한 본질을 완벽하게 이해할 수 있었다.

경제학 이외의 사회과학에서는 비수학적인 모델이 더욱 일반적이다. 사회과학자들이 '이렇다고 가정해보자' 또는 그와 비슷한 말로 시작을 하고 그 후에 추상화를 한다면, 우리는 이들이 모델을 제시하려고 한다는 것을 알 수 있다. 예를 들어, 사회학자 디에고 감베타^{Diego} Gambetta는 지식의 본질에 관한 다양한 종류의 믿음의 결과에 대해 검토하며 "오직 한 가지만 다른 두 개의 이상적인 사회를 상상해보자"[21]고 쓰고 있다. 정치학의 논문들은 흔히 독립변수와 종속변수에 관한 언급으로 치장되어 있다. 이는 명백한 분석틀이 없는데도 저자가 모델을 흉내내고 있다는 분명한 신호다.

직관적으로 보이는 말로 된 주장이 엄밀한 수학적 검증을 거치면 종종 그릇된 것으로 판명되거나 불완전한 것으로 밝혀지기도 한다. 그 이유는 '말로 된 모델^{verbal models}'은 명백하지는 않아도 잠재적으로 중요할 수 있는 상호작용을 무시할 수 있기 때문이다. 예를 들어, 많은 실증 연구들은 정부의 개입이 경제 성과와 음(-)의 관계가 있음을 발견했다. 보조를 받는 산업들이 그렇지 않은 산업에 비해 생산성 상승률이 더 낮다는 것이었다. 이러한 결과를 어떻게 해석할 것인가? 이 경우 경제학자들 사이에서도, 정치적 로비로 인해 정부가 생산성이 낮은 산업을 지원한다고, 즉 틀림없이 정부가 올바르지 않은 잘못된 이유로 경제에 개입하고 있다고 결론짓기 쉽다. 이는 언뜻 보기에 합리적이고, 추가적인 분석이 필요 없을 정도로 명백해 보인다. 그러나 우리가 올바른 이유로 개입을 하는—경제의 효율성을 상승시키는 산업을 지원하여—정부의 행동을 수학적으로 표현해보면, 이러한 결론이 옳지 않을 수 있음을 알 수 있다. 시장이 제대로 작동하지 않기 때문에 생산성이 낮은 산업에 정부가 더 많이 개입하는 것은 정당화될 수 있다.

그러나 이는 그 산업의 불리함이 정부 개입으로 인해 완전히 상쇄되지 않는 한도에서만 그렇다. 그러므로 보조와 생산성 사이에 나타나는 음의 관계는 정부의 개입이 바람직한지 아니면 그렇지 않은지에 관해 아무 것도 말해주지 않는다. 두 경우 모두 정부의 개입과 생산성 사이에 똑같은 음의 관계가 관찰될 수 있기 때문이다. 이해가 안 된다면, 수식을 검토해보라![22]

스펙트럼의 반대쪽 극단에서는 너무 많은 경제학자들이 수학과 사랑에 빠져 그 도구적인 본질을 잊어버린다. 경제학에는 과도한 공식화—수학 자체만을 위한 수학—가 만연해 있다. 수리경제학과 같은 경제학의 몇몇 분야는 사회과학의 일종이라기보다는 응용수학과 더욱 비슷해 보인다. 그들의 준거점은 현실 세계가 아니라 다른 수학모델이 되어버렸다. 이 분야의 한 논문은 다음과 같은 문장으로 시작한다. "우리는 주체의 완벽하게 유한한 측정공간을 가정한 차별적인 정보경제의 분석틀에서 비토 메커니즘에 기초한 왈라지언 기대균형의 새로운 특징을 규정한다."[23] 가장 수학을 지향하는, 경제학의 일류 학술지 중 하나인 「이코노메트리카」는 한때 사회선택이론—투표 메커니즘에 관한 추상적인 모델—에 관한 논문의 투고를 일시정지시키기도 했다. 이 분야의 논문들이 수학적으로 너무 어렵고 현실의 정치로부터 유리되었기 때문이었다.[24]

이런 연구들을 비판하기 전에, 경제학을 현실에 적용한 가장 유용한 사례들 중 몇몇은 외부인들에게는 분명히 어렵게 보일, 매우 수학적인 모델들로부터 나왔다는 것을 잊지 말아야 한다. 추상적인 게임이론에 기초한 경매이론theory of auctions은 많은 경제학자들에게조차도 너무나 어렵다.[25] 그러나 그 경매이론은 연방통신위원회가 미국의 통신 주파수를 통신회사와 케이블회사들에게 가장 효율적으로 배분하는 데 사용하는 원칙을 만들어냈고, 연방정부에게 600억 달러 이상의 수입을 올려주었다.[26] 이와 똑같이 수학적인, 매칭과 시장설계모델models of matching and market design은 현재 시민들의 병원 배정과 학생들의 공립학교 배정에 사용되고 있다. 그 자체로는 매우 추상적이고 현실과 별로 관계가 없어 보이는 모델이 오랜 시간이 지난 후에 현실에 유용하게 적용될 수 있었던 것이다.

좋은 소식은 보통 사람들의 생각과는 반대로 수학만을 위한 수학은 경제학에서 별로 성공적이지 않다는 것이다. 중요한 것은 오래된 주제를 새롭게 조명하고, 난제를 해결하거나, 중요한 질문에 대한 독창적이고 새로운 실증적 접근을 개발해내는 '현명함smarts'이다. 사실 경제학에서 수학적 방법에 대한 강조는 이미 오래전에 정점에 달한 바 있다. 오늘날, 최고의 학술지들은 순수하고 이론적이고 수학적인 모델보다는 실증 분석 지향적이거나 정책과 관련이 있는 모델을 훨씬 더 선호한다. 스타 경제학자들과 가장 많이 인용되는 경제학자들은 (수학의 마법사들이 아니라) 빈곤, 재정, 경제성장 그리고 금융위기 등과 같은 중요한 공적인 문제들을 해명한 이들이다.

단순성 대 복잡성

수학을 쓰기는 하지만 경제모델은 대체적으로 간단하다. 대부분의 경우 펜과 종이를 사용해서 풀 수 있는 수준이다. 이것은 모델이 현실 세계의 많은 특징들을 생략해야만 하는 하나의 이유이기도 하다. 그러나 우리가 살펴보았듯이, 모델이 현실적이지 않다는 것은 그 자체로 적절한 비판은 아니다. 프리드만의 예를 다시 들면, 서로 경쟁하는 기업가들의 눈 색깔도 포함하는 모델은 더욱 현실적이지만, 더 나은 모델은 아니다.[27] 그래도 어떤 영향이 모델에서 중요한지 아닌지는 처음부터 무엇이 가정되는지에 달려 있다. 아마도 파란 눈의 기업가는 더 멍청하고 체계적으로 그들의 제품 가격을 낮게 매길지도 모른다. 그렇다면 눈 색깔이 모델에 중요할 수 있다. 모델을 다루기 쉽도록 하려고 모델 개발자가 모델을 전략적으로 단순화하는 것이 실질적인 결과에 커다란 영향을 미칠 수 있다.

단순성보다 복잡성을 추구하는 것이 더 바람직한 일일까? 이와 관련된 최근의 두 가지 발전으로 인해 이 질문은 더욱 중요해졌다. 첫째, 컴퓨터의 계산 능력이 엄청나게 향상되고 비용의 급락하면서 대규모의 계산 모델을 돌리기가 더욱 쉬워졌다. 이런 모델은 비선형적이고 복잡한 상호관계를 가진 수천 개의 방정식들을 가지고 있다. 인간의 두뇌로는 이런 모델을 풀 수 없지만, 컴퓨터는 풀 수 있다. 기상 모델이 잘 알려진 사례이다. 기상 모델만큼 크고 복잡하지 않지만 경제학에도 대규모의 연산모델이 있다. 대부분의 중앙은행들은 경제를 전망하고 통화정책과 재정정책의 효과를 예측하기 위해 다방정식 모델을 사용한다.

둘째, '빅데이터'의 등장과 그들로부터 패턴과 규칙성을 뽑아내는 통계 및 계산기술이 발전했다. '빅데이터'는 인터넷과 소셜미디어가 만들어내는 엄청난 양의 수량적 정보를 가리킨다. 이는 우리가 매 순간마다 어디에 접속하고 무엇을 하는지에 관한 거의 완전하고 연속적인 기록이다. 아마도 우리는 사회적 관계의 미스터리를 풀기 위해 빅데이터에 나타난 패턴에 의존할 수 있는 단계에 다다랐거나 곧 다다를 것이다. 이러한 견해를 주도하는 어떤 이는 "빅데이터 덕분에 우리는 사회의 그 모든 복잡성을 파악할 수 있는 기회를 가지게 되었다"라고 이야기한다.[28] 빅데이터는 우리의 전통적인 경제모델을 구시대의 유물로 만들 것이다.

분명 복잡성은 겉보기에 대단히 매력적이다. 감히 누가 사회와 경제가 복잡계라는 것을 부정하겠는가? 수학자이자 사회학자인 던컨 와츠 Duncan Watts에 따르면, "사실 어느 누구도 무엇이 복잡계를 '복잡'하게 만드는지에 관해 서로 동의하지 않는다. 그러나 비선형적 방식으로 상호작용하는 수많은 독립적인 요소들로부터 복잡성이 등장한다는 사실은 일반적으로 받아들여진다." 재미있게도, 와트가 사용하는 직접적인 사례는 경제다. "예를 들어 미국경제는 수십만의 기업, 수천의 정부기구, 텍사스의 날씨나 중국의 금리 등 수많은 다른 외부적, 내부적 요인들 및 수백만의 사람들의 개인적 행동의 결과이다."[29] 와츠가 지적하듯 카오스이론의 '나비효과'와 같이 경제에서 일부분의 혼란—예를 들어 모기지금융-이 심화되어 경제 전체에 중대한 충격을 만들어낼 수 있다.

대규모의 경제모델을 만들어내는 노력이 현재까지 매우 비생산적이었다는 점에서 와츠가 경제를 지적하는 것은 흥미로운 일이다. 더욱 강하게 말하면, 나는 이런 모델들로부터 나온 중요한 경제적 통찰을 본 적이 없다. 사실 이런 대규모의 모델로 인해 우리는 흔히 길을 잃곤 한다. 당시 지배적이던 거시경제학 정통파의 입장에 대한 과도한 신뢰의 결과로 1960년대와 1970년대에는 케인스주의 전통에 기초하여 미국경제에 관한 대규모의 시뮬레이션 모델들이 개발되었다. 이 모델들은 1970년대 후반과 1980년대의 스태그플레이션 환경에서 성공적이지 않았다. 결국 그것들은 버려지고 합리적 기대와 가격 유연성을 가정한 '새고전파new classical' 접근이 도입되었다. 그런 대규모 모델에 의존하는 대신, 우리 머리 속에 몇몇 소규모의 모델을 가진 채, 언제 어떤 모델을 사용할지 아는 편이 훨씬 더 나았을 것이다.

이러한 더 작고 투명한 모델이 없이는, 대규모의 연산모델은 사실 이해하기가 불가능하다. 나는 이를 두 가지 의미로 사용한다.

첫째, 대규모 모델에 사용된 가정과 행동관계는 분명 어딘가로부터 나와야만 한다. 케인스주의 모델을 믿느냐 새고전파 모델을 믿느냐에 따라, 서로 다른 대규모 모델이 개발될 것이다. 경제적 관계가 매우 비선형적이고 단절을 보인다면, 우리는 선형적이고 '평탄smooth'하다고 생각하는 경우와는 다른 모델을 구축할 것이다. 이러한 사전 이해는 복잡성 그 자체로부터 도출되는 것이 아니라, 몇몇 1차적인 수준의 이론화로부터 도출되어야 한다.

둘째, 소비자의 지출 패턴과 같은 관찰된 실증적 규칙성에 기반한 빅데이터 기술을 사용하여 이론으로부터 상대적으로 자유로운 대규모의 모델을 만들 수 있다고 생각해보자. 그와 같은 모델은 기상 모델과 같이 예측을 제시할 수는 있지만, 그 자체로 지식을 제시하지는 않는다. 그런 모델은 블랙박스와 같기 때문이다. 즉, 모델이 내놓는 결과는 알 수 있지만, 그 내부의 작동 메커니즘은 알 수 없다. 이 모델들로부터의 지식을 보충하기 위해서는 모델이 그 특정한 결과를 제시하게 된 기초적인underlying 인과관계의 메커니즘을 이해하고 조사해야 한다. 본질적으로 크고 복잡한 모델의 소규모 버전들을 만들어낼 필요가 있는 것이다. 그럴 때에만 우리는 무엇이 어떻게 돌아가는지 안다고 말할 수 있다. 게다가 이 복잡한 모델의 예측에 대한 우리의 판단—모델이 이번의 불황을 예측했지만, 다음 불황도 예측할 것인가?—은 그 기초적인 인과관계 메커니즘의 특징에 달려 있을 것이다. 만약 그 메커니즘이 우리가 소규모 모델에 적용하는 기준으로 보아도 그럴듯하고 합리적이라면 우리는 확신할 수 있을 것이고, 그렇지 않다면 확신할 수 없을 것이다.

국가들 사이의 무역협정을 분석할 때 흔히 사용되는 대규모의 연산

모델에 관해 생각해보자. 이러한 협정들은 노동시장, 자본시장 그리고 다른 생산요소의 시장을 통해 연결되어 있는 수백 가지 산업의 수입과 수출 정책을 변화시킨다. 한 산업의 변화가 다른 모든 산업에 영향을 미치고, 그 반대도 마찬가지다. 무역협정이 경제 전체에 미치는 효과를 이해하고 싶다면, 우리는 이 모든 상호작용을 추적할 수 있는 모델을 가져야 한다. 원칙적으로 소위 연산가능일반균형computable general equilibrium, CGE 모델이 이와 같은 작업을 할 수 있다. 그 모델은 부분적으로 일반적인 무역 모델에 기초하고 있고, 또 부분적으로 관찰된 경제적 규칙성을 모사하기 위해 만들어진 특별한 가성들—한 나리의 생산 중 국제무역으로 거래되는 비중과 같은—에 기초하고 있다. 예를 들어, 전문가들이 미국과 유럽의 환대서양무역투자협정(TTIP)이 수십억 달러의 수출과 소득을 창출할 것이라고 언론에 말할 때, 그들은 이러한 모델의 결과를 인용하는 것이다.

틀림없이 이런 종류의 모델은 어떤 결정이 어느 정도의 영향을 가져오는지 보여줄 수 있다. 그러나 결국 그 모델들은 펜과 종이로 계산할 수 있는 훨씬 더 작은 모델들로 그 결과가 계산되고 정당화될 수 있는 정도까지만 신뢰할 만한 것이다. 기본적인 설명이 투명하고 직관적이지 않다면—비슷한 결과를 제시하는 더욱 단순한 모델이 존재하지 않는다면—복잡성 그 자체는 아마도 좀 더 많은 세부사항 말고는 우리에게 더 많은 것을 가져다주지 않을 것이다.

그렇다면 티핑포인트tipping points, 상보성complementarities, 다중균형, 경

로의존성 등과 같은 복잡성을 강조하는 모델로부터 나오는 특별한 통찰은 무엇일까? 복잡성 이론가들이 강조하는 그런 '비표준적' 결과들이 대표적인 경제모델의 선형적이고 매끄러운 행동과 대조되는 것은 사실이다. 현실 세계의 결과가 때때로 그와 같은 비선형적이고 뾰족한 방식으로 더 잘 설명되는 것도 분명 사실이다. 그러나 이런 결과들은 더 작고 단순한 모델로도 도출될 수 있을 뿐 아니라, 사실 그런 모델에서 기원하고 있다. 충분한 수의 개인들이 행동을 바꾸면 집계 행동에서 갑작스런 변화가 나타남을 보여주는 티핑포인트 모델은 톰 셸링에 의해 처음 개발되었고, 다양한 사회적 사례에 적용되었다. 셸링이 1970년대에 제시한 전형적인 사례는, 백인들의 탈출이 어떤 임계점에 다다르면 인종이 다양하게 섞여 있던 동네가 인종적으로 완전하게 분리된다는 것이었다. 다중균형의 가능성은 흔히 매우 정형화된 모델의 맥락에서 경제학자들에게 오랫동안 알려져 있었고 연구되어 왔다. 나는 이 장의 첫머리에서 다중균형의 사례─조선소와 조정게임─를 제시했다. 또한 경로의존성은 많은 동학적 경제모델의 특징이다.

비판가들은 경제학자들이 그런 모델을 대표적인 경쟁시장모델이 다루는 '보통의' 경우에 비해 예외적인 것으로 취급한다고 주장할지도 모른다. 이 지적은 틀리지 않다. 경제학자들은 다른 모델들에 비해 특정한 표준적 모델에 너무 꽂혀 있는 경향이 있다. 몇몇 경우, 단순한 모델이 지나치게 단순할 수 있다. 우리는 더욱 많은 세부사항들을 필요로 할 수도 있다. 이 경우 훌륭한 모델을 만드는 비결은 중요하다고

1장 모델의 역할

가정된 상호작용들만을 분리하고, 더 이상의 세부사항은 추가하지 않는 것이다. 앞의 사례들이 보여주듯 모델은 그렇게 하면서도 여전히 단순할 수 있다. 하나의 모델이 언제나 다른 모델보다 더 나은 것은 아니다. 기억하라. 그것은 단지 **하나의**[a] 모델이지 **유일한**[the] 모델은 아니다.

단순성, 현실성, 그리고 현실

「과학적 정확성에 대하여」라는 짧고 간략한—정확히 말해 한 문단의—글에서 아르헨티나의 소설가 호르헤 보르헤스는 지도 제작자들이 매우 엄밀한 정확성을 추구했던 상상의 제국에 관해 묘사한다. 세부사항을 가능한 많이 포착하기 위해 노력하면서 그들은 점점 더 큰 지도를 그렸다. 한 주[province] 지도의 크기는 한 도시만큼 커졌고, 제국의 지도는 한 주의 크기만큼 커졌다. 시간이 지나자, 이 정도 수준의 정확성도 충분하지 않아서 지도 제작자들은 제국의 크기와 똑같은, 즉 1:1 척도의 제국 지도를 그렸다. 하지만 길을 찾는 데 도움이 되는 지도를 필요로 했던 후손들은 이런 지도들이 쓸모가 없다고 생각했고, 지도를 사막에 내팽개쳤다.[30]

보르헤스의 글은 모델이 더 복잡해져야 한다는 주장이 모델을 퇴보시킬 수 있다는 점을 잘 보여준다. 경제모델은 단순하기 **때문에** 의의

가 있고 세상에 대해 무언가를 알려줄 수 있다. 그 적절함이 복잡성을 필요로 하지는 않으며, 복잡성은 그것을 해칠 수도 있다. 복수의 단순한 모델들은 필수불가결한 것이다. 모델 자체가 진실은 아니지만, 모델 내에는 진실이 들어 있다.[31] 우리는 세계를 단순화시킴으로써만 그것을 이해할 수 있는 것이다.

2장 경제모델 만들기의 과학

Economics is a collection of models. Cherish their diversity.

When economists go wrong

The world is almost always

Lorem ipsum dolor sit amet, consectetur adipiscing elit...

모델은 경제학을 과학으로 만든다. 여기서 나는 자연의 근본적 법칙을 밝혀내고자 하는 물리학이나 화학과 같은 과학을 염두에 둔 것은 아니다. 경제학은 **사회**과학이고 사회는 (자연법칙과 같은) 근본적인 법칙을 가지고 있지 않다. 바위나 행성과 달리, 사람은 주체이다. 사람들은 무엇을 할지 결정한다. 그들의 행동은 거의 무한히 다양한 가능성을 만들어낸다. 그리고 우리는 고작해야 경향, 맥락 의존적인 규칙성, 가능한 결과 등에 관해 말할 수 있을 뿐이다. 마찬가지로 나는 추상적인 실체에 관해 이야기할 때도, 옳고 그름을 판단할 수 있는 정확한 진술을 만들어내는 수학과 같은 것을 의미하지 않는다. 경제학은 현실 세계를 다루며, 현실 세계는 수학보다 훨씬 더 복잡하다. 하지만 경제학자들은 정확히 그들 스스로가 되다 만 물리학자나 수학자인 것처럼 공상하기 때문에 길을 잃는 경우가 종종 있다.

반대쪽 끝에 있는 비판가들은 경제학자들이 '경제학은 과학적'이라고 주장하는 데 대해, 경제학은 고작해야 과학인 것처럼 가장하는 학문이라며 비웃는다. 케인스는 다른 경제학자들과 달리 경제학이 대단한 일을 할 수 있다고 생각하지 않았다. 케인스는 1930년에 "만약 경제학자들이 스스로를 치과의사들 정도로 겸손하고 능력 있는 사람들로 여겨지도록 할 수 있다면 아주 훌륭한 일일 것"이라고 썼다.[1] 아마도 인간을 괴롭히는 다양한 병과 질환들을 생각하면 치과의사조차 너무 높은 목표일 수 있다. 경제학자들은 얼마나 많이 알고 있는가뿐 아니라 얼마나 많이 알 수 있는가에 대해서도 많이 겸허해져야 한다.

이러한 주의사항과는 별도로, 우리는 무엇이 모델을 과학적으로 만드는지 검토해 볼 수 있다.

첫째, 1장에서 설명했듯이 모델은 가설의 논리와 그것이 어떤 조건들에 의존하는지 아닌지 명확히 함으로써, 가설의 속성을 명확히 밝힌다. 이것은 전형적으로 모든 세부사항들을 주의 깊게 살펴서 직관을 정교하게 만드는 문제이며, 이는 그 자체로 중요한 일이다. 그러나 모델의 더욱 큰 기여는 모델이 종종 직관적이지 않은 가능성과 예상하기 어려운 결과에 대해 우리의 눈을 뜨게 만들어준다는 점이다.

둘째, 모델은 다양한 사회적 현상에 대한 그럴듯한 설명으로 우리의 이해를 확장시키고 지식을 축적할 수 있게 한다. 경제과학은 이렇게 도서관이 장서를 늘리며 확장되는 것처럼 진보한다.

셋째, 모델은 실증적 방법을 수반한다. 그것은 특정한 가정과 설명들이 적어도 원칙적으로 현실의 상황들에 어떻게 적용될 수 있는지를 제시한다. 우리는 모델을 통해 주장이 사실인지 아닌지 판단할 수 있다. 그리고 그것을 구별하기에 증거가 너무 미약한 때조차도, 모델은 의견이 차이나는 지점을 가려내주는 방법을 제공한다.

마지막으로 모델은 지식이 지위, 개인적 관계 혹은 이데올로기에 기초한 일반적인 위계가 아니라 공통적으로 공유되는 전문적 기준에 기초하여 만들어지도록 해준다. 경제학자의 연구의 지위는 대체적으로 그가 누구인가가 아니라 연구의 질에 달려 있다.

가설을 명확히 하기

거창한 이름의 후생경제학 제1근본정리는 아마도 경제학의 핵심일 것이다(우리는 곧 그것의 경쟁자를 만나볼 것이다). 박사과정 1년차 학생은 보통 대부분이 이후에는 결코 사용하지 않을 상당한 수준의 수학—실해석학real analysis과 위상수학topology—을 사용하여 이 정리를 증명하는 데 첫 번째 학기를 보낸다. 이 정리는 1장에서 언급한 '완전경쟁시장 모델'의 핵심적인 함의를 수학적으로 제시한 것에 다름 아니다. 그 함의란 완전경쟁시장이 효율적이라는 것이다. 더욱 정확히 말하면, 이 정리에서 제시된 가정하에서 시장경제는 다른 어떤 경제체제보다 더욱 많은 경제적 산출을 만들어낸다는 것이다.

어떤 자원의 재배분도 다른 이의 후생을 감소시키지 않고서는 어떤 이의 후생도 증가시킬 수 없다는 의미에서, 이 결과를 더 이상 개선할 수는 없다.[2] 효율성에 대한 이러한 정의—이탈리아의 대학자 빌프레도 파레토Vilfredo Pareto의 이름을 딴 파레토 효율성—는 평등이나 다른 가능한 사회적 가치에는 전혀 주의를 기울이고 있지 않다는 데에 주의해야 한다. 자원의 재배분으로 인한 한 사람의 손해가 사회 전체에 돌아갈 이득보다 크다면, 그 한 사람이 전체 소득의 99퍼센트를 차지하는 시장의 결과도 '효율적'인 것이다.

복잡한 배분문제는 차치하고, 이는 강력한 결과이다. 그러나 명백하지는 않은 결과이다. 만약 오늘날 우리가 시장을 쉽게 효율성과 연관시킨다면, 이는 주로 시장과 자본주의의 이득에 관한 200년이 넘는 가르침(에둘러 말하지 말자) 때문이다. 겉보기에는, 수백만의 소비자, 노동자, 기업, 저축자, 투자자, 은행, 그리고 투기자들이 각각 엄격하게 스스로의 개인적 이득을 추구하며, 집단적으로 경제적 카오스를 만들어내는 것처럼 보인다. 그러나 모델은 그 결과가 실제로 효율적이라고 말한다.

후생경제학의 제1근본정리는 경제학자들 사이에서는 구어적 표현으로 '보이지 않는 손 정리'로 불린다. 이를 포괄적으로 처음 이야기한 사람은 경제학의 아버지라 할 수 있는 아담 스미스였다. 그는 '보이지 않는 손'이라는 단어를 정확하게 이런 맥락에서 사용하지는 않았지만, 시장에서 개별 소비자와 생산자들의 분산된 의사결정이 모든 이들에게 이득을 가져다준다고 주장했다. 그는 "우리가 저녁을 기대하는 것은 푸줏간 주인, 양조업자, 제빵업자의 선의로부터가 아니라 그들 스스로의 이해에 관한 고려로부터이다"라는 유명한 구절을 남겼다.[3]

스미스의 주장의 요점은 가격 인센티브가 시장을 조종사 없이 돌아가는 엄청나게 효과적인 조정 기제로 만든다는 것이었다. 레이건과 대처 정부의 시장 개혁이 도입되기 직전인 1980년 방영된 프리드만의 「선택의 자유Free to Choose」라는 인기 TV 프로그램은 이를 매우 설득력 있게 보여주었다. 손에 연필을 든 프리드만은 자유로운 시장이 이루어 낸 위업에 경탄했다. 그는 이 연필을 만들기 위해서는 흑연을 캐고, 나무를 깎고, 부품을 조립하고 완제품을 시장에 내놓는 전 세계 수천 명의 사람들이 필요하다고 지적했다. 그러나 연필이 결국 소비자의 손에 들어가도록 하기 위해 이 행동들을 성공적으로 조정하는 것은 어떤 중앙집권적 기구도 아닌 가격체계였다.[4]

스미스와 프리드만의 설명과 비교하면, 후생경제학의 제1근본정리 자체는 매우 추상적인 고도의 논리를 수반한다. 1950년대 초 애로우와 제라드 드브루Gerard Debreu는 당시에는 대부분의 경제학자들에게 생소했던 수학을 사용하여 처음으로 이 정리를 정식화했다.[5] 드브루의 1951년 논문의 첫 번째 문장은 그 특징을 잘 보여준다. "우리가 연구하는 경제체제의 활동은 n개의 생산단위의 전환과 m개의 소비단위의 l개의 상품의(그 수가 완벽하게 나누어질 수 있거나 없는)[6] 소비로 생각할 수 있다." 애로우와 드브루의 논문은 이후 연구의 기반이 될 정도로 중요하고 이들에게 노벨상도 안겨주었지만, 거의 읽히지 않는다(나는 이 책을 쓰면서 처음으로 그들의 논문을 보았음을 고백한다). 경제학자들은 대신 그 논문들을 교과서와 다른 2차적인 연구들을 통해 공부한다.

후생경제학의 제1근본정리는 '보이지 않는 손' 가설을 실제로 **증명하기** 때문에 매우 중요하다. 즉 이 정리는 특정한 가정하에서 시장경제의 효율성이 단지 추측이나 가능성이 아님을 보여준다. 그 결과가 가정들로부터 논리적으로 도출되는 것이다. 모델에 사용된 수학을 통해서 우리는 정확한 진술을 얻을 수 있다. 모델은 정확하게 그 결과가 어떻게 만들어지는지 보여준다. 특히 효율성이 확실히 달성되기 위해서 반드시 필요한 특정한 가정들을 알려준다.

사실 그런 가정들로 긴 목록을 만들 수 있다.

- 소비자와 생산자가 합리적이어야 하고, 그들의 경제적 이익을 극대화하는 데에만 집중해야 한다.
- 모든 가능한 우연적 상황을 포괄하는 완전한 선물시장들을 포함한, 모든 것들의 시장이 존재해야만 한다.
- 정보는 완전해야 한다(예를 들어, 상품을 구입하고 체험하기 전에도 상품의 모든 특징에 관해 알아야 한다).
- 생산자의 경우 독점적 행위, 규모수익체증increasing returns to scale 그리고 '외부성externalities'(공해나 연구개발로부터의 학습의 스필오버와 같은)이 존재하지 않아야 한다.

아담 스미스 이후의 경제학자들은 물론 그런 복잡함이 '보이지 않는 손'을 방해할 수 있음을 알았다. 그러나 애로우와 드브루는 이 모두를 통합하여 명확하고 정확하게 만들었다.

후생경제학의 제1근본정리는 순수하게 가설적인 세계를 대상으로 한다. 그것은 현실의 어떤 시장을 묘사한다고 주장하지 않는다. 이를 현실 세계에 적용하려면 판단, 증거, 그리고 이론의 발전이 필요하다. 경제정책에 대해 그것이 얼마나 적절한지 해석하는 것은 일종의 로르샤흐 테스트Rorschach test(좌우 대칭으로 잉크가 얼룩진 카드를 가지고 피실험자의 정신 상태와 인격을 검사하는 테스트―옮긴이)와도 같다. 경제적 자유주의자와 정치적 보수주의자에게 이 정리는 시장에 기초한 사회의 우월성을 입증해 준다. 좌파에게는 이 정리의 전제조건들이 너무 많다는 사실이 시장을 통해 효율성을 달성하기가 사실상 불가능하다는 것으로 받아들여진다. 이 정리 자체로는 현실 세계의 정책 논쟁을 별로 해결하지 못한다. 그러나 이 정리와 이에 기반한 연구들 덕분에 우리가 '보이지 않는 손'이 작동하고 또 작동하지 않는 조건에 관해 이전보다 훨씬 잘 이해하게 되었다는 사실은 아무도 부정할 수 없다.[7]

이제 경제모델이 어떻게 직관에 다소 반대될 수 있는 주장들을 명확히 하는 데 도움이 되는지 보여주는 다른 중요한 사례를 살펴보자. 1938년 청년 폴 사무엘슨은 폴란드 출신의 재미 수학자 스타니슬로프 울람Stanislaw Ulam으로부터 진실이면서 동시에 자명하지 않은nontrivial 사회과학의 진술을 말해보라는 질문을 받았다. 사무엘슨의 대답은 데이비드 리카도의 비교우위의 원리였다. "그것은 마치 마술처럼 4개의 숫자를 사용하여 공짜점심—국제무역에 따른 공짜점심—이 있음을 보여준다."[8] 1817년으로 거슬러 올라가는, 비교우위에 따른 분업이 모든 국가들에게 이득을 준다는 리카도의 논증은 강력한 만큼 단순했다.[9] 하지만 이 원리가 지적인 논평가들 사이에서도 얼마나 자주 오해되는가를 생각하면, 그것은 자명하지 않음이 분명하다. 에이브러햄 링컨이 "외국산 제품을 사면 우리는 상품을 얻고 외국인들은 돈을 얻습니다. 국산 제품을 사면 우리는 상품을 얻고 돈도 국내에 가지고 있습니다"라며 내걸었던 무역반대론은 미심쩍을지도 모르지만, 많은 이들은 그 주장의 부조리를 쉽게 꿰뚫어보지 못한다.

리카도가 등장하기 오래 전에도 다른 나라로부터의 값싼 수입이 노동이나 자본과 같은 국내의 자원을 더 효율적으로 사용하게 만들어 이를 다른 곳에 사용할 수 있도록 해준다는 사실이 잘 알려져 있었다.[10] 그러나 무역이 어떻게 양쪽 모두를 이롭게 할 수 있는지는 여전히 명확하지 않았다. 특히 한 나라가 다른 나라들보다 더 적은 자원을 사용하여 모든 상품을 효율적으로 생산한다면, 그 나라도 무역으로부터 이득을 얻을 수 있을까? 리카도는 이 질문에 그렇다고 대답했다. 그는 숫자로 된 사례를 제시했는데, 이는 경제학에서 최초로 (그리고 가장 성공적으로) 사용된 모델 중 하나였다. 경제학자들이 '2×2 무역 모델'이라고 부르는 이 모델은 두 나라—영국과 포르투갈—와 두 상품—옷감과 포도주—으로 구성되어 있다.

리카도는, 포르투갈에서는 주어진 양의 포도주를 생산하는 데 80명의 노동이 필요하고, 주어진 양의 옷감을 생산하는 데 90명의 노동이 필요하다고 가정했다. 영국에서는 동일한 양의 포도주와 옷감을 생산하는 데 각각 120명의 노동과 100명의 노동이 필요하다고 가정했다. 이 경우 포르투갈이 옷감과 포도주의 생산 모두에서 더 효율적이다. 그럼에도 불구하고 리카도는 포르투갈이 영국에 포도주를 수출하고 그 댓가로 옷감을 수입하면 이득을 얻을 수 있음을 보였다. 이런 식으로 포르투갈은 자본을 모두 포도 재배에 사용할 때 "자본을 포도 재배로부터 옷감 생산으로 돌려 자국이 생산할 수 있는 것보다 더 많은 옷감을 영국으로부터 얻을 수 있다."[11] 무역으로부터 이득을 만들어내는 것은 절대우위가 아니라 비교우위comparative advantage이다. 한 나라는 자국이 상대적으로 효율적으로 생산하는 상품을 수출하고 상대적으로 덜 효율적으로 생산하는 상품을 수입하여 이득을 얻을 수 있다.

이것이 분명하지 않다면, 사무엘슨이 이야기한 것을 기억하라. "비교우위의 원리는 결코 분명하지 않다. 우리는 이것을 이해하기 전에 생각을 하고 약간의 계산을 해봐야 한다."

리카도의 간단한 모델은 무역으로부터의 이득을 위해 필요하지 **않은** 조건에 대해 명확하게 밝혀주었다. 한 나라가 어떤 상품을 성공적으로 수출하기 위해 무역 상대국에 비해 그 상품을 더 효율적으로 생산해야만 할 필요는 없다. 또한 상대국에 비해 생산이 비효율적이어야만 그 상품을 수입할 수 있는 것도 아니다. 이후 여러 세대에 걸쳐 이론가들은 모델을 발전시키며 이 원리에 필요하지 않은 조건들을 명확하게 밝혔다. 얼마나 많은 상품이 존재하는지 또는 얼마나 많은 나라들이 무역에 참여하는지는 중요하지 않았다. 또한 교역재와 함께 비교역재와 서비스가 존재한다는 사실도 중요하지 않았다. 특정한 시기에 무역수지가 균형인지 그리고 자본(또는 다른 자원들)이 한 산업에서 다른 산업으로 쉽게 이동할 수 있는지도 중요하지 않았다. 비교우위의 원리와 무역으로부터의 이득에 관해 말하자면, 이와 같은 단순화들 중 어떤 것도 중요하지 않았다.

더 많은 연구를 통해 이 원리의 한계도 밝혀질 수 있을 것이다. 예를 들어, 후생경제학의 제1근본정리가 성립하지 않는 몇몇 조건하에서는 무역이 손실을 낳을 수도 있다. 외부성이나 규모의 경제가 존재하는 경우, 적어도 몇몇 나라들은 무역과 함께 손실을 보는 사례들을 생각해 볼 수 있다. 1950년대와 1960년대의 개발도상국은 이러한 가능성을 걱정하여 자국의 산업을 발전시키기 위해 무역 장벽을 세웠다. 그리고 무역으로부터의 이득이 있는 경우에도 그것이 한 나라의 **모든 사람들**이 무역으로부터 이득을 얻는다는 것을 의미하지는 않는다. 사실 현존하는 대부분의 모델은 적어도 몇몇 집단—예를 들어, 수입대체산업의 노동자 또는 상대적으로 풍부한 숙련 노동자를 가진 나라의 비숙련 노동자—은 손해를 볼 것이라 결론짓는다. 자유무역이 모두에게 이득이 된다는 이유로 그것을 지지하는 일부 사람들은 아마도 비교우위가 실제로 어떻게 작동하는지 이해하지 못하는 사람들이다.

비교우위의 원리와 후생경제학의 제1근본정리는 모델을 통해 경제학적 가설의 본질—모델이 정확하게 제시하는 바, 어떻게 그것이 작동하는지, 모델을 현실에 적용할 수 있는 조건들—에 관해 숨김없이 드러낸 가장 명확하고 중요한 두 가지 사례이다. 그런데 이 두 가지는 일반적인 연구 형식의 대표적인 사례이기도 하다. 금융 투기는 안정성에 좋은가 나쁜가? 가난한 가구를 현금 지원$^{cash\ grants}$을 통해 도와야 하는가 아니면 교육 보조를 통해 도와야 하는가? 통화정책은 상황에 대응할 수 있어야 하는가 아니면 준칙을 따라야 하는가? 이 각각의 경우에 대답하기 위해, 경제학자는 모델을 제시하고 어떤 결과를 보다 지배적으로 만드는 조건이 무엇인지를 조사한다.

직접적인 증거가 이런 방식의 학문적인 사고를 대체할 수 있는 경우는 거의 없다. 극단적인 경우를 생각하여, 우리가 위의 질문들 중 하나를 완벽하게 해결하는 증거를 가지고 있다고 가정해 보자. 그런 증거는 필연적으로 특정한 지리적 환경과 시기에 한정될 것이다. 예를 들어 1995년에서 2014년 사이에 금융 투기는 시카고상품시장의 옥수수 선물가격을 정말 더욱 안정적으로 만들었고, 2010년에서 2012년 사이에 탄자니아에서는 초등학생들에 대한 교육 보조보다 현금 지원이 정말로 더 효과적이었다. 이러한 종류의 증거는 유용하지만, 우리가 이 증거를 적절하게 해석할 수 있으려면 그것을 경제모델에 새겨넣어야 한다. 예를 들어, 현금 지원이 교육 보조보다 가족들에게 더 나은 인센티브를 제공하기 때문에 더 효과적인가 아니면 그것이 프로그램을 집행하는 관료들의 일을 줄여줄 수 있기 때문에 더 효과적인가? 그 증거를 다른 환경에 (혹은 미래에) 추론하여 적용하기 위해서도 모델을 사용할 필요가 있다. 예를 들어, '외환시장의 금융 투기도 시장을 안정화시키는가?' 또는 '옥수수 선물의 투기는 2년 후의 시장도 역시 안정화시킬 것인가?'와 같은 질문들에 대해 대답하기 위해서는 (때로는 모호하고 암묵적이라도) 모델이 필요하다. 모델이 더욱 명시적일수록 증거를 해석하고 추론하기 위한 우리의 가정이 더욱 투명해진다.

표준적 직관이 실패할 때

경제학자들이 스스로에 관해 하는 많은 농담들 중에 이런 말이 있다. "경제학자는 현실에서 작동하는 무언가를 보고 그것이 이론에서도 작동하는지 질문하는 사람이다." 이는 말도 안 되는 소리로 들릴지도 모르지만, 우리가 직관에 끌려 얼마나 쉽게 잘못된 판단을 하는지 그리고 살면서 얼마나 자주 반직관적인 결과들을 마주치는지 깨닫고 나면 꼭 그렇지만은 않다. 경제모델은 그런 예상치 못한 결과의 가능성을 고려하도록 우리의 직관을 훈련시킬 수 있다. 이러한 예상치 못한 결과는 여러 가지 외양을 띠고 나타난다.

첫 번째 범주는 '일반균형 상호작용general-equilibrium interactions'이다. 일반균형이란 '부분균형' 혹은 단일시장분석과 구분된다는 뜻으로, 서로 다른 시장들 사이의 피드백 효과를 포착한다는 것을 의미하는 멋진 표현이다. 예를 들어, 노동시장에서 일어나는 사건은 상품시장에 영향을 미치고, 이는 또한 자본시장에 영향을 미친다. 이러한 연쇄적인 효과는 한 시기의 한 시장에 국한된 단순한 수요-공급 모델의 결론을 크게 수정하고, 때로는 뒤집는다.

미국과 다른 선진국들에서 중요한 정책적 관심사인 이민에 관해 생각해보자. 예를 들어, 플로리다 주에 이민자의 유입이 늘어나면 플로리다의 노동시장은 어떤 영향을 받을까? 우리의 직관은 수요와 공급 모델에 기초하여 노동자의 공급이 증가하면 노동자의 가격, 즉 임금이 하락할 것으로 예측한다. 2차적인 또는 3차적인 효과가 없다면 이민의 효과는 이것이 전부일 것이다.

그러나 플로리다 주의 노동자가 경쟁의 심화에 대응하여 다른 지역의 일자리를 찾아 플로리다 주 밖으로 이동한다면 어떻게 될까? 이용할 수 있는 노동자들이 더 많아졌기 때문에 기업들이 플로리다에 새로운 공장과 사업체를 세운다면 어떻게 될까? 저숙련 노동자들이 많아져서 새로운 기술의 도입이 정체된다면 어떻게 될까? 이민노동자들로 인해 특히 이민노동자들이 생산하는 종류의 상품에 대한 수요가 늘어난다면 어떻게 될까? 이 각각의 가능성들은 최초의 이민의 효과를 상쇄하는 경향이 있다. 이와 같은 일이 1980년대에 실제로 일어났다. 당시 마이애미는 마리엘 보트리프트^{Mariel boatlift}(1980년 4월 카스트로가 정치적 망명을 허용하여 쿠바의 마리엘 항구로부터 플로리다로 유입된 이민 행렬을 일컫는 말―옮긴이) 기간 동안 (마이애미 전체 노동력의 7%에 달하는) 많은 쿠바 이민자들을 받아들였다. 그런데 버클리의 경제학자 데이비드 카드David Card는 이러한 이민의 유입이 마이애미의 임금이나 실업에 거의 영향을 미치지 않았음을 발견했다. 이는 가장 직접적으로 영향을 받았던 비숙련 노동자들에게도 마찬가지였다. 어떻게 이러한 결과가 나타날 수 있었는지에 대한 정확한 이유는 여전히 논쟁의 대상이지만, 여러 일반균형 효과들이 함께 영향을 미쳤을 가능성이 크다.[12]

일반균형의 관점에서 사고하는 것이 얼마나 중요한지를 보여주는 다른 사례를 살펴보자. 내가 미국의 의류산업에서 일하고 있는 (기술자, 회계사 등의) 매우 고숙련 전문직 노동자라고 생각해보자. 만약 베트남이나 방글라데시와 같은 개도국과의 무역이 확대되면 나에게 이득이 될까 손해가 될까? 의류산업에서 일어나는 일만 생각한다면(즉, 부분균형의 관점에서는) 개발도상국과의 무역 확대는 나에게 손해가 된다. 이 개발도상국들의 기업이 미국의 의류회사들에게 심각한 경쟁 압력을 미칠 가능성이 크기 때문이다. 이제 수출에 관해 생각해보자. 자국의 기업이 미국에 의류를 수출하여 돈을 벌면 이 나라들의 시장이 커지게 된다. 이 새로운 시장에 미국경제 전체의 수출이 증가하면, 성장하는 수출 지향적 부문에서 새로운 고용 기회가 생겨날 수 있다. 이 부문들은 고숙련의 산업일 가능성이 크기 때문에 기술자, 회계사의 고용이 늘어날 것이다. 이렇게 여러 시장들 사이의 상호작용이 전체 경제 내에서 작동한다면, 내가 보유한 숙련에 대한 수요가 늘어나고 나의 실

제 이득은 이전보다 더 커질 수 있다.[13]

또한 '차선second best'의 경제학으로부터도 예상치 못한 결과가 발생한다. 차선의 일반이론은 응용경제학의 도구들 중 가장 쓸모 있지만, 아마도 경제학 교육을 받지 못한 이들에게는 가장 덜 직관적일 것이다. 그것은 무역정책과 관련하여 제임스 미드James Meade가 처음 발전시켰고, 나중에 리처드 립시Richard Lipsey와 켈빈 랭카스터Kelvin Lancaster에 의해 일반화되었다.[14] 이 이론의 핵심적 통찰은 다른 관련된 시장들이 여전히 제한된다면 몇몇 시장을 자유화하거나 이전에 존재하지 않았던 시장을 개방하는 것이 언제나 이득이 되지는 않는다는 것이다.

초기에 이 이론은 유럽공동시장과 같은 국가 집단 사이의 무역협정들에 적용되었다. 이러한 협정에 참가하는 나라들은 서로에 대한 무역 장벽을 낮추거나 철폐하여 그 나라들 사이의 무역을 자유화한다. 비교우위 원리의 기본적인 직관은 무역으로부터 모든 국가들이 이득을 얻어야 한다는 것이다. 그러나 꼭 그렇지만은 않다. 무역협정 내의 국가들 사이의 무역 장벽은 특혜적인 성질이 있기 때문에, 프랑스와 독일은 이제 서로 더 많은 무역을 하게 되며 이는 그 자체로는 바람직한 일이다. 이러한 현상은 '무역창출효과trade creation effect'로 알려져 있다. 그러나 똑같은 이유로 인해서 독일과 프랑스는 아시아나 미국과 같은 저비용 국가들로부터는 더욱 적게 수입을 하게 되는데, 이는 바람직하지 않은 일이다. 경제학의 용어에 따르면, 이는 '무역전환효과trade diversion effect'라 불린다.

무역전환이 경제적 후생을 어떻게 감소시키는지 살펴보기 위해, 미국으로부터 독일에 쇠고기가 100달러에 수출된다고 생각해 보자. 독일은 이 쇠고기에 20퍼센트의 관세를 붙이므로 소비자가격은 120달러이다. 한편 프랑스는 똑같은 품질의 쇠고기를 119달러에 공급할 수 있다. 프랑스와 독일 사이의 특혜적인 무역협정 이전에는 미국 생산자와 똑같은 관세를 적용받는 프랑스 생산자가 독일시장에서 경쟁할 수 없었다. 이제 독일이 프랑스로부터의 수입에 대한 관세를 철폐하고 미국으로부터의 수입에 대한 관세는 유지한다면 어떻게 될지 생각해보자. 프랑스가 수출하는 쇠고기가 갑자기 독일에서 상대적으로 싸게 되어(119달러 대 120달러) 미국산 쇠고기가 경쟁에서 지게 된다. 독일 소비자들의 후생은 1달러 증가하지만, 독일 정부는 이전에 미국 쇠고기에 부과하던 20달러의 관세를 잃는다(이 관세는 독일의 소비자에게 되돌아가거나 다른 세금을 인하하는 데 사용될 수 있었을 것이다). 전체적으로 볼 때, 독일은 이득을 얻지 못한다.

'차선'의 논리는 다양한 경우에 적용될 수 있다. 그중 가장 잘 알려진 사례 하나는 네덜란드병^{Dutch disease syndrome}인데, 이는 1950년대 후반 네덜란드에서 천연가스가 발견된 이후의 결과를 일컫는 말이다. 그 후 1960년대에 가스가 수출되면서 네덜란드 길더화의 가치가 상승했고, 네덜란드의 공장들은 세계시장의 점유율을 잃으며 네덜란드 제조업의 경쟁력이 약화되었다고 많은 이들이 보고했다. 차선의 일반이론은 천연자원으로 인한 호황이 (경제적으로) 나쁜 뉴스가 될 수 있는 조건들을 명확히 보여준다. 이러한 호황은 통화의 평가절상으로 인해 자연적으로 몇몇 (제조업과 같은) 경제활동을 구축crowd out한다.[15] 이는 그 자체로 문제는 아니다. 구조적 변화는 경제적 진보의 요소이자 일부이다. 그러나 우선 구축된 경제활동이 부족하게 제공된다면 (정부가 부과한 제한 때문에 또는 그것들이 경제의 다른 부분들에 대한 기술적 스필오버의 원천이었기 때문에) 이 경우는 다르다. 결과적으로 중요한 경제활동의 축소로 인한 경제적 손실이 천연자원 호황으로부터의 직접적 이득보다 더욱 클 수도 있다. 이것은 순전히 이론적인 우려가 아니다. 사하라 사막 이남 지역의 자원이 풍부한 국가들은 이윤이 높은 광산업으로 인한 임금의 상승 압력이 제조업의 경쟁력을 약화시킴에 따라 이러한 문제에 일상적으로 직면하고 있다.

차선이론이 보여주는 상호작용이 표준적인 결론을 언제나 뒤집는 것은 아니다. 때때로 그것은 시장 자유화를 지지하는 주장을 더욱 강력하게 만든다. 네덜란드병의 사례에서, 만약 쇠퇴하는 산업이 그들이 보상하지 않는 환경 파괴를 유발하는 '더러운' 산업이라면, 제조업에 대한 악영향은 좋은 뉴스일 수 있다. 그러나 종종 그 효과는 표준적인 직관을 뒤집어 놓는데, 틀린 결론 대신 오히려 올바른 방향으로 우리를 이끄는 것처럼 보인다. 틀린 것이 또 틀리면 옳을 수 있는 것이다. 시장은 결코 교과서처럼 완전하지 않기 때문에 차선의 문제와 같은 일들이 현실에서 흔히 일어난다. 프린스턴의 경제학자 아비나쉬 딕싯에 따르면, "세상은 고작해야 차선이다."[16] 이는 우리가 잘 작동하는 시장을 가정하는 경제학자들의 표준모델을 받아들이는 데 주의해야 함을 의미한다. 이런 모델은 종종 더욱 뚜렷한 시장의 불완전성을 도입하여 수정될 필요가 있다. 적용하기에 올바른 모델을 고르는 것이 가장 중요한 일이다.

전략적 행동과 상호작용은 반직관적인 결과를 일으키는 세 번째 원인이 된다. 우리는 이미 죄수의 딜레마 상황의 사례를 살펴보았다. 이 경우 기회주의적 행동은 모든 행위자가 피하고 싶은 결과를 만들어낸다. 더 일반적으로, 셸링이 오래 전 지적했듯이, 사람들이 전략적 상호작용—나의 행동이 상대의 행동에 영향을 미치고 그 반대도 마찬가지라는—을 한다고 인식하는 경우, 그렇지 않은 경우에는 합리적이지 않을 행동을 할 수 있다.[17] 상대가 나의 요구에 응하지 않는 경우 내가 배신하겠다는 위협은 상대가 보복할 수 있는 능력이 있는 한 신뢰성이 없다. 따라서 그런 위협은 효과적이지 않다. 그러나 애초에 내가 합리적이지 않다는 의심을 상대의 마음에 심어주는, '미친' 행동을 하면 어떻게 될까?

상호작용이 한쪽 행위자에게 이득이 되도록 고안된 전략적인 행위는 여러 형태를 띨 수 있다. 내 제품의 가격을 더는 깎지 않겠다는 뜻을 상대에게 확신시키기 위해, 나는 단순하게 모든 의사소통을 끊어버릴 수 있다('다리를 태우는' 전략). 상대가 나와 경쟁하지 못하도록 하기 위해, 엄청난 설비를 지을 수도 있다. 만약 상대가 내 사업 분야에 진출하면, 나는 나와 상대 모두를 결국 파산에 이르게 할 공격적인 가격 인하를 실시할 인센티브를 가질 수 있다. 차입자로서 나의 신뢰도를 높이기 위해, 나는 빚을 갚지 못하는 경우 나 스스로에게 커다란 비용을 물리는(내 다리를 부러뜨리는?) 제3자(마피아?)와 계약을 할 수도 있다.[18] 이 모든 경우, 전략적인 상황이 아니라면 합리적이지 않을 행동들이 경쟁자 혹은 파트너의 비용−편익 계산을 바꾸고자 하는 목표의 관점에서 보면 이해할 수 있게 된다.

마지막으로, 몇몇 반직관적인 결과는 '비일관적 시간선호time-inconsistent preferences' 문제에 기인한다. 간략히 말해, 비일관적 시간선호란 단기적으로 바람직한 일과 장기적으로 바람직한 일 사이의 불일치를 의미한다. 정치인들은 화폐를 발행하면 장기적으로는 인플레이션만 심해질 것임을 알고 있을지라도, 선거를 앞에 두고 단기적으로는 추가적으로 경제활동을 자극하기 위한 인플레이션의 유혹을 종종 이겨내지 못한다. 소비자들은 노년을 위해 저축을 해야 한다는 것을 알지만 종종 흥청망청 소비하는 것을 멈추기 어렵다. 이러한 사례들도 일종의 전략적 상호작용인데, 이 경우 상호작용이 오늘의 자신과 미래의 자신 사이에 일어난다는 것이 차이일 뿐이다. 오늘의 자신이 바람직한 행동을 할 수 없는 경우 미래의 자신은 손해를 보게 된다.

이러한 문제들에 대한 일반적인 해결책은 사전위임pre-commitment 전략이다. 인플레이션의 사례에서는, 정책결정자가 통화정책의 권한을 물가안정의 임무만을 가지거나 초보수적인 은행가에 의해 운영되는 독립적 중앙은행에 위임하기로 결정할 수 있다. 저축의 사례에서는,

누군가가 고용주에게 퇴직연금을 위해 자동적으로 공제를 하도록 요청할 수 있다. 이 사례들은 누군가의 행동의 자유를 제한하는 것이 그의 후생을 더 높일 수 있다는 점에서 역설적이다. 이는 더 많은 선택이 언제나 적은 선택보다 더 낫다는 경제학의 통상적인 주장과 배치된다. 그러나 이는 실제로는 역설이 아니다. 한 종류의 모델에서 나타나는 역설적인 현상이 다른 종류의 모델에서는 쉽게 이해될 수 있는 경우가 종종 있다.

과학의 진보, 한 번에 하나의 모델

경제학자에게 경제학을 과학으로 만드는 요인이 무엇인지 물어보면 아마도 다음과 같이 대답할 것이다. "경제학은 과학적 방법을 사용하기 때문에 과학이다. 경제학자는 가설을 세우고 그것을 검증한다. 이론이 검증에 실패하면, 우리는 그것을 폐기하고 다른 이론으로 대체하거나 더 개선된 이론을 제시한다. 결국 경제학은 세계를 더 잘 설명하는 이론을 발전시키는 것을 통해 진보한다."

이것은 훌륭한 이야기지만 경제학자들이 실제로 하는 일과 경제학이 실제로 진보하는 방식과는 별로 관계가 없다.[19] 우선, 경제학자들의 대부분의 연구는 가설을 먼저 제시하고 현실 세계의 증거에 기초하여 그것을 검증하는 가설—연역적인hypothetico-deductive 틀과는 상당히 다르다. 경제학에서 더욱 흔한 전략은 현존하는 모델이 설명하지 못하는 것처럼 보이는 특별한 규칙성이나 결과—예를 들어 은행이 기업들에게 더 높은 금리를 매기는 대신 대출하는 신용을 할당하는 겉보기에 이상한 행동과 같은—를 설명하기 위해 모델을 만들어내는 것이다. 연구자들은 '비정상적인' 현상들을 더 잘 설명한다고 주장하는 모델을 개발한다.

신용할당credit rationing(금융시장에서 정보의 불완전성으로 인해 대출 수요가 공급에 비해 많아도 은행이 금리를 올리지 않고 신용을 배분하는 행위—옮긴이)의 경우, 파산 위험이 그럴듯한 설명이다. 차입자의 손실이 낮은 수준에서 제한되기 때문에, 높은 금리에서는 차입자가 더욱 위험한 프로젝트에 투자를 하게 된다. 유한책임으로 인해 차입자는 시장에서 매각할 수 있는 자산 이상의 금액을 은행에게 갚도록 강요받지 않을 수 있다.[20] 그 결과 만들어진 모델은 가설을 세우고 검증하는 원칙으로부터 연역된 결과로서 제시되는 것인지도 모른다. 이러한 연역이 어쨌든 경제학자들이 수용하는 과학적인 방법이다. 그러나 사실은 모델을 만들어내는 사고는 귀납적인 방법과 상당히 관련이 있다. 그리고 모델은 특정한 실증적 현실을 설명하기 위해 구체적으로 고안된 것이기 때문에, 똑같은 현실을 들이대며 그것을 직접적으로 검증할 수는 없다. 다른 말로 하면, 신용할당은 애초에 그것이 이론의 동기를 제공한 것이므로 그 자체로 이론에 대한 검증이 될 수는 없다.

게다가 진정으로 연역적인 가설—검증 접근을 따르는 경우에도, 경제학자들이 만들어내는 많은 모델은 어떤 엄격한 의미에서도 실제로 검증 가능하지 않다. 우리가 보았듯이 경제학에는 서로 모순되는 결론들을 제시하는 모델들이 많이 존재한다. 그럼에도 단정적으로 명백히 틀렸다고 폐기된 경제모델은 별로 없다. 여러 학문적 연구들이 이런 또는 저런 모델에 대한 실증적 근거를 제시한다고 주장한다. 그러나 이러한 실증 분석의 결과는 보통 절대적이지 않으며, 이후에 종종 그 분석의 결론과 반대의 결론을 제시하는 다른 실증 분석이 나타나곤 한다. 따라서 경제학자들이 선호하는 모델은 증거 그 자체가 아니라 유행 또는 모델을 만드는 방식에 대한 선호의 변화에 따라 변하는 경향이 있다.

경제학의 사회학은 다음 장의 주제이다. 더욱 근본적인 쟁점은 사회적 실재social reality의 유동성이 경제모델을 본질적으로 어렵고 심지어 불가능하게 만든다는 것이다. 우선, 현실의 사회는 연구자가 대안적인 가설이 적절한지에 관한 추론을 할 수 있도록 해주는 명백한 증거를 거의 제시하지 않는다. 관심의 대상이 되는 대부분의 질문들—경제성장의 요인은 무엇인가? 재정정책이 경제를 자극하는가? 현금 이전이 빈곤을 감소시키는가? 등—은 실험실에서 연구될 수 없다. 우리가 찾는 원인들은 보통 데이터 내에서 복잡한 상호작용에 의해 뒤죽박죽이 되어 있다. 경제통계학자들의 최선의 노력에도 불구하고, 인과적인 증거를 확립하는 것은 무척이나 어려운 일이다.

극복하기 더욱 어려운 장애물은 어떤 경제모델도 보편적으로 옳다고 기대할 수 없다는 것이다. 보편적인 법칙들이 많이 존재하는가는 심지어 물리학에서도 논쟁의 대상이 될 수 있다.[21] 그러나 내가 계속 강조했듯이 경제학은 물리학과 같은 과학과는 다르다. 경제학에서는 맥락context이 가장 중요하다. 어떤 환경에서 사실인 것이 다른 환경에서는 사실이 아닐 수도 있다. 어떤 시장들은 경쟁적이고, 다른 시장들은 그렇지 않다. 어떤 맥락에서는 차선의 분석이 필요하고, 다른 경우는 그렇지 않다. 어떤 정치체제는 통화정책에서 비일관적 시간선호 문제에 직면하지만, 다른 정치체제는 그렇지 않다. 매우 비슷한 정책 개입의 결과가 서로 다른 사회에서 매우 다르게 나타나는 것—예를 들어 국가 자산의 민영화나 수입자유화의 사례들처럼—도 놀랍지 않다. 모델을 잘 아는 경제학자들은 서로 다른 결과를 이해하기 위해 결국 서로 다른 모델들을 적용한다. 이렇게 다양한 모델에 의존하는 것은 우리의 모델이 부적절해서가 아니라 사회 현상의 우연성을 반영하는 것이다.

경제학의 지식은 더 나은 모델이 나쁜 모델을 대체하며 수직적으로 축적되기 보다는, 이전의 모델이 설명하지 못하던 특징들을 설명하는 새로운 모델과 함께 수평적으로 축적된다. 즉, 새로운 모델은 낡은 모델을 대체하지 않는다. 새로운 모델은 어떤 환경에서 더욱 적절할 수 있는 새로운 차원을 도입하는 것이다.

경제학의 가장 기본적인 질문에 대한 경제학자들의 이해가 어떻게 진화했는지 생각해보자. 시장은 실제로 어떻게 작동하는가? 이에 대한 분석은 처음에는 생산자와 소비자가 존재하고, 그중 누구도 시장가격에 영향을 미치지 못하는 완전히 경쟁적인 시장에 초점을 맞춘다. 시장경제의 효율성에 관한 근본 정리가 확립된 것은 바로 그런 경쟁시장의 맥락하에서였다. 그러나 시장이 유일한 생산자에 의해 독점되거나 몇몇 대기업들에 의해 지배되는, 시장이 불완전할 때의 결과를 분석한 초기의 연구들도 있었다. 이 시장들에서의 행위는 표준적인 경쟁적 시장에서의 행위와는 완전히 다르다는 것이 잘 알려져 있었다.

본질적으로 유일한 형태를 띠는 경쟁시장의 모델과는 달리 불완전 경쟁시장의 모델은 연구자의 상상력만큼 수없이 많고 다양하다. 독점과 복점뿐 아니라, 수많은 기업이 서로 다른 브랜드로 각각 시장 지배력을 가지는 '독점적 경쟁', 가격이 결정되는 방식에 관한 가정이 서로 다른 '베르뜨랑 대 꾸르노Bertrand versus Cournot 경쟁', 기업들에 의해 유지되는 담합의 정도가 서로 다른 '정적 대 동적' 모델, 선도자의 이득이 존재할 수 있는지가 서로 다른 '동시적 대 순차적 행동' 등이 그중의 일부이다. 우리는 수십 년의 모델의 발전을 통해서 이러한 차원들에 관해 무엇을 가정하는가에 따라, 불완전경쟁이 당황스러울 만큼 여러 가지 결론을 만들어낼 수 있다는 것을 배웠다. 더욱 중요하게도, 가정의 투명성 덕분에 우리는 또한 이 각각의 결과가 어떤 가정에 기초하고 있는지 배웠다.

1970년대에 경제학자들은 시장의 또 다른 특징, 바로 '비대칭적asymmetric 정보'를 모델화하기 시작했다. 이는 현실 세계 시장의 중요한 특징이다. 예를 들어, 노동자들은 고용주에 비해 자신의 능력에 대해 더 잘 알고 있다. 채무자들은 자신이 파산할지 아닐지 잘 알고 있는 반면, 채권자들은 그렇지 않다. 중고차 구입자들은 자신들이 좋은 중고차를 구매하는지 아닌지 모르지만, 판매자들은 알고 있다. 마이클 스펜스 Michael Spence, 스티글리츠 그리고 조지 애컬로프 George Akerlof 의 연구는 이러한 종류의 시장이 신호 보내기 signaling(즉각적으로 명백한 이득이 없는 행동에 대한 비싼 투자), 할당 rationing(더 높은 가격에도 상품이나 서비스의 공급을 거부하는 것), 시장의 붕괴 등 다양하면서도 특별한 특징을 가질 수 있음을 보여주었다. 2001년 세 경제학자들은 이러한 연구로 인해 노벨상을 받았고, 현재까지도 후속 연구들이 활발하게 이루어지고 있다. 그 결과로, 우리는 정보의 비대칭성으로 가득찬 신용시장과 보험시장의 작동에 대해 더 잘 이해하게 되었다.[22]

경제학자들은 오늘날 소비자가 완전히 합리적으로 행동하지 않는 시장에 점점 더 많은 관심을 보이고 있다. 이러한 새로운 방향은 행동경제학 behavioral economics 이라 불리는 새로운 분야를 만들어냈는데, 이 분야는 심리학의 통찰을 경제학의 형식적 모델링 접근법과 통합시키고자 한다. 이러한 새로운 분석틀은 소비자들이 현재의 모델로 설명할 수 없는 방식으로 행동하는 경우—예를 들어, 그들이 축구공을 2달러 더 싸게 파는 다른 상점에 가기 위해 0.5마일을 걸어가지만 비싼 스테레오를 살 때 100달러 아끼기 위해서는 그러지 않는 경우—에 전도유망하다. 행동이 규준 norms 이나 (주먹구구를 의미하는) 휴리스틱 heuristics

에 의해 추동되는 경우, 많은 표준적인 결론들은 더 이상 옳지 않다. 두 가지 사례로, 매몰비용—이미 지출되어 회수불가능한 비용—은 의사결정에서 고려사항이 아니라는 것, 금융적 비용과 기회비용—행해지지 않은 선택의 가치—이 동일하다는 것은 완전한 합리성이 가정되지 않는 경우에는 성립하지 않는다는 것을 들 수 있다.

비록 매우 단순화되었지만, 이 망원경으로 본 듯한 서술은 경제학에서 설명을 위한 모델의 다양성이 확대되는 것을 잘 보여준다. 우리는 완전경쟁모델을 넘어 불완전경쟁, 비대칭적 정보, 그리고 행동경제학 모델로 옮겨 왔다. 경제모델에서 이상적이고 완벽한 시장이 모든 종류의 방식으로 실패할 수 있는 시장에 길을 내주었다. 합리적 행동은 이제 심리학의 (소비자의 비합리적 행동에 대한—옮긴이) 발견들과 함께 고려되고 있다. 보통 이러한 확장은 현존하는 모델과 배치되는 것처럼 보이는 실증적 결과에 그 뿌리를 두고 있다. 예를 들어, 많은 기업이 왜 노동자들에게 분명 비슷한 노동자들의 시장임금에 비해 훨씬 더 높은 임금을 지불하고 있을까?[23] 데이케어센터가 아이들을 데려가는 시간에 부모들이 지각을 하면 벌금을 물리기 시작했을 때, 왜 많은 부모들이 더 늦게 나타났을까?[24] 이 각각의 질문들은 새로운 모델을 만들어냈다.

새로운 세대의 모델들이 이전 세대의 모델들을 부정하거나 덜 적절한 모델로 만드는 것은 아니다. 그것들은 경제학의 통찰의 범위를 단지 확장시킬 뿐이다. 완전경쟁시장모델은 현실 세계의 많은 질문에 대답하기 위해 여전히 필수불가결하다. 우리는 많은 경우에 비대칭적 정보에 관해 우려할 필요가 없다. 예를 들어, 간단한 소비재를 반복적으로 구입해야 하는 경우, 사람들이 시간이 지남에 따라 품질과 내구성과 같은 상품의 중요한 특징을 알게 되기 때문이다. 그리고 소비행위에서 합리성의 역할은 거의 없고 그것이 언제나 휴리스틱에 의해 추동된다고 가정하는 것은 매우 잘못된 일이다. 이전의 모델은 여전히 쓸모가 있다. 우리는 다른 모델을 이전의 모델들에 추가하는 것이다.

이것은 진보인가? 물론, 분명히 그렇다. 시장에 대한 경제학자들의 이해가 오늘날만큼 발전된 적은 없다. 그러나 이는 자연과학에서와는 다른 종류의 진보이다. 경제모델의 수평적인 확장은 발견을 기다리고 있는 고정된 자연법칙들을 가정하지 않는다. 그것은 대신 사회의 가능성들을 밝혀내고 이해하고자 한다.

이차크 길보아Itzhak Gilboa와 공저자들은 한 논문에서 원칙에 기초한 학습과 사례에 기초한 학습을 구분하며 유용한 비교를 제시했다.[25] 그들에 따르면, "사람들은 일을 할 때뿐 아니라 일상에서도 예측, 분류, 진단 그리고 도덕적, 법적 판단을 하기 위해 원칙에 기초한 추론과 사례에 기초한 추론 모두를 사용한다." 원칙에 기초한 추론은 특정한 경우 정확성이 어느 정도 낮아지지만 많은 양의 정보를 조직하는 경제적인 방법을 제공한다. 반면 사례에 기초한 추론은 유사성을 보여주는 다른 사례들과 비교하는 유비analogies를 통해 이루어진다. 명확한 원칙에 기초하여 관련된 데이터를 설명하기가 매우 어렵다면, 사례에 기초한 접근법이 특히 유용해진다. 길보아와 공저자들은 "과학적 지식이 사례들의 모음으로 생각될 수도 있다면, 경제학에서 발전된 몇몇 관행들이 더욱 잘 이해될 수 있다." 이러한 관점에서 보면, 경제과학은 유용한 사례들을 수집하는 것을 통해 진보한다.

모델과 실증적 방법

모델의 다양성은 경제학의 강점이다. 그러나 과학이라 자부하는 학문에게 다양성은 문제가 될 수도 있다. 어떤 과학이 모든 것에 대해 서로 다른 모델을 가지고 있는가? 길보아와 공저자들의 유비를 사용하자면, 사례들의 모음이 정말로 과학이 될 수 있을까?

그렇다. 적어도 우리가 모델이 그 모델을 적용할 수 있는 환경에 관한 정보를 포함하고 있다는 것을 잊지 않는 한 그렇다. 모델은 우리에게 언제 그것을 사용할 수 있고 언제 사용하지 말아야 할지 알려준다. 유비를 계속하자면, 경제모델은 명확한 사용설명서—어떻게 그것을 적용할 것인지 가르쳐주는 설명—와 함께 제시되는 사례라고 할 수 있다. 이는 모델이 그 결정적 가정과 행동 메커니즘에 관해 명확하기 때문이다.

이는 우리가 어떤 특정한 환경에서도 적어도 원칙적으로 도움이 되는 모델과 그렇지 않은 모델을 구분할 수 있음을 의미한다. 예를 들어,

PC산업에 경쟁모델을 적용해야 할까, 아니면 독점모델을 적용해야 할까? 이에 대한 대답은 심각한 장벽―대규모의 매몰비용이나 반경쟁적 관행―이 잠재적인 경쟁자의 시장 진입을 가로막고 있는지에 달려 있다. 우리는 네덜란드병이나 무역전환과 같은 차선의 복잡한 문제를 걱정해야 할까? 그 대답은 상당 부분 특정한 시장의 불완전성―각각의 경우 제조업으로부터의 기술 스필오버와 제3국과의 무역 장벽―이 존재하는지 그리고 중요한지에 달려 있다. 다음 장에서 논의할 것처럼, 사실 훨씬 더 많은 것들이 모델들 사이의 이러한 선택 과정과 관련이 있다. 그러나 특정한 가정이 어떤 결과를 만드는 데 어떻게 필요한지를 드러낸다는 바로 그 이유 때문에 모델들은 맥락에 따라 구분될 수 있다. 모델의 다양성은 어떤 것이든 가능함을 의미하지는 않는다. 그것은 단순히 선택을 할 수 있는 메뉴가 존재하고, 그런 선택을 하기 위해 실증적 방법이 필요하다는 것을 의미한다.

나는 실증적 검증이 꼭 혹은 언제나 성공적으로 이루어진다고 주장하고 싶지는 않다. 그러나 실증적 데이터가 결정적이지 않은 경우에도, 모델은 의견 차이의 원천을 밝혀주기 때문에 합리적이고 건설적인 논쟁을 가능하게 만든다. 경제학에서 정책 논쟁이 벌어질 때면 보통 한 모델과 다른 모델 간에 싸움이 벌어진다. 모델에 의해 지지되지 않는 관점과 정책 제언은 보통 근거를 갖추고 있지 않은 경우가 많다. 그리고 일단 모델이 만들어지면 현실 세계에 관해 각각의 입장이 어떤 가정을 하는지 모두에게 명확해진다. 이것이 의견 차이를 해결하지 못할 수도 있다. 각각의 입장이 현실을 읽는 방식이 서로 다르다는 것을 고려하면, 실제로 대개의 경우 의견 차이를 해결하지 못한다. 그러나 우리는 적어도 두 입장 모두 그들이 무엇에 관해 의견이 대립되는지에 관해서는 결국 동의할 것이라고 기대할 수 있다.

경제학에서는 이러한 종류의 논쟁이 끝없이 발생한다. 예를 들어, 소득재분배를 위한 세금의 효과에 관한 논쟁은 대부분 결국 기업가정신의 공급곡선의 형태에 관한 논의로 귀착된다. 기업가정신이 인센티브에 매우 민감하다고 믿는 사람들은 기업가가 소득의 인센티브에 별로 반응하지 않는다고 생각하는 사람들에 비해 세금에 대해 훨씬 더 많이 우려한다. 불황기의 통화정책과 재정정책의 역할은 아마도 경제학에서 가장 치열한 논쟁을 유발하는 주제일 것이다. 이 논쟁은 본질적으로 경제 회복을 가로막는 요인이 경제의 수요곡선인지 공급곡선인지에 관한 것이다. 총수요가 모자란다고 믿는 이들은 전반적으로 확장적 통화정책과 재정정책에 찬성할 것이다. 문제가 과도한 세금 또는 정책의 불확실성과 같은 공급측의 충격이라고 생각하는 사람들은 그와는 매우 다른 처방을 제시할 것이다. 때때로 실증적 증거가 한 모델이 다른 모델보다 압도적으로 선호될 정도까지 축적될 수도 있다. 예를 들어, 개발경제학에서 실제로 있었던 사례를 들어보자. 1960년대에는 농민을 무지하다고 가정했지만, 가난한 농민들이 생각했던 것보다 훨씬 더 가격에 민감하게 반응한다는 것이 확실해지자 무지한 농민이라는 가정은 폐기되고 합리적인 농민을 가정하는 모델이 대세가 되었다.[26]

개도국과 중진국의 산업정책의 역할에 관한 논쟁도 있다.[27] 산업정책이란 자급농업subsistence agriculture과 같은 전통적인 저생산성 부문에서 제조업과 같은 생산적인 산업으로 산업구조의 변화를 촉진하기 위해 고안된 값싼 신용 또는 정부 보조와 같은 정부의 정책들을 말한다. 비판가들은 전통적으로 이러한 정책을 '승자 선택하기picking the winnters', 즉 헛수고를 하는 전략이라 부르며 비웃었다. 그러나 지난 수년 간의 연구는 개도국과 같은 환경에서는 이런 정책들의 논리적 근거가 매우 강하다는 것을 명확히 보여주었다. 시장의 실패 및 정부의 실패 모두와 관련된 여러 가지 이유들로 인해서, 산업을 시장의 힘에만 맡기면 현대적인 기업과 산업의 발전이 정체될 것이다. 경제학은 또한 정부가 승자를 고르지 않고 (예를 들어 벤처캐피털 기업이 하는 것처럼 새로운 산업의 포트폴리오에 투자하여) 긍정적인 구조 변화를 촉진하는 여러 방법들을 가지고 있음을 보여주었다. 무엇보다도, 다양한 모델들은 진정한 논쟁의 대상이 산업정책과 경제학이 아니라, 정부의 특징이라는 것을 밝혀냈다. 만약 정부가 적어도 가끔은 긍정적인 역할을 하고 효과적으로 경제에 개입할 수 있다면, 몇몇 종류의 산업정책은 지지되어야 할 것이다. 반대로 만약 정부가 대책 없이 부패하다면, 산업정책은 상황을 더 악화시킬 가능성이 크다. 이 경우, 경제학이 어떻게 이러한 의견의 불일치를 경제학자들이 특별히 전문적이지 않은 분야―공공행정―의 주제로 만들었는지 주목할 만하다.

모델, 권위 그리고 위계

2010년 유명한 두 명의 경제학자, 카르멘 라인하르트[Carmen Reinhart]와 케네스 로고프[Kenneth Rogoff]는 매우 논쟁적인 내용의 논문을 발표했다.[28] 그 논문은 정부부채가 GDP의 90퍼센트를 넘으면 경제성장을 통계적으로 유의하게 저해한다는 결과를 제시하는 것처럼 보였다. 보수적인 미국과 유럽의 정치인 및 관료들은 재정 긴축에 대한 그들의 요구를 정당화하는 근거로 이 연구를 언급했다. 연구 결과에 대한 저자들의 해석은 훨씬 더 조심스러웠지만, 이 논문은 불황에도 불구하고 재정지출을 축소하자는 재정 보수주의자들의 주장을 떠받치는 근거 1호가 되었다.

그런데 매사추세츠 주립대학교 암허스트 캠퍼스 경제학과의 대학원생 토마스 헌든[Thomas Herndon]은 라인하르트-로고프의 연구를 재검토 하던 중, 이들이 엑셀 작업에서 실수를 범했음을 발견했다. 또한 이들이 논문의 결과를 믿기 어렵게 만들 정도의 미심쩍은 방법을 사용한 것도 확인했다. 가장 중요하게는, 정부부채의 수준과 성장 사이에는 여전히 음의 관계가 있지만, 정부부채가 GDP의 90퍼센트를 넘어가면 성장률이 크게 하락한다는 증거는 미약했다. 그리고 다른 많은 이들이 주장했듯이, 이러한 관계 자체도 반대로 저성장이 부채비율을 높인 결과일 수 있었다. 헌든이 매사추세츠 주립대의 마이클 애쉬[Michael Ash], 로버트 폴린[Robert Pollin]과 함께 이와 같은 내용을 발표하자, 열띤 논쟁이 이어졌다.[29]

GDP의 90퍼센트라는 정부부채의 경계치가 정치적으로 비난받았기 때문에, 그러한 경계치가 확실하지 않다는 것도 광범위한 정치적 의미를 가졌다. 라인하르트와 로고프는 그들이 비록 고의는 아니지만 기꺼이 정치적 속임수 게임에 참여했다는 비난에 대해 적극적으로 반박했다. 그들은 자신들의 실증적 방법을 옹호했고, 비판가들이 주장하는 것과 달리 자신들은 재정적자에 대해 강경파가 아니라고 주장했다. 이러한 항변에도 불구하고 라인하르트와 로고프는 사실은 그 결과를 지지하는 증거가 제한적인 정책들을 학문적으로 옹호했다는 비판을 받았다.

라인하르트-로고프의 연구를 둘러싼 논쟁은 경제학 연구의 검증과 발전이라는, 사실은 유익한 과정의 중요성을 가려버렸다. 라인하르트와 로고프는 즉시 엑셀 작업의 실수를 인정했다. 헌든의 재검토는 데이터의 특징, 한계 그리고 어떻게 다른 방식의 데이터 처리가 다른 결과를 만들어내는지를 명확하게 보여주었다. 궁극적으로, 라인하르트와 로고프는 그들의 증거가 무엇을 보여주는지 또는 그 정책적 함의는 무엇인지에 관하여 비판가들과 그리 다르게 생각하지 않았다. 그들도 분명히 90퍼센트라는 확고한 경계치가 있다는 것을 믿지 않았고, 높은 정부부채와 낮은 경제성장 사이의 연관이 다르게 해석될 수 있다는 것에 동의했다. 이 사건의 희망적인 면은 경제학이 과학의 원칙에 의해 진보할 수 있다는 것이다. 그들의 정치적 관점이 아무리 다르다 해도, 양측 모두 무엇이 의견 차이를 해결하기 위한 증거와 공통적인 접근법이 되는 것인지에 관해 공통의 언어를 공유했던 것이다.

언론은 이 논란을 흔히 세계적인 명성을 가진 두 명의 하버드 대학교 교수들이 덜 유명한 그리고 비주류 대학의 대학원생에게 당한 망신으로 묘사했다. 이는 상당 부분 과장된 것이다. 그러나 이 논란은 경제학의 중요한 특징—경제학이 다른 과학과 공유하는—을 잘 보여주었다. 궁극적으로 어떤 연구의 지위는 저자의 소속 학교, 지위, 네트워크에 의해서가 아니라, 그 연구가 경제학 자체의 연구 기준에 얼마나 맞게 이루어졌는가에 달려 있다. 연구의 권위는 연구자가 누구인지 얼마나 많은 친분이 있는지 또는 그의 이데올로기가 무엇인지가 아니라 연구 자체의 내적인 특징—그 연구의 완성도가 얼마나 높은지 그리고 증거가 얼마나 튼튼한지—으로부터 나온다. 그리고 이러한 기준들이 경제학계에서 보편적으로 받아들여지기 때문에, 기준에 미달하는 연구는 경제학계 내부적으로 걸러질 수 있다.[30]

라인하르트—로고프의 사례가 왜 중요한지는 다른 사회과학이나 인문학들과 비교하기 전에는 알기 어려울 수 있다.[31] 경제학에서는 가끔 이렇게 대학원생이 선배 연구자의 연구에 도전하여 명성을 얻는 일이 있지만, 다른 사회과학이나 인문학 분야에서 이런 일은 정말로 드문 것 같다. 사실 경제학에서는 모델이 실수를 명확히 밝혀낼 수 있기 때문에 누구나 그렇게 할 수 있다.

이렇게 경제학 내부적으로는 민주적인 것처럼 보이는 연구 관행에는 반대의 측면도 존재한다. 경제학자들은 언어와 방법을 공유하기 때문에, 비경제학자들의 관점을 무시하거나 경시하는 경향이 있다. 경제학자들은 비판가들이 약속된 원칙을 따르려 하지 않는다면 그들을 진지하게 고려하지 않는다. '당신의 모델은 무엇인가?' 그리고 '증거는 어디에 있는가?'와 같은 질문에 답하는 경제학자들만이 논쟁의 정당한 참여자로 인정된다. 이로 인해 경제학은 내부로부터의 비판에는 매우 민감하지만 외부로부터의 비판에는 극히 무감하다는 역설이 나타난다.

'오류' 대 '오류조차도 아닌'

양자물리학의 선구자인 오스트리아 출신의 볼프강 파울리^{Wolfgang Pauli}는 연구에 대한 엄격한 기준과 날카로운 위트로 유명했다. 무명의 젊은 학생이었을 때, 그는 한 회의에서 아인슈타인의 논평을 인정하며 "음, 아인슈타인이 말한 건 그렇게 멍청한 건 아닙니다"라고 말했다. 파울리는 특히 외양은 과학적이지만 서술이 형편없거나 검증할 수 없는 주장에 대해 매우 비판적이었다. 후배 물리학자의 그런 연구를 본 파울리는 "이건 틀린 것조차도 아니다"[32]라고 말했다고 한다.

아마도 파울리는 명확하고 논리적인 주장이 제시되지 않았기 때문에 그 연구를 비판할 수조차 없다는 점을 의미한 것 같다. 가정, 인과관계, 그리고 결과가 너무 불명확해서 어떤 경우에도 그 주장을 반박할 수가 없다는 것이다. "틀린 것조차도 아니다"라는 말은 학술적인 노력에 대해 상상할 수 있는 논평 중 거의 최악이다. 사실 나도 수많은 연구에 대해 정확히 이런 감정을 느끼곤 했다. 나의 명백한 편향은 차치하고서라도 (그리고 나의 비경제학자 동료들에게는 미안하지만) 이런 종류의 애매함은 다른 학문들에 비해 경제학에서는 훨씬 덜 일어난다.

내가 경제학에 관해 주장하는 '과학'이라는 지위는 특별히 우쭐할 만한 것은 아니다. 이는 19세기 초반 프랑스 철학자 오거스트 꽁뜨 August Comte가 밝혔던 과학의 긍정적인 이상과는 거리가 멀다. 과학의 이상은 논리와 증거가 함께 하여 사회의 본질에 관해 더욱 높은 수준의 확실성을 만들어내는 것이다.[33] 경제학의 주장은 일반성과 검증 가능성 모두가 제한적이다. 경제과학은 단지 엄격한 직관—논리에 의해 명백해지고 그럴듯한 증거에 의해 강화된 직관—이다. 아인슈타인은 "과학 전체는 일상의 사고를 단지 치밀하게 발전시킨 것일 뿐"이라고 말했다.[34] 경제학의 모델은 고작해야 그러한 치밀한 발전의 일부를 제시할 뿐이다.

3장 모델의 선택

Economics is a collection of models. Cherish their diversity.

When economists go wrong   **The world is almost always**

경제학을 과학으로 만드는 것은 모델이다. 모델이 세계가 어떻게 움직이고 어떻게 개선될 수 있는지에 관한 우리의 이해를 더욱 발전시키기 위해 사용될 때, 경제학은 **쓸모 있는** 과학이 된다. 어떤 모델을 사용할지 결정하는 것은 모델들을 엄밀하게 조사하고 그중에서 선택─특정한 환경에 적절하고 도움이 되는 것처럼 보이는 모델을 선택하고, 다른 모델들을 버리는 것─을 의미한다. 이 장에서는 현실에서 어떻게 모델을 이와 같이 가려내는가를(또는 더 중요하게는 어떻게 가려내야 하는가를) 살펴본다. 그러나 우선 주의할 일이 있다. 이러한 방법은, 그것이 과학인 것만큼이나 기술적이다. 판단력과 경험이 필수 불가결하며, 훈련만으로는 한계가 있다. 아마도 그 결과로, 경제학과의 대학원 과정은 이 기술에는 별로 주의를 기울이지 않는다.

대학원을 졸업하고 갓 경제학 박사를 받은 이들은 많은 모델을 알고 있지만 그중에서 어떤 것을 선택할 것인가에 관해서는 전문적 훈련 —강의, 숙제, 연습문제들—을 거의 받은 적이 없다. 이들은 결국 가장 새로운 모델, 또는 최근의 연구에서 경제학자들이 많이 취급한 모델을 사용하곤 한다. 궁극적으로 훌륭한 응용경제학자가 되는 졸업생들은 그들의 전문분야에서 정책의 문제와 도전에 직면하며, 그 과정에서 필요한 기술을 익힌다. 그러나 불행히도, 경험이 부족한 경제학자들을 위해 그들이 배운 바를 책이나 논문의 형식으로 체계화하려고 하는 능력 있는 전문가들은 거의 없다.

경제학이 어떤 종류의 과학인가에 관한 경제학자들의 공식적인 관점에서 볼 때도, 경제학자들은 모델을 선택할 때 보다 세심한 주의를 기울일 필요가 있다. 이미 논의하였듯이 경제학의 기본 방침은 기존의 모델들을 개선하고 가설을 검증하여 진보하는 것이다. 진정으로 보편적인 모델이 가시화될 때까지 모델의 발전은 계속된다. 검증을 통과하지 못한 가설은 폐기되고, 통과한 가설은 수용된다. 이러한 종류의 사고는 경제학자들이 머릿속에 다양한 모델들을 동시에 가져야 하고, 특정한 상황과 적용 가능한 모델 사이에 지도를 만들어야 한다고 생각할 여지를 거의 주지 않는다.

만약 경제학자들이 하는 일이 수많은 모델들을 확장하는 것뿐이라면(다른 말로, 만약 그들이 순수한 이론가라면) 경제학자들이 큰 해악을 끼치지는 어렵다. 그러나 대부분의 경제학자들은 더욱 현실적인 일에도 관여한다. 특히 그들은 다음의 두 가지 질문에 관심을 가지고 있다. 첫째, 세계는 실제로 어떻게 움직이는가? 둘째, 우리는 어떻게 현실을 개선할 수 있는가? 세상은 경제학 연구의 현실 적합성도 그것이 공적 논쟁에서 얼마나 주목을 받는가에 의해서 평가받을 것이라 생각한다. 따라서 둘째 질문에 대답하기 위해서는 보통 첫째 질문에 대해 먼저 답해야 한다. 실증적이고 규범적인 분석들—각각 현실과 당위에 관한 연구—은 서로 깊이 연결되어 있다. 경제학자의 용어에 따르면, 두 질문 모두 '기본underlying 모델이 무엇인가'라는 하나의 질문으로 전환된다.

나는 모델이 결코 어떤 현실의 정확한 묘사가 아니라는 것을 강조했다. 데이비드 콜랜더David Colander와 롤랜드 쿠퍼스Roland Kupers가 말한 것처럼, "과학적 모델은 고작해야 절반의 진실을 제시한다."[1] 따라서 '기본 모델이 무엇인가'라고 질문할 때, 경제학자들은 분석의 대상인 시장, 지역 또는 국가에 대한 완전한 묘사를 요구하는 것이 아니다. 그들이 그런 모델을 개발할 수 있다고 해도, 너무 복잡해서 쓸모가 없을 것이다. 경제학자들은 현실에서 작동하는 **지배적인 인과관계의 메커니즘이나 경로**를 조명하는 모델을 추구한다. 이 모델은 현실에서 일어나는 일들에 관한 최선의 설명을 제시하고, 우리 행동의 결과에 대해 최선의 예측을 제공할 것이다.

당신의 자동차에 문제가 생겨서 무엇이 문제인지, 어떻게 고쳐야 할지 알고 싶다고 생각해보자. 당신은 결국 고장난 부품을 찾아내기를 기대하며 자동차 전체를 부품 하나하나로 분해할 수 있다. 그러나 이런 방법은 시간도 많이 걸리고, 문제를 해결하지 못할 수도 있다. 자동차는 결국 하나의 시스템이다. 자동차의 문제는 특정한 부품이 아니라 다른 부품들이 서로 연결되는 (혹은 연결되지 못하는) 방식에 있을 수 있다. 또는 당신은 자동차의 많은 하위 장치들—브레이크, 변속기 등—중 어떤 것이 작동하지 않는지 규명하려고 노력할 수도 있다. 당신의 진단은 다양한 종류의 신호들로부터 얻어질 수 있다. 자동차가 고장나기 직전에 무슨 일이 있었는지, 시동을 걸었을 때 자동차가 어떻게 반응하는지, 정비업체들이 사용하는 소프트웨어 기반의 검사장치를 사용한 여러 결과들이 그 신호에 해당한다. 이러한 작업에 기초하여 결국 당신은 고장난 부분을 알 수 있을 것이다. 냉각장치 혹은 점화장치의 고장이었다면, 이제 수리가 필요한 하위장치에만 주의를 집중할 수 있다.

자동차가 달리기 위해서는 변속기, 냉각장치, 점화장치를 포함한 모든 부분들이 필요하다. 따라서 우리는 그 모든 부분들이 자동차 주행의 '원인'이라고 말할 수 있다. 그러나 고장을 설명하는 지배적인 메커니즘은 그중 오직 하나이다. 나머지는 현재의 문제에 중요하지 않다. 더욱 복잡하고 현실적인 자동차 모델—예를 들어, 보르헤스의 글에 나오는 세계와 똑같은 크기의 지도처럼 자동차와 같은 크기의 복제품—은 별로 도움이 되지 않는다. 여기서 도움이 되는 것은 어디에 집중할 것인지를 아는 것이다. 이와 똑같이, '올바른' 경제모델은 관련된 모든 것들 중에서 무엇이 정말로 인과적인가를 이해하도록 해주는, 결정적인 관계를 분리해서 보여주는 모델이다. 이 올바른 모델에 이르는 방법은 우리가 자동차를 진단하는 것과 크게 다르지 않다.

성장전략을 위한 진단

이러한 진단에 관해 나 스스로 '아하!'라고 느낀 순간은 내가 개도국 정부들의 경제 프로그램에 관해 작업할 때였다. 남아프리카공화국, 엘살바도르, 우루과이, 이디오피아 등 이들 나라의 상황은 서로 무척 달랐다. 그렇지만 어느 나라의 경우든 동료들과 나는 동일한 중요한 질문에 직면했다. '경제성장률을 높이고 모든 사회계층, 특히 가난한 이들의 소득을 높이기 위해 정부는 어떤 정책들을 도입해야 하는가?' 경제개혁을 위한 제언들은 아주 많고 다양했다.

- 몇몇 전문가들은 기술, 훈련 그리고 국가의 인적자본의 기초를 개선하는 데 초점을 맞추었다.
- 몇몇은 거시경제정책에 초점을 맞추어 통화정책과 재정정책을 강화하는 방법을 제시했다.
- 몇몇은 무역과 외국인투자에 대해 더 개방해야 한다고 생각했다.
- 몇몇은 민간 기업에 대한 세금이 너무 높고 기업을 운영하는 데 너무 많은 다른 비용이 존재한다고 생각했다.

- 몇몇은 경제의 구조를 변화시키고 새로운 고생산성 산업을 육성하는 산업정책을 제언했다.
- 몇몇은 부패를 해결하고 재산권을 강화하라고 조언했다.
- 몇몇은 기반 시설 투자를 지지했다.

최근까지 세계은행과 같은 국제기구들은 이 모든 제언들을 한 문서에 적어놓고, '봐라, 이것이 성장전략이다'라며 만족해했다. 1990년대가 되자 정책결정자들은 이러한 제언이 썩 성공적이지 않다는 것을 어쩔 수 없이 알게 되었다. 개도국 정부에 제시된 이 길고 상세한 정책 권고사항들은 불가능할 정도로 야심찬 의제들로 가득차 있었고, 개도국 정부들은 당초 계획했던 대부분의 개혁을 실행에 옮기는 데 실패했다. 그리고 그 개혁 조치들이 꼭 가장 중요한 것도 아니어서, 경제적 결과도 여전히 시원찮았다. 그러는 사이, 외부의 전문가들은 '개혁의 일탈'이니 '개혁 피로'니 하면서 비난을 피해갔다.[2]

동료들과 나는 개혁의 범위를 좁히고 우선순위를 매기는, 보다 전략적인 접근법을 주장했다. 개혁은 가장 큰 장애 요인에 초점을 맞추어야 했고, 동시에 개도국 정부들이 경제성장은 거의 이뤄내지 못하면서 많은 정치적 자본만 낭비할 위험을 피해야 했다. 하지만 위의 여러 목록 중에서 어떤 개혁이 이러한 목표에 적합한 것이었을까?

이에 대한 대답은 선호하는 경제성장 모델에 달려 있었다. 성장을 '신고전파 모델neoclassical model'의 관점에서 바라보는 이들은 물적 그리고 인적자본의 공급과 이를 가로막는 장애물을 강조했다. 성장이 신기술에 대한 투자에 의해 추동된다는 '내생적endogenous' 성장모델을 선호하는 이들은 시장 경쟁과 혁신을 위한 환경을 강조했다. 제도적 특징을 중요시하는 모델을 연구했던 이들은 재산권과 계약의 집행에 초점을 맞추었다. '이중경제dual economy' 모델에 집중했던 이들은 구조 전환과 자급농업subsistence agriculture과 같은 전통적 경제활동에서 현대적 기업과 산업으로의 이행을 위한 조건들에 주목했다. 이들 각각의 모델은 문제에 접근하는 서로 다른 출발점을 제시했고 서로 다른 우선 순위들을 강조했다.

정책에 대한 이러한 차이점들이 서로 다른 모델을 선호한 결과였다는 것이 명백해지자, 논의는 훨씬 더 분명해졌다. 이제 우리는 우리들 각각이 어떤 모델에 기초하고 있었는지 이해할 수 있었다. 좀 더 중요하게, 우리는 사용할 수 있는 증거와 각각의 모델을 비공식적으로 비교하는 것을 통해 차이점을 좁혀나갈 수 있었다. 이런 혹은 저런 모델이 사실이라면(즉, 그것이 특정한 환경에서 성장을 위한 가장 중요한 메커니즘을 잘 포착했다면) 우리는 무엇을 발견해야 할 것인가? 어떤 증거가 서로 다른 함의를 지닌 두 모델 중 어느 모델이 더 적절한지 결정하는 데 도움이 될 것인가? 모든 필요한 데이터가 축적되는 것을 기다릴 만한 여유가 없었기 때문에, 그리고 현실 경제에 대해 무작위 혹은 실험실의 실험을 수행할 여유가 없었기 때문에, 우리는 가지고 있는 증거를 가지고 이러한 작업을 실시간으로 수행해야만 했다.

결국 우리는 가능한 모델들 사이에서 선택하는 것을 도와주는 의사 결정나무decision tree를 개발했다.[3] 이 나무는 다음의 그림과 비슷한데, 그림은 많은 세부사항들을 생략한 것이다. 우리는 먼저 투자(물적 자본) 에 대한 제약이 주로 공급측에 있는지 아니면 수요측에 있는지에 관해 질문하며 나무의 맨꼭대기에서 시작한다. 다른 말로 하면, 자금의 공급이 부족해서 투자가 정체되었는가 아니면 수익률이 낮아서 그랬는가를 질문한다. 만약 제약이 공급측에 있다면, 이제 그것이 주로 저축의 부족 때문인지 아니면 잘 작동하지 않는 금융시스템 때문인지 물어

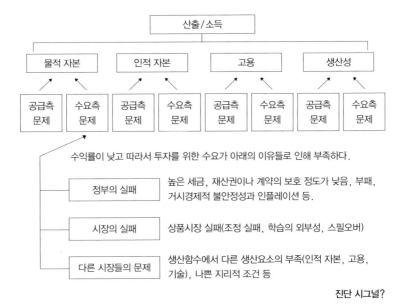

그림. 성장 모델에서 성장 진단으로

자료: Dani Rodrik, "Diagnostics before Prescription," *Journal of Economic Perspectives* 24, no. 3 (Summer 2010): 33~44 (이 그림에는 일부 사항만 나타냈음).

봐야 한다. 만약 제약이 수요측에 있다면, 수익률이 낮은 이유가 시장의 실패 때문인지 아니면 정부의 실패 때문인지 물어봐야 한다. 만약 그 원인이 정부의 실패로 보인다면, 그것은 높은 세금 때문이었는지, 부패 때문이었는지 아니면 정책의 불안정성 때문이었는지를 물어야 한다.

우리는 의사결정나무의 각 노드에서 여러 모델 중 어떤 모델을 선택할 것인가를 도와주는 비공식적인 실증 테스트를 발전시키고자 했다. 서로 다른 모델은 우리에게 각 노드에서 서로 다른 경로를 선택하도록 할 것이었다. 예를 들어, 신고전파 성장모델에서처럼 경제의 주된 문제가 자본 공급의 부족이라면, 차입비용이 투자와 역의 관계를 보일 것이다. 이 경우 자본비용의 하락은 투자를 크게 증가시킬 것이다. 나아가, 노동자들의 송금이나 대외원조와 같은 해외로부터의 이전 수입이 증가하면 국내 투자가 늘어날 것이다. 또한 가장 자본 집약적이거나 차입에 가장 많이 의존하는 부문들의 성장은 느릴 것이다. 이 모델의 결과가 문제가 되는 경제의 실제 모습과 들어맞았는가? 만약 그 답이 '그렇다'라면, '기본 모델이 무엇인가?'에 대한 대답은 정말로 신고전파 성장모델 중 하나일지도 모른다.

반면, 투자수요에 의해 제약을 받는 경제에서는 민간 투자가 주로 상품시장에서 수익성 쇼크에 반응할 것이다. 예를 들어, 부패가 기업가들의 활동에 걸림돌이 된다면 그들의 주된 우려는 투자에 대한 수익성을 유지할 수 있을지의 여부일 것이다. 이 경우 자금의 이용 가능성은 그들의 행동에 큰 영향을 미치지 못할 것이다. 송금이나 외국자본 유입의 급증은 투자가 아니라 소비의 호황을 가져다줄 것이다(이것이 그림에서 보여진 경우이다). 이러한 결과들도 경제의 실제 모습과 비교하여 확인되어야 한다.[4]

사용 가능한 증거를 가지고 그런 문제들을 단번에 영원히 해결할 수는 없었지만, 종종 긴 실패의 목록을 상당히 짧은 목록으로 축소시킬 수 있었다. 남아프리카공화국의 경우, 우리는 정책결정자들이 몰두해 있던 몇몇 전통적인 제약들—숙련의 부족, 나쁜 거버넌스, 거시경제적 불안정성, 부족한 기반 시설, 낮은 수준의 무역 개방—을 목록에서 아주 빠르게 제외할 수 있었다. 이 나라 경제의 최근 모습은 이들 중 무언가가 주요한 제약이라는 결론을 지지하지 않았기 때문이다. 모델에 기초한 접근은 우리가 부분균형의 관점이 아니라 경제 전체—즉, 일반균형—의 관점에서 생각할 수 있게 해준다. 예를 들어, 기업가들은 숙련된 노동자들을 찾기 힘들다고 불평했는데, 이로 인해 많은 관찰자들은 숙련의 부족이 주요한 장애라고 생각했다. 그러나 이러한 결론은 사실 경제에서 가장 빠르게 성장하고 있는 분야가 금융과 같은 숙련 집약적인 부문이었다는 사실에 의해 부정되었다. 경제 전체의 성장을 가로막고 있는 요인이 무엇이든 간에 그것은 숙련의 부족은 아니었던 것이다. 대신 이 분석틀은 몇몇 중요한 문제가 있는 영역들—비숙련노동의 높은 비용과 특히 대부분 제조업의 경쟁력 부족—을 드러내주었다.[5]

진단분석diagnostic analysis의 미덕은 그것이 모든 국가들에 적용되는 단일한 모델을 전제하지 않는다는 것이다. 중남미의 엘살바도르에 관해 작업했을 때, 우리는 현대적 산업의 시장실패를 고려하는 모델이 문제를 더 잘 설명한다고 결론지었다. 엘살바도르의 낮은 수준의 투자와 성장은 자금의 부족, 제도와 정책의 문제, 숙련의 부족, 높은 노동비용, 또는 다른 가능한 요인들에 의해서는 설명될 수 없었다. 예를 들어, 엘살바도르의 경제는 해외로부터 대규모의 송금을 받았고 신용등급이 괜찮아서 국제적 자본시장에의 접근이 용이했다. 따라서 문제는 투자의 공급측에 있지 않았다. 대신 낮은 투자는 기업들이 더욱 현대적이고 생산적인 부문에서 사업을 시작하는 데 직면하는 어려움 때문인 것으로 보였다. 이들 어려움 중 몇몇은 내가 1장에서 논의한 것과 같은 종류의 광범위한 조정 실패로 인한 것이었다. 예를 들어, 파인애플 통조림 공장은 미국시장에 대한 빈번한 항공 화물운송이 불가능하다면 수익을 내며 영업할 수 없었다. 그러나 그 화물서비스는 파인애플 통조림 공장과 같은 수출업자들이 많지 않고서는 수익이 나지 않았다. 또한 새로운 시장에 진입하고자 열망하는 기업들에게 가치 있는 신호를 제공할 수 있는 선도적 기업들의 경험이 부재한 상황에서, 새로운 사업의 비용과 시장에 대한 정보가 부족하다는 것도 문제였다. 따라서 우리의 정책 제언은 이러한 특정한 문제들이 있는 영역에 집중되었다.[6]

또한 진단분석은 기본 모델이 특정 국가에서 시간이 지나도 똑같이 유지된다고 전제하지 않는다. 상황이 변화함에 따라 다른 모델이 더욱 적절해질 수 있다. 사실, 최초의 진단이 대부분 올바르고 정부가 효과적으로 그 문제들을 해결한다면, 기본 모델은 필연적으로 변화하게 된다. 예를 들어, 현대적 제조업의 시장실패가 극복되면 항구, 에너지 등과 같은 기반 시설의 제약이 더욱 심각해질 수 있다. 또는 숙련의 부족이 더욱 중요한 장애가 될 수도 있다. 모델의 선택은 일회적인 일이 아니라 동적인 과정이다.

모델 선택의 일반 원칙

이제 성장 진단의 구체적 세부사항으로부터 한발 물러서 보자. 우리는 경험 덕택에 몇몇 일반적인 원칙과 실행에 관해서 상세히 알 수 있다. 여기서 핵심은 후보인 모델들과 현실 세계 사이를 왔다갔다 할 수 있는 것인데, 이를 '검증 verification'이라 부르자. 모델 선택의 과정은 4개의 독립적인 검증 전략들의 조합에 달려 있다.

1. 문제가 되는 환경을 얼마나 잘 반영하는지 모델의 가정들을 검증하기
2. 모델에서 제시된 메커니즘이 실제로 작동하는지 검증하기
3. 모델의 직접적인 결과가 실제로 나타나는지 검증하기

4. 모델이 부산물로서 만들어내는 부수적인 결과들이 관찰된 결과
와 대략 일치하는지 검증하기

결정적 가정들의 검증

이미 논의했듯이 모델의 실증적 타당성에 중요한 것은 모델의 **결정적**
critical 가정들이 얼마나 현실적인가 하는 것이다. 이 가정들이 더욱 현
실적으로 변화한다면, 상당히 다른 결과를 만들어낼 수 있다. 이런 의
미에서 많은 가정들은 결정적이지 않으므로 무해할지도 모른다. 또 어
떤 가정들은 몇몇 종류의 질문들에는 결정적이지만 다른 질문들에는
그렇지 않을 수 있다.

정부가 높은 유가를 우려하여 가격상한제를 실시할지 고민하고 있
는 경우를 생각해보자. 이 질문에 대답하기 위해서는 석유시장이 어
떻게 움직이는지에 관한 관점, 즉 모델이 필요하다. 여러 사안들을 크
게 단순화하여 두 가지의 후보 모델—경쟁모델과 독점모델—에 집중
해보자.

경쟁모델의 지지자는 높은 유가가 수요에 비해 공급이 너무 작기
때문이라고 생각한다. 이 모델에서는 당연히 (석유회사가 그 이상으로 가
격을 올리지 못하는) 가격상한제가 효과적이지 않다. 가격상한제는 소비
자가 수요하는 수량이 생산자가 공급하고자 하는 수량보다 더 많도록

만들 뿐이다. 그러면 할당, 줄서기, 또는 이러한 차이를 줄이기 위한 다른 방식들이 나타나게 된다. 총공급이 줄어들면 사실 유가는 상승할 가능성이 높다. 몇몇 사람들은 맨 앞에 줄을 서거나 배급을 받아서 석유를 싼 가격에 얻는다고 해도, 분명 더욱 높은 가격을 지불하고자 하는 사람들이 생겨난다. 결론적으로 가격상한제는 좋은 정책이 아니다.

독점모델을 지지하는 이들은 석유산업이 카르텔처럼 행동한 결과로 인해 석유가격이 높다고 생각한다. 이 모델에서 석유업계는 가격상승을 조장하고, 이윤을 높이기 위해 시장에서 공급을 억제하여 의도적으로 공급 부족을 만들어낸다. 이러한 상황에서의 가격상한제는 매우 다른 결과를 가져온다. 가격 상한이 도입되면, 기업들은 더 이상 그들의 판매량을 변화시켜 시장가격을 결정할 수 없다. 이제 그들은 가격수용자 기업처럼, 즉 경쟁모델의 기업들처럼 행동할 것이다.[7] 만약 가격상한이 너무 낮지 않게 설정되면, 총공급이 증가하고 시장가격이 하락한다. 결론적으로 가격상한제는 카르텔을 붕괴시키는 독점 해체 정책으로 역할을 하기 때문에 효과적이다.

이 모델들이 현실을 설명하는 데 있어서 결정적인 가정은 무엇이고, 결정적이지 않은 가정은 무엇인가?

우선, 두 모델 모두 석유회사들의 행동, 즉 산업의 공급측에 관한 모델들이다. 따라서 우리는 소비자들과 그들이 어떻게 선택을 하는가에 관한 가정은 제쳐놓을 수 있다. 소비자들이 완벽하게 합리적인가, 완전한 정보를 가지고 있는가, 소득과 선호가 다양한가, 혹은 장기적인 시야를 가지고 있는가 등은 관심의 대상이 아니다. 소비측에서 유일한 핵심적인 가정은 우하향하는 시장수요곡선이 존재한다는 것인데, 이는 다른 모든 조건이 동일하다면 석유 가격이 상승할 때 석유의 수요량이 감소한다는 것을 의미한다. 이 가정은 매우 넓은 범위의 상황들에서 현실적이며 실증적으로 확인될 수 있다. 어떤 맥락(예를 들어, 유류세의 분배효과를 논의하는 경우)에서는 이런 다른 사안들이 결정적일 수 있지만, 이 경우 두 모델 중 하나를 선택하는 것을 도와주지는 않는다.

다음으로, 예를 들어 기업의 채용이나 광고전략과 같은, 가격설정 행위 이외의 전략적인 차원은 무시할 수 있다. 즉, 이와 관련된 것들은 결정적인 가정이 아니다.

이 두 모델에서 진정으로 결정적인 가정은 기업들이 한 경우에는 시장지배력을 가지고 다른 경우에는 그렇지 않다는 것이다. 독점모델에서는 기업들이 공급을 제한하여 시장가격을 상승시킬 수 있다고 생각하는 반면, 경쟁모델에서는 그들이 그런 희망을 가지고 있지 않다. 어떻게 보면 이는 기업들의 심리에 관한 가정이다. 기업들이 정말로 믿는 바를 이해하기 위해 그들의 머리 속에 들어가 볼 수는 없다. 그들에게 직접 질문을 던진다고 해도, 이해관계가 있는 그들로부터 믿을 만한 대답을 얻기는 어렵다.

여기서 산업 내의 기업의 수와 규모의 분포는 중요한 역할을 한다. 만약 기업의 수가 많고 지배적인 기업이 없다면, 기업들이 비경쟁적으로 행동할 수 없거나 또한 그렇게 하지 않는다. 새로운 기업들이 얼마나 쉽게 산업에 진입할 수 있는가도 또 다른 중요한 고려사항이다. 현재 산업 내에 소수의 기업들만이 존재한다 해도, 새로운 경쟁자의 위협은 그들이 시장지배력을 행사하는 것을 가로막을 수 있다. 수입 물량이 적다고 해도, 해외 생산자로부터의 경쟁은 한계적인 시장 규율의 원천으로 작용할 수 있다. 마지막으로, 소비자들이 석유를 다른 대안적인 에너지원으로 더 쉽게 대체할 수 있다면 석유회사가 시장지배력을 행사하기가 더 어려울 것이다. 원칙적으로 이 요인들 각각은 관찰되고 측정될 수 있다. 사실, 정부의 반독점 기구는 기업들이 시장지배력을 가지고 있다고 (그리고 행사하고 있다고) 생각하면 일상적으로 이런 종류의 분석을 수행한다.

모델은 흔히 결정적이지만 서술되지 않는 가정들을 포함하고 있다. 이러한 가정들을 면밀히 검토하지 못하면 현실에서 심각한 문제가 발생할 수 있다. 경제학자들과 정책결정자들은 1980년대와 1990년대의 시장 자유화 열풍 속에서 이러한 교훈을 뼈아프게 배웠다. 많은 이들은 시장이 작동하고 자원을 효율적으로 배분하기 위해 가격을 자유화하고 시장에 대한 규제를 철폐하는 것으로 충분하다고 생각했다. 그러나 시장경제에 관한 모든 모델들은 다양한 사회적, 법적, 그리고 정치적 제도의 존재를 전제한다. 재산권과 계약이 보호되고, 공정한 경쟁이 보장되며, 도둑질과 강탈은 방지되고, 정의가 집행되어야 한다. 많은 개도국들의 경우처럼 이러한 제도적 기반들이 존재하지 않거나 약하다면, 시장 자유화는 기대한 결과를 만들어내는 데 실패할 뿐 아니라 역효과를 만들어낼 수도 있다. 예를 들어 구소련의 국영기업 민영화는 효율적인 시장을 만들어내는 대신 흔히 내부자와 정치적 유착관계가 있는 자들의 힘을 강화시켰다. 선진국의 시장경제는 이미 시장을 지지하는 강력한 제도들을 갖추고 있었기 때문에 개도국 시장의 효율성과 관련한 핵심적인 가정에 대한 검증이 제대로 이루어지지 않았다. 서구의 경제학자들은 그것을 당연하게 생각했던 것이다.

개도국과 구사회주의 국가들의 실망스러운 경험을 통해 자신들의 맹점이 드러나자, 경제학자들은 여느 때와 같은 방식으로 대응을 했다. 즉, 제도의 중요성을 강조하는 새로운 종류의 모델들을 개발했다. 이는 오래된 통찰의 재발견이었다. 아담 스미스 스스로도 자유로운 경쟁의 조건을 보장하는 국가의 역할을 강조했고, 더글라스 노스Douglass North와 같은 경제사학자들은 오랫동안 영국이 경제적 강대국이 된 원인은 재산권의 보장이라고 지적해 왔다.[8] 이 모델들 덕분에, 경제성장을 추동하는 제도의 결정적 역할이 다시 전면에 등장했다.

메커니즘의 검증

모델은 가정을 인과관계의 메커니즘과 비교하여 결론을 만들어낸다. 석유산업 사례의 경우, 기업의 공급과 시장가격 사이의 관계가 핵심적인 메커니즘이다. 업계가 공급을 제한하면 시장가격이 상승하고, 공급이 증가하면 시장가격이 하락한다. 모델은 세상이 이런 방식으로 작동한다고 가정하는 것이 아니라 이를 결과implication로서 도출한다. 산업의 공급과 시장가격 사이의 관계는 가정이 아니라 수요곡선의 기울기가 우하향하고 시장가격이 수요량과 공급량을 일치하는 점에서 결정된다는 가정들로부터 나오는 **결과**이다.

석유산업의 사례에서 이 메커니즘은 아무 문제 없이 검증 테스트를 쉽게 통과할 수 있다. 현실에도 공급량과 가격 사이의 관계가 직관적으로 이해되며, 공급측의 충격이 가정된 방향으로 실제로 가격에 영향을 미쳤던 사례들이 아주 많이 존재한다. 예를 들어 1973~1974년의 석유위기를 생각해 보라. 이 모델이 기초하고 있는 메커니즘이 이치에 맞는지를 확인하기 위해 우리가 수요곡선을 보았거나 시장균형의 기술적 정의(둘 모두 물적인 증거가 없는 추상적인 개념이다)에 관해 알아야 할 필요는 없다. 그러나 다른 경우, 이 메커니즘은 더욱 복잡한 행동의 결과이거나 더 많은 합리화가 필요할 수도 있다. 이에 대해 합리화하기 어렵다면 우리는 문제가 되는 모델이 정말로 적용 가능한지에 관해 우려해야 한다.

네덜란드병의 모델을 다시 한 번 생각해보자. 그것은 천연자원의 발견이 어떻게 특정한 경로를 통해 경제의 성과에 악영향을 미치는지 설명해준다. 자원으로 인한 호황의 결과로 그 국가의 환율이 평가절상되고 제조업의 수익성이 하락한다. 제조업이 경제 전체의 기술적 역동성-경제학 용어로 '양의 스필오버'-의 원천으로 생각되기 때문에, 제조업에 대한 타격은 더욱 광범위한 손실을 낳을 수 있다. 여기서는 환율과 제조업의 활력 사이의 관계가 결정적으로 중요하다. 만약 우리가 이 모델을 천연자원이 풍부한 나라에 일어나는 일들을 이해하기 위해 적용하려고 한다면, 우리는 제조업의 상태가 정말로 악화되었는지 확인해야 한다. 만약 어떤 현실 세계의 증거도 이 모델의 작동 메커니즘을 지지하지 않는다면, 아마도 이 모델은 현실의 변화에 대해 좋은 지침이 아닐 것이다. 그러면 우리는 자원 호황이 왜 나쁜 결과를 가져오는지 설명하는 다른 대안적인 모델을 찾아야 한다. 예를 들어, 우리는 자원으로부터의 수입이 경쟁하는 엘리트들 사이에 갈등을 유발하고 내부적인 싸움과 불안정을 심화시키는 모델을 검토해야 할지도 모른다. 이 경우 인과관계는 매우 다르지만, 여전히 검증이 필요하다.

직접적 결과의 검증

많은 모델이 규칙적으로 관찰되는 사건들을 설명하기 위해 만들어진다. 이러한 모델은 현실의 설명 자체가 목적이므로 모델의 결과는 당연히 현실과 일치한다. 하지만 어떤 모델은 경제학이 선호하는 구성요소와 기본 원칙들을 사용하여 만들어진다. 이러한 모델은 수학적으로 아름다우며 오늘날 유행하는 모델링 관행과 잘 맞을지도 모른다. 그러나 그렇다고 해서 이 모델들이 꼭 더 쓸모 있는 것은 아닌데, 특히 그 결론이 현실과 별로 관련이 없을 때 더욱 그렇다.

거시경제학자들은 특히 이러한 문제에 직면하기 쉽다. 최근 수십 년 동안, 그들은 고급 수학을 필요로 하는 거시모델을 발전시키기 위해 많은 노력을 기울여 왔다. 이러한 모델에는 완벽하게 합리적이고 의사결정에 무한한 시간을 사용할 수 있는, 불확실성하에서 복잡한 동적인 최적화 문제를 푸는 개인들이 살고 있다. 이러한 모델을 경제학에서는 '미시적 기초microfounded'를 가지고 있다고 이야기한다. 이러한 모델에서는 거시적 수준의 결과가 단순히 제시되는 것이 아니라 이 개인들의 행동으로부터 도출된다. 원칙적으로 이 자체는 바람직하다. 예를 들어, 총저축 행동은 대표적인 소비자가 일생 동안의(기간 사이의) 예산제약[9] 하에서 그의 소비를 극대화하는 최적화 문제로부터 도출된다. 반대로 케인스주의 모델은 저축과 국민소득 사이에 고정된 관계를 가정하여 지름길을 택한다.

하지만 이러한 모델은 거시경제학의 고전적인 질문들—왜 경제적 호황과 불황이 나타나는가? 무엇이 실업을 만들어내는가? 경제를 안정화하는 데 재정정책과 통화정책의 역할은 무엇인가?—을 제한적으로만 조망한다. 모델을 다루기 쉽게 만들려고 노력하는 과정에서 경제학자들은 현실 세계의 많은 중요한 특징들을 무시했다. 특히 노동시장, 자본시장 그리고 상품시장의 불완전성과 마찰들을 가정하지 않았다. 경기변동은 기술과 소비자 선호에 대한 외생적이고 불확실한 '충격들'에 의한 것으로 간주되었다. 또한 실업자들은 그들이 찾을 수 없는 일자리는 찾지 않는다. 즉 실업은 노동자의 여가와 노동 사이의 최적 선택의 결과로 받아들여진다. 이러한 모델이 인플레이션이나 성장과 같은 주요한 거시경제변수들을 잘 예측하지 못한다고 해도 아마도 전혀 놀랍지 않을 것이다.[10]

경제가 안정적으로 성장하고 실업률이 낮을 때는 이러한 단점들이 특별히 심각하지 않았다. 그러나 2007~2008년의 금융위기 이후, 이러한 모델의 실패가 더욱 명백해졌고 그로 인한 손해도 심각해졌다. 이 최신 유행의 모델들은 그 이후의 불황의 규모와 지속 기간을 설명할 수 없었다. 이 모델들에는 최소한 금융시장의 불완전성에 관한 더욱 현실적인 요인들이 통합되었어야 했다. 비록 미시적 기초는 없지만 전통적인 케인스주의 모델이 경제가 어떻게 불황에 빠졌는지 더 잘 설명할 수 있었고, 그 어느 때보다도 더욱 적절해 보였다. 그러나 새로운 모델의 옹호자들은 그것을 포기하려고 하지 않았다. 이 모델들이 현실을 더 잘 설명했기 때문이 아니라, 모델이란 응당 그래야만 한다는 이유에서였다. 그들에게는 모델링 전략이 결론의 현실성보다 더 중요했던 것이다.

특정 모델링 전통에 대한 경제학자들의 집착―합리적이고 미래를 내다보는 개인들, 잘 작동하는 시장 등―은 흔히 그들이 모델과 현실과의 충돌을 간과하도록 만든다. 예일대학교의 게임이론가 배리 네일버프Barry Nalebuff는 대부분의 다른 이들보다 더욱 현실을 잘 알고 있는 편이지만 그조차도 어려움에 빠진 적이 있다. 네일버프와 또 한 명의 게임이론가가 이스라엘에서 늦은 밤에 택시를 탄 적이 있다. 택시 운전사는 미터기를 켜지 않았지만, 도착하면 미터기에 나올 금액보다 더 낮은 가격을 받겠다고 약속했다. 네일버프와 그의 동료는 운전사를 믿을 이유가 없었다. 그러나 그들은 게임이론가였고, 다음과 같이 추론했다. '그들이 목적지에 일단 도착하면, 운전사는 협상력이 거의 없을 것이다. 그는 승객들이 지불하고자 하는 금액을 받아야만 할 것이다.' 그들은 운전사의 제안이 좋은 거래라고 생각했고, 그것을 받아들였다. 목적지에 도착하자, 운전사는 2,500세켈을 요구했다. 네일버프는 그것을 거절했고 대신 2,200세켈을 제시했다. 네일버프가 협상을 하려고 했을 때, 분노한 운전사는 차를 잠그고 그와 동료를 안에 태운 채 무시무시한 속도로 그들이 탔던 장소로 돌아갔다. 그는 그들을 택시에서 내쫓고는, "당신이 2,200세켈로 얼마나 멀리 갈 수 있는지 보시오" 라고 외쳤다.[11]

결국 표준적인 게임이론은 실제로 일어나는 일들에 대해 잘못된 지침이었음이 드러났다. 약간의 귀납적 추론이 있었다면 네일버프와 그의 동료가 처음부터 현실 세계의 사람들은 이론가들의 모델에 살고 있는 합리적인 자동장치와 같이 행동하지 않는다는 것을 깨달았을지도 모른다!

오늘날에는 그들이 이와 똑같은 오산을 저지를 것 같지는 않다. 실험 연구가 훨씬 더 흔해졌고, 게임이론가들은 그들의 표준적인 예측이 어디가 틀렸는지 더 잘 이해하게 되었다. 이 택시의 계산 사례를 생각나게 하는 '최후통첩게임ultimatum game'을 생각해보라. 이 게임에서는 두 행위자가 100달러를 어떻게 나눌지 동의해야 한다. 한 행위자는 다른 행위자에게 100달러 중 얼마는 자기가 가질 테니 나머지를 가지라고 제안한다. 다른 행위자는 그 제안을 받아들이거나 아니면 거절해야 한다. 만약 응답자가 그 제안을 받아들이면, 두 사람이 합의한 대로 100달러를 나누어 갖는다. 만약 거절하면, 둘 모두 아무 것도 가질 수 없게 된다. 만약 두 행위자가 모두 '합리적rational'이라면, 첫 번째 행위자가 100달러의 거의 전부를 가지고 다른 행위자에게 아주 약간만을 (아마도 겨우 1달러) 제안할 것이다. 응답자는 아무 것도 못 받는 것보다는 낫기 때문에 거기에 동의할 것이다. 물론 현실에서 이 게임을 해보면 사람들의 행동은 이와는 매우 다르다. 대부분의 제안은 30달러에서 50달러 사이이며, 그보다 적은 금액은 보통 응답자가 거절한다. 표준적인 게임이론은 이 게임의 결과를 거의 예측하지 못하는 것이다. 이것이 경제학자들이 다른 종류의 모델을 사용하는 하나의 이유이다. 행동경제학의 최근 연구는 공정함에 대한 고려를 모델에 통합했고, 따라서 최후통첩게임을 닮은 현실 세계의 상황에 더욱 잘 적용할 수 있게 되었다.

심리학에서 오래 전부터 사용해온 실험실의 실험은 보통 대학생들과 같은 사람들을 대상으로 한다. 이러한 실험 덕분에 경제학자들은 이제 이타주의, 상호성reciprocity, 신뢰 등 물질적 이기심 외에 인간 행동을 추동하는 요인들에 관해 더 잘 이해하고 있다. 이러한 실험들의 결과와 모델의 결과가 다를 경우, 모델은 폐기되거나 수정될 수 있다. 그러나 많은 경제학자들은 실험이 인공적인 환경에서 수행되기 때문에 실험 결과의 가치에 대해 여전히 회의적이다. 또한 실험에서 실험 참가자에게 제시되는 금액이 작으며, 실험의 대상인 대학생들은 전체 인구를 대표하지 않을 수 있다고 주장하기도 한다.

경제학자들이 최근 주목하는 실험 중 하나인 현장실험field experiment 은 원칙적으로 이러한 비판으로부터 자유롭다. 보통 이런 실험에서 경제학자들은 지역의 조직과 협력하여 사람들이나 공동체를 무작위적으로 '실험treatment'과 '통제control' 집단으로 나누고, 현실의 결과가 이 실험의 동기가 된 특정한 모델이 예측하는 방식과 다른지 살펴본다. 이런 실험들 중 최초의 것들 중 하나는 서론에서 내가 언급한 1997년 멕시코의 빈곤 퇴치 프로그램의 실시 과정에서 시도되었다. (원래 프로그레사Progresa라고 불리었고 나중에 오포튜니다데스Oportunidades 그리고 지금은 프로스페라Prospera라고 불리는) 그 프로그램은 오늘날 인기 있는 조건부 현금지원 프로그램의 선구자 격으로, 가난한 가정의 부모에게 그들이 아이들을 학교에 보내고 주기적인 건강진단을 받는 경우에만 현금을 지원했다. 이 프로그램을 설계하고 실시하는 데 핵심적인 역할을 했던 경제학자 산티아고 레비가 말하듯, 그 목표는 더 나은 결과를 얻기 위해 몇몇 간단한 경제적 원칙을 활용하는 것이었다.[12] 직접적 현금 지원은 기존의 식품 보조에 비해 더욱 효과적으로 빈곤을 완화하고, 현금지원의 전제 조건으로 인해 교육과 건강이 개선될 것으로 기대되었다.

그 프로그램은 전국적으로까지는 아니었어도, 단계적으로 확대되었다. 따라서 레비는 프로그램의 효과에 관해 명확한 테스트를 수행할 수 있을 것이라 생각했다. 그는 프로그램의 초기 단계에 참여했던 공동체들을 무작위로 선택하여 실험집단과 통제집단을 나누었다. 이 두 집단 사이의 결과의 차이를 프로그레사의 효과로 생각할 수 있었다. 이후의 평가들은 프로그레사가 빈곤선 이하로 사는 사람들의 수를 10퍼센트 줄였고, 소년과 소녀의 중등학교 진학률을 각각 8퍼센트와 14퍼센트 높였으며, 어린이들의 질병률을 약 12퍼센트 줄였다는 것을 발견했다.[13] 이러한 긍정적인 결과는 이 프로그램을 설계한 의도를 지지해주었고, 브라질에서 필리핀까지 다른 여러 국가들이 비슷한 조건부 현금이전 프로그램을 도입하도록 만들었다.

프로그레사 실험 이후, 무작위 현장실험randomized field experiments은 이 분야에서 대세가 되었다. 본질적으로 똑같은 기법을 사용하여 수많은 다양한 사회정책들이 평가되었다. 그 범위는 케냐의 살충 처리된 모기장의 무료 공급에서부터 파키스탄의 아이들이 같은 지역의 다른 아이들에 비해 학교생활을 잘하고 있는지에 관한 평가카드를 부모에게 배포하는 정책까지 다양했다. 이들 각각의 실험은 본질적으로 기본 경제 모델에 대한 테스트였다. 케냐의 경우, (낮은 수준이더라도) 가격의 부과가 모기장 사용을 가로막는 효과에 관한 모델이었다. 파키스탄의 경우, 아이들의 학교 성적을 개선하는 데 더 나은 정보를 가진 부모가 수행할 수 있는 역할에 관한 모델이었다. 그 실험들은 중요한 제약 조건이 올바르게 규정된 경우 창의적인 해결책의 효과가 크다는 것을 보여주었다.

예를 들어, 테드 미구엘Ted Miguel과 마이클 크레머Michael Kremer는 케나에서 학생들에 대한 상대적으로 값싼 구충 처치가 학교 출석률과 (결국에는) 임금을 상당히 상승시켰다는 것을 발견했다.[14] 에스더 듀플로Esther Duflo, 레마 한나Rema Hanna, 스테픈 라이언Stephen Ryan은 인도의 시골에서 교사의 출석을 기록할 수 있도록 교실에 카메라를 설치하는 것이 교사의 결근을 21퍼센트 감소시켰다는 것을 발견했다.[15] 또한 중요한 부정적인 결과도 드러났다. 현재까지의 현장실험은 마이크로크레디트-소규모의 대출을 빈곤층이나 특히 빈곤층 여성에게 제공하는 것-가 빈곤을 감소시키는 데 특별히 효과적이지 않다는 것을 보여주었다.[16] 이러한 결과들은 마이크로크레디트가 개발정책 분야에서 받아온 커다란 관심과 명백히 대조되는 것으로, 금융에 대한 접근 부재가 가난한 가구가 직면하는 가장 중요한 제약들 중 하나라고 주장하는 모델에 찬물을 끼얹는 것이었다.

MIT, 예일, UC 버클리 등은 정책을 평가하고 모델을 테스트하는 현장실험을 수행하기 위한 기구를 보유하고 있다. 현장실험의 명백한 단점은, 그것이 경제학의 많은 핵심적인 질문들과 약하게만 관련이 있다는 것이다. 예를 들어, 재정정책이나 환율정책의 역할에 관한 거시경제적 질문들을 테스트할 경제 전반에 걸친 실험을 고안해내기는 어렵다. 그리고 언제나 그렇듯이, 실험 결과들이 다른 상황에서는 적용되지 않을 수도 있기 때문에―흔히 존재하는 외부적 타당성의 문제―실험 결과들을 주의해서 해석해야 한다.

경제학자들은 때때로 모델의 결과가 소위 자연 실험에서 그대로 나타나는지 테스트한다. 이러한 실험들은 연구자들이 아니라 연구 자체와는 관련이 없는 환경에 의해 우연히 만들어지는 무작위성에 의존한다. 경제학에서 그런 최초의 실험들 중 하나는 군대 복무가 그 이후 노동시장에서의 남성의 소득에 미치는 영향에 관한 MIT의 경제학자 조슈아 앵그리스트Joshua Angrist의 연구였다. 군대를 가는 남자가 그렇지 않은 남자들과 본질적으로 다를 수 있다는 문제를 피하기 위해, 앵그리스트는 무작위로 징병을 했던 베트남전 시기의 징병 추첨의 사례를 사용했다. 그는 1970년대 초 군대에 복무한 남성은 그렇지 않은 남성에 비해 10년 후 15퍼센트 더 낮은 소득을 올렸음을 발견했다.[17]

컬럼비아 대학교의 경제학자 도널드 데이비스Donald Davis와 데이비드 와인스타인David Weinstein은 도시 성장의 두 가지 모델을 테스트하기 위해 제2차 세계대전 기간 동안 일본 도시들에 대한 미군의 폭격 사례를 사용했다. 한 모델은 규모의 경제(도시의 밀도가 높아짐에 따라 생산비용이 하락)에 기초한 것이었고, 다른 모델은 입지의 이점(자연적인 항구에 대한 접근과 같은)에 기초한 것이었다. 미군의 폭격은 분명 무작위적인 것은 아니었지만, 심하게 파괴된 도시가 여전히 회복되지 못하는지 아니면 원래의 모습으로 회복되는지 테스트하는 자연적인 기회를 제공했다. 규모의 경제에 기초한 모델은 규모가 극심하게 줄어든 도시는

그 이후 회복하지 못할 것이라 생각했던 반면, 입지의 이점에 기초한
모델은 그 반대를 예측했다. 데이비스와 와인스타인은 대부분의 일본
도시들이 15년 내에 전전의 규모로 회복되는 것을 발견했는데, 이는
후자의 모델을 지지하는 것이었다.[18]

경제학자들은 서로 다른 모델들의 즉각적인 결과가 현실 세계에서
확인되는지 검증하기 위해 비공식적, 사례적인 방법부터 수량적인 방
법까지 다양한 방법들을 사용한다. 문제가 되는 상황에 충분히 가까운
환경에서 실험이 수행될 수 있다면 실험은 일반적으로 더욱 신뢰할 만
한 테스트를 제공한다. 그러나 많은 정책 이슈들은 실험이 가능하지
않거나 실시간의 대답을 필요로 하지 않아서, 시간이 많이 걸리는 현
장실험이라는 사치스런 방법을 사용하기 어렵다. 그런 경우 상식과 결
합된 예리한 관찰 말고는 대안이 없다.

부수적인 결과의 검증

모델의 중요한 이점은 그것이 최초의 관찰 또는 연구의 동기가 된 문
제를 넘어서 광범위한 결과를 제시한다는 점이다. 이 추가적인 결과들
은 모델들 사이에서 선택을 하는 데 도움이 된다. 또한 경제학자들이
귀납적인 분석에서 돌아와 연역적인 분석을 할 수 있게끔 해준다.

1990년대 중반 나는 경제학이 별로 주목하지 않던 실증적 관계—

'국제무역에 더 많이 노출된 국가들의 공공부문의 규모가 더욱 컸다'—에 대해 연구하고 있었다. 이 사실은 OECD 회원국들을 대상으로 예일대학교의 정치학자 데이비드 카메론David Cameron이 처음 발견했다.[19] 나의 연구는 이러한 결과가 전 세계의 거의 모든 국가들에게(즉, 필요한 통계수치가 존재하는) 적용된다는 것을 확인해주었다. 문제는 왜 그런가 하는 것이었다. 카메론은 공공지출이 일종의 버퍼, 즉 (그것이 없다면 광범위한 대외적 충격에 노출될 수 있는 국가들에게 사회보험과 안정화 장치의 원천이라는 의미에서) 충격흡수장치라는 가설을 세웠다. 무역 규모와 공공부문의 규모 사이의 상호관계에 관한 증거는 확실히 이러한 설명에 들어맞았다.

증거로부터의 귀납은 이것으로 충분하다. 그러나 그 가설은 그것이 현실 세계에 가지는 추가적인 함의들이 무엇인지 질문하도록 한발 더 나아갈 수 있었다. 이것은 연역 추론이 등장하는 단계이다. 만약 카메론의 주장이 사실이라면 분석의 대상이 되는 공공부문의 규모는 국제무역 자체보다 경제의 변동에 특히 민감하게 반응할 것이었다. 이러한 결과는 데이터로 검증될 수 있는 추가적인 그리고 더 정확한 가설을 만들어냈다. 나는 대외적인 교역조건—세계시장에서 수출과 수입의 가격—이 만들어내는 변동성의 영향을 살펴보는 실증 분석을 수행했고, 그 결과는 잘 들어맞았다. 따라서 나는 이 경우 위험에 대한 보상 모델이 적절하다는 결론을 내렸다.[20]

동료들과 나는 우리의 성장 진단 연구에도 이러한 종류의 접근을 많이 사용했다. 우리는 어떤 가설과 관계없는 결과들이 현실에 나타나는지 파악하기 위해 그것들을 체계적으로 살펴보았다.

첫째, 만약 경제의 전망이 특정 영역의 병목현상으로 인해 제약된다면 이와 관련된 자원들의 상대가격은 비교적 높아야만 한다. 예를 들어, 물적 자본―즉, 공장과 설비―이 부족하면 실질금리가 높아야 하고, 숙련이 부족하면 노동시장에서 고숙련 노동의 프리미엄이 높아야 하며, 기반 시설의 제약이 있으면 단전과 도로 정체가 발생한다.

둘째, 공급이 부족한 자원의 이용 가능성이 커지면 경제활동이 특히 크게 반응해야 한다. 자본이 제약된 경제에서 투자는 송금을 비롯해 여타 해외자금의 유입에 크게 반응해야 한다. 수익률이 낮은 경제에서는 이와 비슷한 자금 유입이 투자 대신 소비를 자극할 것이다.

셋째, 심각한 제약들은 분명 기업과 가계가 그것을 우회할 수 있게 해주는 투자를 하도록 만들 것이다. 만약 전기의 공급이 부족하다면, 민간 발전업자의 수요가 크게 증가할 것이다. 만약 대기업에 대한 규제가 과도하다면, 기업들은 규모를 키우지 않도록 노력할 것이다. 만약 통화의 불안정이 심각하다면, 일상에서 그리고 금융거래에서 외국 통화(달러화)를 더 많이 사용할 것이다.

마지막으로, 상대적으로 성공적인 기업은 공급이 부족한 자원에 상대적으로 덜 의존하는 기업일 것이다. 나의 이전 하버드 동료였던 리카도 하우스만^{Ricardo Hausmann}이 즐겨 지적하듯이, 사막에 낙타가 많고 하마가 거의 없는 이유는 명백하다. 하마는 물에 살고 낙타는 물이 별로 필요 없기 때문이다.[21] 이와 비슷하게 남아프리카공화국과 같은 경제에서 오직 숙련 집약적인 기업들이 성공적인 이유는 그곳의 비숙련 노동이 특히 비싸기 때문이다.

다시, 외적 타당성

궁극적으로 모델의 선택은 실험실이나 현장실험의 외부적 타당성과 다르지 않다. 어떤 하나의 조건-모델-에서 작동하는 아이디어가 있다고 하자. 문제는 그것이 다른 조건-현실 세계-에서도 작동할 것인가 하는 것이다. 모델의 외적 타당성은 그것이 적용되는 조건에 달려 있다. 우리가 모델의 보편성에 대한 주장을 포기하고 조건적인 특징 contingency을 받아들이면, 우리는 모델의 실증적인 타당성을 회복할 수 있다.

비록 우리가 살펴본 대로 창의적인 실증적 방법이 도움이 될 수 있지만, 외적 타당성은 과학적으로 대답할 수 있는 질문이 아니다. 많은 것들이 근본적으로 유추에 기초한 추론에 달려 있다. 로버트 석덴Robert Sugden이 말했듯이, "모델 세계와 현실 세계 사이의 간극은 귀납적인 추론에 의해 좁혀져야 한다.… (그리고 이것은) '유사성similarity', '현저함' 그리고 '신뢰성'에 관한 주관적 판단에 달려 있다."[22] 우리는 '유사성' 과 같은 개념을 형식적이거나 수량적인 방법으로 표현하는 것을 상상할 수 있지만, 이러한 공식화는 대부분의 맥락에서 도움이 되지 않을 것이다. 모델을 쓸모 있게 만드는 데에는 어쩔 수 없이 장인의 솜씨가 개입될 수밖에 없다.

4장 모델과 이론

Economics is a collection of models. Cherish their diversity.

When economists go wrong   The world is almost always

독자들은 지금까지 내가 전반적으로 '이론^{theory}'이라는 단어를 사용하지 않으려 했다는 것을 이미 알아차렸을지도 모른다. '모델'과 '이론'은 주로 경제학자들에 의해 때때로 구분 없이 사용되지만, 그 둘은 분리하여 생각하는 것이 최선이다. '이론'이라는 단어는 야심찬 느낌을 준다. 일반적인 정의에 따르면, 이론은 특정한 사실이나 현상을 설명하기 위해 제시되는 생각이나 가설의 집합을 의미한다. 어떤 경우, 이론은 검증되고 확인되었다고 추정된다. 다른 경우, 이론은 단지 주장일 뿐이다.

일반상대성이론과 끈이론은 물리학의 두 가지 사례이다. 아인슈타인의 상대성이론은 후속의 실험 연구에 의해 완전히 검증되었다고 여겨진다. 물리학의 모든 힘들과 입자들을 통일하고자 하는 끈이론은 보다 최근에 발전하였는데, 아직까지 실증적인 근거는 충분하지 않다.

자연선택에 기초한 다윈의 진화론은, 그것을 지지하는 많은 증거들이 존재하지만, 종이 진화하는 데 걸리는 오랜 시간을 고려하면 직접적으로 그리고 실험적으로 확인하기는 불가능하다.

자연과학의 이러한 사례들처럼 이론은 일반적이고 보편적으로 타당하다고 가정된다. 동일한 진화론이 북반구와 남반구 모두에 적용된다. 아마 외계의 생명체에도 적용될지 모른다. 경제모델은 이와는 다르다. 그것은 맥락에 의존하며, 거의 무한한 다양성을 띠고 나타난다. 경제모델은 기껏해야 부분적인 설명만을 제시하며, 특정한 상호작용 메커니즘과 인과적인 경로를 명확히 하기 위해 설계된 추상에 지나지 않는다. 이 사고실험thought experiments은 다른 모든 잠재적인 요인들을 분석에서 생략하여 몇몇 원인들만의 영향을 분리하고 확인하기 위한 것이다. 많은 원인들이 동시에 작용할 수 있는 경우, 경제모델은 현실 세계의 현상에 대한 완벽한 설명을 제공하지 못한다.

모델과 이론 사이의 차이 그리고 그들이 공유할 수 있는 부분을 살펴보기 위해, 우리는 먼저 세 가지의 질문을 구분해야 한다.

첫째, 다음과 같은 '무엇'이라는 질문이 존재한다. 'A가 X에 미치는 영향은 무엇인가?' 예를 들어, 최저임금 인상이 고용에 미치는 영향은 무엇인가? 자본 유입이 그 나라의 경제성장에 미치는 영향은 무엇인가? 정부지출이 인플레이션에 미치는 영향은 무엇인가? 우리가 살펴보았듯이, 경제모델은 그럴듯한 인과관계의 경로를 설명하고 그 경로가 어떻게 특정한 환경에 달려 있는지 밝히는 것을 통해서 이러한 질문에 답을 제시한다. 우리가 적절한 모델을 가지고 있다고 충분히 확신할 수 있다 해도, 이러한 질문들에 대답하는 것이 '예측'과는 다르다는 것에 주의하라. 현실 세계에서는 우리가 분석하는 효과와 함께 많은 것들이 변화한다. 최저임금의 인상이 고용을 감소시키리라는 예측이 올바를 수도 있다. 그러나 현실 세계에서는 최저임금이 인상되면 전반적인 수요가 증가할 수 있어 그 효과가 더욱 복잡해진다. 이런 종류의 분석은 경제모델의 적절한 영역이다.

둘째, 관찰된 사실에 관한 설명을 추구하는 '왜'라는 질문이 존재한다. 왜 산업혁명이 일어났는가? 왜 1970년대 이후 미국에서 불평등이 심화되었나? 왜 2008년 글로벌 금융위기가 발생했는가? 각각의 경우 우리는 이에 대한 대답을 제시하는 (경제이론만이 아닌) 이론을 생각해볼 수 있다. 그러나 그것은 보편적인 이론이 아니라 특수한specific 이론이다. 그것은 특정한 역사적 사건을 설명하고자 하며, 일반적인 법칙과 경향을 설명하지 않는다.

그러나 이러한 이론들을 공식화하는 것은 분석가들에게 어려움을 던져준다. 경제모델은 특정한 원인의 결과를 자세히 검토한다. 그것은 통계학자 앤드루 겔만Andrew Gelman이 '전방인과forward causation'라고 부른 질문에 대답한다. 그러나 사후적으로 무언가를 설명하려면 모든 가능한 원인들을 검토할 필요가 있다. 겔만의 용어에 따르면, 바로 '역진적 인과추론reverse causal inference'의 문제이다. 이를 위해서는 분석 대상의 사실을 설명하는 여러 특수한 모델이나 몇몇 모델들의 결합을 찾아낼 필요가 있다. 이러한 과정은 우리가 앞 장에서 살펴보았던 모델의 선택과 검토를 수반한다. 나중에 살펴보겠지만, 특정한 모델들은 그런 이론을 만들어내는 데 핵심적인 투입요소이다.[1]

마지막으로, 경제학과 사회과학의 거대하고 영원한 질문들이 존재한다. 무엇이 한 사회의 소득분배를 결정하는가? 자본주의는 안정적인 경제체제인가, 불안정한 체제인가? 사회적 협조와 신뢰의 원천은 무엇이며, 왜 그것은 사회에 따라 다른가? 이러한 질문은 거대 이론 grand theories의 영역이다. 이에 대한 성공적인 대답은 과거를 설명하고 미래에 지침을 제공할 것이다. 그런 한에서 이러한 이론들은 자연에 대한 물리법칙과 유사한 사회과학의 법칙을 만들어낼 것이다. 현재의 경제학은 이러한 거대한 질문들을 고민하지 않는다고 종종 비판받는다. 오늘날 마르크스나 스미스가 어디에 있는가? 그들이 2류 대학에서 종신교수라도 될 수 있을까? 이는 정당한 비판이다. 그러나 사회과학에서는 보편적인 이론을 만들어내는 것이 불가능하며, 우리가 할 수 있는 최선은 조건적인 설명들을 연속적으로 제시하는 것뿐이라고 이야기하는 것이 이에 대한 합리적인 대답일 것이다.

경제학에는 일반적 이론들이 분명 존재한다. 시장에 기초한 사회의 작동에 관해 설명할 수 있다고 야심차게 주장하는 특정한 모델들 말이다. 뒤에서 살펴보겠지만, 이 이론들은 거대한 설명의 원천이 될 수 있다. 하지만 나는 일반적인 경제이론이란 고작해야 실증적인 조건부 상황을 규명하는 발판 이상은 아니라고 주장할 것이다. 그들은 독립적으로 설명력이 있는 분석틀이라기 보다는 우리의 생각을 조직하는 방식이다. 일반적 이론은 그 자체로 세상에 대해 별다른 영향력이 없다. 그것들이 쓸모가 있으려면 상당 수준의 맥락에 기초한 분석과 결합되어야만 한다.

이후에 나는 경제의 특정한 전개를 설명하고자 하는 중간적인 종류의 이론들에 대해 논의할 것이다. 나는 다음의 구체적인 질문에 초점을 맞춘다. '왜 1970년대 이후 미국에서 불평등이 심화되었는가?' 나는 서로 다른 모델들의 상대적인 기여를 평가하고, 비록 결정적이고 광범위하게 수용되는 이론을 만들어내지는 못하더라도 그런 과정이 어떻게 통찰을 만들어내는지 보일 것이다.

가치이론과 분배

아마도 경제학에서 가장 근본적인 질문은 '무엇이 가치를 창출하는가'일 것이다. 이것은 경제학자에게 '무엇이 시장경제에서 서로 다른 상품과 서비스의 가격을 설명하는가?'를 의미한다. 경제학에서 '가치이론 value theory'은 근본적으로 가격 형성에 관한 이론이다. 이러한 질문이 현재의 독자들에게 근본적인 (또는 특별히 흥미로운) 것으로 보이지 않는다면, 그것은 이론적 발전이 그와 관련된 복잡한 혼란을 해결하여 이 질문을 해명했기 때문이다.

스미스, 리카도, 마르크스와 같은 고전파 경제학자들은 생산비용이 가치를 결정한다고 설명했다. 만약 어떤 상품의 생산에 더 많은 비용이 필요하면, 그 상품의 가격은 상승해야만 한다. 생산비용은 생산활동에 직접적으로 고용되거나 기계를 생산함으로써 간접적으로 고용된 노동자들에 대한 임금에 기인한 것이었다. 이 이론은 토지를 가치의 근본적인 원천이라 생각했던 프랑스의 중농주의자를 포함한 이전의 이론과 구분하기 위해 '노동가치론labor theory of value'이라고 불렸다.

그러나 노동이 가치를 창출한다고 말하는 것과 임금의 수준을 설명하는 것은 서로 다른 일이다. 고전파 경제학자들은 그에 관해 매우 우울한 이론을 제시했다. 즉, 그들은 임금이 가족들이 먹고 입고 생활하는 데 필요한 수준인 생계비 수준에서 등락한다고 가정했다. 만약 임금이 이 수준보다 너무 높이 올라가면, (더 많은 아이들이 살아남을 수 있을 것이므로) 인구가 늘어나고 노동력이 증가한다. 그 결과로 임금은 '자연적인' 수준으로 하락한다. 따라서 경제적 진보와 기술 진보로부터 주로 이득을 얻는 자들은 공급량이 제한적인 토지의 소유자일 것이었다. 특히 토마스 맬서스와 관계가 있는 이러한 생각으로 인해 19세기의 수필가 토마스 칼라일Thomas Carlyle은 경제학을 '우울한 과학'이라 불렸다.

20세기에까지 큰 영향력을 미친 마르크스 역시 노동가치론에 집착했다. 그 역시 임금이 억압되었다고 믿었지만, 마르크스의 이론에서 그것의 원인은 '산업예비군reserve army of the employed'을 통해 노동자들을 착취하고 규율했던 자본가들이었다. 마르크스의 이론에 따르면 자본가들은 노동자의 노력으로부터 잉여가치를 수탈했다. 그러나 이는 매우 단기적인 승리일 뿐이었다. 왜냐하면 자본가들 사이의 경쟁이 결국 이윤율을 하락시키고 자본주의의 일반화된 위기를 불러올 것이기 때문이었다.

가격 결정의 책임을 생산 영역에서만 찾는 노동가치론은 소비자에 관해서는 별로 이야기하지 않았다. 그러나 소비측도 가격의 결정에 역할을 하지 않을까? 가격은 소비자들의 선호와 그 선호의 변화에도 반응해야 하지 않을까? 고전적 접근은 장기에 초점을 맞추었다. 그것은 단기적 변동이나 **상대가격**의 결정에 관해서는 별로 분석하지 않았다.

가격의 결정에 있어 공급측과 소비측의 완전한 종합은 19세기 후반 '한계주의marginalist' 혁명과 함께 나타났다. 윌리엄 스탠리 제본스, 레옹 왈라스Leon Walras, 유진 폰 뵘-바베르크Eugen von Böhm-Bawerk, 알프레드 마샬Alfred Marshall, 크누트 빅셀Knut Wicksell, 존 베이츠 클라크John Baxes Clark 등의 한계주의 경제학자들은 분석의 기반을 한 발짝 뒤로 이동시켰다. 임금이나 지대와 같은 관찰된 수량에서 벗어나 '소비자의 효용'과 '생산함수'와 같은 관찰되지 않는 가설적 수학적 구성물에 기반한 분석을 시도한 것이다. 그들은 또한 노동이나 자본과 같은 서로 다른 생산요소들 사이의 대체를 허용함으로써 고전적 접근을 일반화했다. 그들은 이제, 예를 들어 임금과 기계의 가격이 변화할 때 기업들이 어떻게 노동을 자본으로 대체하는지 분석할 수 있었다. 그들은 명시적인 수학적 관계를 사용하여 여러 시장들의 가격, 비용 그리고 수량의 결정을 소비자의 선호와 생산기술의 상태의 동시적인 결과(그리고 그것들 사이의 상호작용)로서 설명할 수 있었다.

한계주의자들은 가격이 한계에서at the margin 결정된다는 현대적 가치론의 주요한 통찰을 확립했다. 예를 들어, 석유의 가격을 결정하는 것은 **평균적인** 석유의 생산비용이나 소비자의 선호가 아니다. 그것은 판매되는 석유의 **마지막 단위**의 비용과 가치이다. 시장이 균형을 이룰 때 마지막 단위(한계적 단위)의 생산비용과 소비자 가치는 정확하게 일치하며, 시장가격과도 일치한다. 만약 그렇지 않다면 시장은 균형이 아닐 것이고 균형으로 돌아가기 위한 조정이 나타난다. 시장가격이 마지막 단위의 소비자의 가치평가보다 높다면 소비자들은 그들의 구매를 줄이게 된다. 만약 그 반대라면 소비자들은 더 많이 구매하게 된다. 이와 비슷하게, 시장가격이 마지막 단위의 생산비용보다 크다면 기업들은 생산을 늘리고, 그 반대라면 기업들은 생산을 줄인다.

한계주의자들은 수요와 공급 곡선이 바로 각각 소비자의 한계적인 가치와 생산자의 한계비용을 나타내는 것임을 발견했다. 시장가격은 이 두 곡선이 교차하는 점에서 결정된다. 가치가 생산비용에 따라 결정되는가 아니면 소비자의 편익에 의해 결정되는가 하는 질문에 대해 이들은 둘 모두에 의해 (한계적으로) 결정된다는 답을 제시했다.

가격 결정에 대한 한계주의자들의 접근은 생산비용에 대해서도 똑같이 적용되었다. 노동자의 수입인 임금은 노동의 한계생산성에 의해

결정되고 자본가의 수입인 이윤은 자본의 한계생산성에 의해 결정된다. 각각 노동과 자본의 마지막 단위가 기업의 생산에 추가적으로 기여하는 만큼에 따라 결정되는 것이다. 이제 자본과 노동의 사용을 두 배로 늘이면 산출이 두 배가 됨을 의미하는, 규모수익 불변의 조건하에서 생산이 이루어진다고 생각해보자. 이러한 가정하에서, 수학적인 결과로서 노동, 자본 그리고 다른 투입요소에 그들의 한계생산성만큼 지불하면 생산에 의해 창출된 소득을 생산에 기여하는 모든 생산요소들에 언제나 완전하게 배분할 수 있음을 보일 수 있다. 다른 말로 하면 우리는 이제 가치이론뿐 아니라 분배이론—누가 얼마만큼 가져가는가—을 가지게 된다.

이 이론은 우리에게 국민소득이 노동과 자본 사이에 어떻게 분배되는지 말해준다. 서로 다른 노동의 종류를 구분하면, 우리는 또한 고교 중퇴자, 고졸자, 대졸자 등 서로 다른 숙련을 지닌 노동자들 사이의 소득분배도 얻을 수 있다. 이는 소득의 기능적 분배funcational distribution of income라고 부르는 것이다. 그것을 사람들이 소유한 자본의 종류와 양에 관한 정보와 결합하여, 개인 혹은 가구들 사이의 소득분배를 도출할 수 있다.

이러한 이론들은 얼마나 쓸모가 있을까? 겉으로 보면, 신고전파 종합neoclassical synthesis은 경제학의 두 가지 근본적 질문—'무엇이 가치를 창출하는가?' '무엇이 그것이 어떻게 분배되는지 결정하는가?'—에 대해 충실한 대답을 제시하는 것처럼 보인다. 이 이론들은 많은 것을 설명해준다. 특히 우리는 이제 어떻게 생산, 소비, 가격이 하나의 시스템으로서 모두 함께 결정되는지 이해할 수 있다. 그리고 기능적 소득분배에 관해 그럴듯한 설명을 가지게 되었다. 그러나 이 이론들은 관찰될 수 없는 개념들—한계효용, 한계비용, 한계생산—에 기초하고 있다. 이 개념들을 측정과 설명이라는 의미에서 사용할 수 있으려면 추가적인 가정들과 훨씬 더 많은 구조가 필요하다. 게다가 그것들은 전혀 보편적이지 않다. 이후의 연구들은 그 자체의 논리를 따르더라도 이 이론들이 특수한 상황들에 의존한다는 것을 명백히 보여주었다.

  우리는 이미 가치이론이 기초하고 있는 수요—공급 분석틀에 대해 어떤 주의를 기울여야 하는지 살펴보았다. 완전경쟁을 위한 조건이 존재하지 않을 수 있으며, 시장이 소수의 생산자들에 의해 독점화되어 있을 수도 있다. 소비자들은 전혀 합리적이지 않은 방식으로 행동할 수도 있다. 생산에 규모의 경제가 존재하여 생산량이 늘어날수록 한계비용이 감소할 수 있는데, 이는 표준적인 우상향하는 공급곡선에 필요한 한계비용의 증가와 모순된다. 그리고 어찌 되었든, 모든 기업과 소비자에 동일한 '생산함수'나 '효용'과 같은 개념들은 문제가 많다. 사용 가능한 기술에 대해 접근하고 그것을 도입하며 채용하는 능력은 기업들마다 분명히 서로 다르다. 소비자의 선호는 대개의 경우 고정되어 있지 않다. 선호는 부분적으로 경제와 사회의 현실에서 발생하는 여러 사건들에 의해 형성된다. 이러한 특수한 블랙박스들을 열어젖히는 것은 아직 완전히 해결되지 않은 이론적인 문제들을 만들어낸다.

신고전파 분배이론은 그 자체로 특별한 결함을 지니고 있다. 우선 통일된 생산요소로서 일관되고 측정 가능한 '자본' 개념은 경제학 내에서 상당한 논쟁의 대상이었다. 그러나 이 어려운 문제는 제쳐두자. 임금에만 초점을 맞춘다면, 과연 한계생산성 이론이 노동자의 임금의 변화를 잘 설명하는가?

이에 대한 대답은 우리가 검토하고 있는 질문이 정확히 무엇인지 그리고 어떤 환경과 조건인지에 따라 달라진다. 여러 국가들 사이를 비교해보면, 그들의 임금 수준의 80~90퍼센트가 국가 간 노동생산성의 차이에 의해 설명될 수 있다. 사실 우리는 노동생산성을 직접 관찰할 수는 없다. 우리가 측정할 수 있는 것은 평균노동생산성(국내총생산÷고용수준)이다. 그러나 적어도 여러 국가들 사이에서 평균과 한계 사이의 관계가 그리 크게 다르지 않다면, 국가들 간에 임금과 평균 노동생산성 사이에 밀접한 관계가 있다는 것은 한계생산성이론을 지지하는 것으로 해석될 수 있다. 이는 사소한 결과가 아니다. 예를 들어, 이 결과에 기초하여 우리는 방글라데시나 이디오피아의 임금이 미국의 임금보다 아주 낮은 것이 주로 이 나라들의 (노동착취나 억압적인 제도 때문이 아니라) 생산성이 낮기 때문이라고 결론지을 수 있다. 제도가 중요할 수 있지만, 그것은 고작해야 국가 간에 나타나는 노동과 자본 사이의 분배의 차이 중 작은 부분만을 직접적으로 설명할 수 있는 것으로 보인다.[2]

그러나 2000년 이후 미국에서 어떤 일이 일어났는지에 대해 살펴보

자. 2000년~2011년 사이 평균실질급여는 32달러에서 35달러(2011년 달러 기준)로 연간 약 1% 상승했다. 한편, 같은 기간 동안 노동생산성은 1.9% 상승했는데, 이는 급여 증가율의 거의 두 배에 이른다. 이러한 차이 중 일부는 미국의 노동자들이 소비하는 상품의 가격이 그들이 생산하는 상품의 가격보다 더 빠르게 상승했다는 사실 때문이다. 따라서 노동자들의 구매력은 그들의 생산성보다 덜 빠르게 상승했다. 이는 표준적인 이론을 크게 변경하지 않고도 그 안에서 어느 정도 설명될 수 있다. 그러나 이러한 상대가격 효과는 그 격차의 약 1/4만을 설명하여, 나머지 3/4은 여전히 수수께끼로 남아 있다.[3]

엄격하게 신고전파 분배이론의 경계 내에서 이를 설명하려면, 이 기간 동안 생산에 대한 노동자들의 한계적 기여가 급속히 하락했다고 말해야만 한다. 하나의 가능한 원인은 신기술에 의한 노동의 대체가 일어났고 또한 기계와 다른 형태의 자본이 생산과정에 더 많이 사용되었다는 것이다. 사실 많은 경제학자들은 지난 10년 동안 나타난 임금 상승의 정체를 설명할 때 이러한 주장을 제시한다. 그러나 똑같은 결과가 신고전파 이론의 경계 밖의 변화 때문일 수도 있다. 임금 협상, 작업장의 규준, 그리고 최저임금과 같은 정책의 변화가 그것이다. 신고전파 이론은 생산이 기초하고 있는 기술―'생산함수'―과 그 변화의 수학적인 설명에 기초하고 있으며 이것들은 직접 관찰할 수 없기 때문에, 서로 다른 설명들을 구분하는 것은 어려운 일이다. 궁극적으로 명확하게 규정될 수 없는 이론은 크게 도움이 되지 않는다.

사실 신고전파 이론과는 다른 다양한 대안적인 분배이론들이 존재한다. 몇몇은 고용주와 노동자들 사이의 명시적인 협상을 강조하는데, 그 과정에서 노동조합의 힘과 단체협상의 원칙이 기업의 수입을 두 집단 사이에 분배하는 데 영향을 미칠 수 있다. CEO와 같은 고소득자들의 급여 수준도 주로 협상에 의해 결정되는 것으로 보인다.[4] 다른 모델들은 이러한 격차의 확대과정에서 규준norm의 변화를 강조한다. 예를 들어 CEO의 급여와 노동자들의 급여 사이에 수용할 수 있다고 생각될 만한 규준이 존재한다는 것이다. 대부분의 경제학자들은 미국과 유럽의 노동자들이 1950년대와 1960년대의 보다 평등주의적인 사회적 합의에 의해 큰 혜택을 입었다고 인정할 것이다. 그러나 다른 모델들은 한계생산성 분석틀 자체를 벗어나지 않고 몇몇 기업들이 이윤을 극대화화기 위해 시장임금 이상의 임금을 지불했다고 주장한다. 예를 들어, 시장임금보다 높은 이른바 '효율성 임금efficiency wage' 임금이 노동자들의 동기를 자극하거나 노동자들의 이직을 최소화하기 위해 (채용과 훈련의 비용을 줄이기 위해) 고용주들에게 합리적일 수 있다. 이러한 복잡한 현실은 우리가 보편적인 범용 모델을 사용하는 것이 아니라 다시 서로 다른 환경에 적절할 수 있는 특수한 모델을 사용해야 함을 의미한다.

결국 거대 이론들은 그들의 약속에 비해 더 적은 내용만을 전해준다. 그것들은 가장 가까운 원인을 식별해 주지만, 환경에 따라 필연적으로 서로 다른, 더 많은 세부사항들에 의해 뒷받침되어야 하는 피상

적인 접근이다. 내가 강조했듯이, 거대 이론은 발판으로 생각하는 것이
최선이다.

경기변동이론과 실업

1947년 폴 사무엘슨의 박사논문인 「경제분석의 기초」가 출판된 이후,
경제학은 미시경제학과 거시경제학으로 나누어졌다. 미시경제학의 영
역은 가격이론인데, 이는 앞 절에서 살펴본 아이디어이다. 거시경제학
은 경제적 집계변수들―특히 인플레이션, 총산출, 고용―의 움직임을
분석한다. 거시경제학은 경제학자들이 '경기변동$^{business\ cycle}$'이라 부
르는 경제활동의 상방과 하방으로의 변동을 주된 질문으로 삼는다. 여
기서도 거대 이론을 제시하고자 하는 시도들이 없지 않았다. 우리는
매번 유행하던 그러한 시도들을 통해 많은 것을 배웠다. 그러나 무엇
이 경기변동을 결정하는가에 관한 거대한 통일적 이론을 개발하기 위
한 시도는 실패한 것으로 판단해야 한다.

　고전파 경제학자들에게는 개별적인 시장이 작동하는 방식과 경제
전체가 움직이는 방식 사이에 별로 큰 차이가 없었다. 특히 실업은 임
금―노동의 시장가격―이 잘못된 수준으로 설정되었기 때문에 발생하
는 것으로 이해될 수 있었다. 만약 임금이 너무 높다면 고용주는 (사과
가격이 너무 높으면 사과 소비가 과소해지는 것처럼) 과소한 노동자들을 고

용할 것이다. 이러한 시나리오는 '고전적 실업'이라 불리게 되었다. 이와 비슷하게 경제의 전반적인 가격 수준은 체제 내의 통화량과 유동성의 양에 의해 결정되었다. 지속적인 물가의 상승은 너무 많은 통화가 유통되기 때문이었다.

시대착오적인 단어를 쓰자면, 거시경제는 자기안정적self-stabilizing이라는 관점이 경기변동에 대한 고전파 경제학자들의 접근을 대표했다. 일자리의 부족이 임금을 하락시키면 실업은 결국 사라질 것이었다. 갑작스런 인플레이션도 저절로 해결될 일이었다. 인플레이션으로 인해 국제경쟁력이 낮아져 무역적자가 발생하면 금이 해외로 유출되어, 국내의 통화공급이 줄어들고 인플레이션이 하락할 것이었다. 이러한 자동조정 메커니즘이 경기변동, 인플레이션 그리고 실업이 모두 저절로 해결되도록 보장해준다고 생각되었다. 금본위제는 이러한 정통파의 경제적 교리를 대표했고 20세기까지도 지속되었다. 금본위제하에서 각국은 그들의 통화가치를 금에 대해 고정시켰다. 예를 들어, 1834년에서 1933년 사이 미국에서 금의 가격은 온스 당 20.67달러였고 변하지 않았다.[5] 정부는 자국의 국경을 넘어서는 자유로운 화폐의 이동을 간섭하지 않고 실질적으로 통화정책을 경제의 자동조정장치에 맡겼다. 당시에는 오늘날 우리가 알고 있는 재정정책이나 안정화정책이라는 개념이 존재하지 않았다. 정부는 이러한 조정을 방해하지 않는 것 말고는 아무 것도 할 수 없었다(그리고 방해하면 안되었다).

케인스는 다르게 생각했다. 보수적인 동시에 혁명적이었던 그는 자신이 간주한 자본주의의 내재적 불안정성으로부터 자본주의를 구하기 위한 교리들을 제시했다. 케인스는 경제에 상당히 오랜 기간 동안 실업과 균형이 공존할 수 있다고 주장했다. 고전파의 조정 메커니즘이 작동하기에는 너무 오랜 시간이 걸릴 수 있었다. 몇 년일 수도 있고 수십 년일 수도 있다. 그리고 그의 유명한 말처럼 장기적으로는 "우리는 모두 죽는다." 게다가 케인스는 정부가 할 수 있는 일이 많다고 주장했다. 케인스는 민간 수요가 충분한 고용을 창출하기에 필요한 수준에 미치지 못하는 경우, 정부가 개입하여 재정지출을 늘려야 한다고 주장했다. 정부의 프로그램이 사람들이 구덩이를 파고 나중에 그걸 메우도록 하는 것이라 해도, 그러한 정책의 결과는 고용을 늘이고 국민소득을 증가시킬 것이었다. 대공황으로 인해 이러한 생각은 널리 퍼져나갔는데, 당시 정부는 미국 노동인구의 4분의 1에 달하는 엄청난 실업에 대해 무언가를 해야만 하는 상황이었다.

케인스는 대단히 훌륭하고 재치 있는 필자였지만, 명시적인 모델을 만들지는 않았다. 그의 논리도 때때로 명확하지 않았다. 오늘날까지 경제사가들은 이 위대한 이론가가 정말로 의미했던 바가 무엇이었는지에 관해 논쟁을 벌이고 있다. 케인스주의 분석틀을 요약하려 한 모델들이 등장하기 전에는 1936년에 출판된 그의 위대한 저작인 『고용, 이자, 화폐에 관한 일반이론』에 대한 해석이 분분했다. 그 모델들 중 가장 유명하고 수십 년 동안 가장 커다란 영향을 미쳤던 것은 존 힉스John Hicks의 「케인스 씨와 '고전파'」의 모델이었다.[6] 비록 케인스 본인을 포함하여 많은 이들은 힉스의 모델이 고작해야 『일반이론』을 부분적으로만 서술하고 있다고 항의했지만, 그 모델을 통해 케인스의 관점은 표준적인 거시경제학을 엄청나게 변화시켰다. 사실 케인스는 그의 생각을 모델로 만드는 데 관심이 없다고 명시적으로 말했다. 그는 몇몇 "상대적으로 단순한 근본적인 생각들"을 전달하는 것이 그것들을 특정한 형식으로 명확히 하는 것보다 더 중요하다고 생각했다.[7]

케인스가 생각하기에는 저축과 투자의 불균형의 가능성이 결정적으로 중요했다. 이 둘은 회계적 항등식으로서, 사후적으로는 항상 균형을 이룬다. (다른 국가들로부터 차입하거나 다른 국가들에게 대출할 수 있다는 것을 무시하면) 모든 저축은 투자될 길을 찾아야 하며, 모든 투자는 저축에 의해 재원이 조달되어야 한다. 그러나 케인스는 이 항등식이 회복되는 메커니즘이 경제에 실업을 초래할 수 있는 가능성을 강조했다. 구체적으로, 가계가 저축하고자 하는 금액이 애초에 투자보다 많은 경우를 생각해보자. 케인스는 투자가 이자율과 같은 거시경제적 변수에 외부적인 심리적 요인들—'야성적 충동animal spirits'—에 의해 결정된다고 생각했다. 이렇게 투자 수준이 다른 요인들에 의해 어떻든 고정되어 있다면, 조정되어야 하는 것은 저축이다. 그러면 저축은 어떻게 투자와 저축이 일치되는 낮은 수준으로 하락할 수 있을까?

이에 대해 고전파 경제학자들은 이자율을 포함한 가격 조정의 역할을 강조했다. 가격 수준의 하락, 즉 이자율의 하락이 가계가 소비를 하는 인센티브를 촉진하고 결국 저축을 감소시킬 것이었다. 케인스는 그러한 가격의 변화가 특히 하락하는 방향으로는 너무 느리게 일어날 것이라고 생각했다. 그는 대신에 총산출과 고용 수준의 조정을 강조했다. 가계의 저축은 가계의 소득에 의존하므로, 산출의 하락(따라서 소득과 고용의 하락)은 또한 저축을 감소시켜 투자와 저축의 균형을 가져다준다. 게다가 실업률이 급속히 높아진 경제 불황의 상황에서는 사람들이 화폐를 매우 많이 보유하려 할 것이므로 이자율이 근본적으로 경제 환경의 변화에 반응하지 않을 것이다. 이것이 케인스의 '유동성 함정 liquidity trap'이다. 이 시나리오에서 조정은 산출과 고용의 충분한 하락에 의해서만 가능하다. 개별 가계의 높은 저축 수준은 집단적으로는 자기 파괴적으로 된다. 따라서 불황이 발생한다.

총수요가 자동적으로 변화하는 이 모델의 결과로서 경기변동이 나타난다. 불충분한 수요가 실업의 근본적인 원인이다. 민간 투자 또는 소비지출의 증가가 나타난다면 문제가 해결될 수 있다. 둘 모두 나타나지 않는다면, 정부가 행동해야 한다. 정부가 민간 수요의 부족을 메우기 위해 재정지출을 증가시켜야 하는 것이다. 1970년대까지는 이러한 수요측 관점의 거시경제학이 지배적이었다. 매우 다양한 모델들에서 이러한 시각이 발전되었고, 고용 수준과 설비가동률과 같은 주요한 거시경제적 집계변수를 수량적으로 예측하는 대규모의 컴퓨터화된 버전이 나타났다.

그리고 나서 두 가지 사건—석유위기와 로버트 루카스Robert Lucas—이 발생했다. 석유수출국기구OPEC의 수출 제한이 야기한 1973년 석유위기는 경제학자들이 고려하지 않던 새로운 경제적 상황을 만들어냈다. 불황과 인플레이션의 동시 발생, 또는 '스태그플레이션stagflation'이 그것이다. 수요측 모델은 명백히 공급측 충격으로 인한 이 현상 앞에서 별로 도움이 되지 못했다. 물론 케인스주의 모델은 투입요소의 가격 상승 효과를 고려하도록 수정될 수 있었다. 단지 이를 위해서 수많은 시도들이 이루어졌다. 그러나 바로 그 때, 시카고 대학교의 경제학자이자 나중에 노벨상을 받게 되는 루카스가 등장했다. 그는 거시경제학 분야를 혁명적으로 변화시키고 결국 케인스주의 모델에 더욱 커다란 타격을 입힌 아이디어들을 제시했다.

1970년대 말 루카스는 고전파의 생각을 새로운 형태로 거시경제학에 재도입했다. 다른 이들(특히 미네소타 대학교의 톰 사전트Tom Sargent)과 함께 루카스는 케인스주의 모델이 개인들이 경제에서 어떻게 행동하고 정부 정책에 어떻게 반응하는지에 관해 너무 기계적인 생각을 가지고 있다고 주장했다.[8] 시카고 대학교의 다른 경제학자인 존 코크레인 John Cochrane의 말에 따르면, 루카스와 사전트는 합리적 개인들을 거시경제학에 다시 도입했다.[9] 예를 들어, 소비와 소득 사이의 총량적 관계에 기초하지 않고, 그들은 미시경제학이 전통적으로 해오던 방식과 비슷하게 개인들이 어떻게 소비하고, 저축하고, 노동을 공급하는지에 관한 모델을 만들기 시작했고, 그러한 모델을 거시 행동에까지 확장시켰다. 이러한 시도들은 더 거대한 이론의 '미시적 기초'가 되었다.

모델링 전략의 이러한 변화는 몇 가지 중요한 함의를 가지고 있었다.

그 하나는 개인과 정부 모두에게 있어서 예산제약을 명시적으로 분석대상으로 고려했다는 것이다. 소비는 현재의 소득뿐 아니라 미래의 소득에도 달려 있으며, 오늘 정부의 재정적자는 미래의 세금 인상을 (또는 정부지출의 축소를) 의미하는 것이었다. 이러한 전략은 또한 기대 expectations가 어떻게 형성되는지에 대해 재고하도록 만들었다. 루카스와 사전트는 만약 사람들이 그들의 소비 결정을 할 때 합리적이라면, 그들이 미래에 관해 예상을 할 때도 분명히 합리적일 것이라고 주장했다. 이러한 예상은 경제의 기본 모델과 일치해야만 한다. 그리하여 '합리적 기대rational expectations' 가설이 경제학을 강타했다. 합리적 기대는 신속하게 기대를 모델링하는 기준이 되었고, 경제학자들은 무엇보다도 정부 정책의 변화에 대한 민간 부문의 반응을 분석하기 위해 그것을 사용했다.

루카스, 사전트, 그리고 그들의 후계자들은 그런 미시적 기초에 기반한 모델이 가격의 느린 조정과 같은 케인스주의적인 가정에 기초하지 않고 경기변동의 주된 특징들과 일시적인 실업의 발생을 설명할 수 있다고 주장했다. 합리적 기대는 사람들이 예측 가능한 실수를 하지 않는다는 것을 의미했지만, 사람들이 가격에 관해 불완전한 정보를 가지고 있을 때 일시적인 실수를 할 가능성을 배제하지는 않았다. 소비자의 기호, 고용의 선호 또는 기술적 조건들에—즉 수요와 공급곡선에—대한 '충격들'이 산출과 고용의 총량적인 변동을 만들어낼 수 있었다. 똑같이 중요하게, 이 새 이론은 경제를 안정화시키는 데 정부의 영향이 훨씬 더 작다는 것을 시사했다. 사실 이들의 모델에서는 어떤 종류의 안정화 정책도 나쁜 결과를 가져올 것이었다. 정부가 통화와 재정의 팽창을 통해 경제를 부양시키는 정책을 펼 것을 알고 있다면, 사람들은 그 정책 목표가 실패하도록 행동할 것이었다. 예를 들어, 확장적인 통화정책은 기업들이 제품의 가격을 상승시키도록 만들어, 산출과 고용에는 변동 없이 인플레이션만을 만들어낼 수 있었다. 확장적 재정정책은 민간 부문의 지출을 감소시키는 구축효과crowding out만을 결과할 것으로 여겨졌다.

'새고전파 접근법new classical approach'이라 불리게 된 이러한 접근이 (적어도 학계에서) 승리하도록 만든 것은 모델의 실증적 타당성이 아니었다. 이 모델이 현실 세계에 잘 들어맞는지는 논쟁의 여지가 매우 많았으며, 그 모델의 몇몇 핵심적인 요소들이 현실적인지의 여부도 마찬가지였다. 그러나 1980년대 중반 이 새로운 이론이 등장하자마자 곧 미국경제는 경제성장, 완전고용 그리고 물가안정이 나타나는 새로운 시기에 들어섰다. 경기변동은 이 '대안정화great moderation' 시기에 정복된 것처럼 보였다. 그 결과 새고전파 접근법의 설명과 예측이 현실적인지는 실용적인 관점에서 볼 때 크게 중요하지 않았다.

이 이론의 커다란 매력은 모델 그 자체에 있다. 미시적 기초, 수학, 새로운 기법, 게임이론과의 관련성, 계량경제학 그리고 경제학 내에서 매우 중요하게 생각되는 다른 분야들, 이 모든 것들이 이 새로운 거시경제학을 케인스주의 모델보다 훨씬 더 앞선 모델처럼 보이게 만들었다.

이 모델이 기초하고 있는 기본적 전략에 관해 의문을 표시하는 이들에게는 '거시경제 모델이란 바로 이런 것이다'라는 암묵적인 혹은 명시적인 비난이 가해졌다. 한편 힉스로부터 시작한 케인스주의적인 모델링 도구는 거의 사라져버렸다. 그러나 케인스주의가 완전히 사라진 것은 아니었다. 경제를 안정화하는 데 적극적인 정부 정책의 역할이 여전히 중요하다고 믿었던 이들은 경제학계 내부의 신뢰를 유지하기 위해 결국 새케인스주의new Keynesian 모델이라고 불린 미시적 기초에 근거한 다양한 모델들을 개발해야만 했다.

새고전파 이론과 현실 경제 사이의 간극 문제는 2008년 글로벌 금융위기 이후 심각하게 나타났다. 왜 경제학자들이 그 위기를 사전에 예측하는 데 실패했는지는 다음 장에서 살펴볼 것이다. 글로벌 금융위기는 주로 금융시스템의 실패에 기인한 것이었다. 케인스주의와 새고전파 거시모델은 모두 이러한 문제에 대해 침묵했다. 그러나 일단 미국경제가 불황에 빠지고 실업이 급등하자, 이에 대한 적절한 처방이 무엇인지의 문제는 분명히 거시경제학의 영역이었다(혹은 영역이어야만 했다). 그러나 루카스-사전트 접근의 후계자들과 지배적인 거시모델들은 별다른 도움이 되지 못했다. 2003년 루카스는 "실제로 불황을 예방하는 주요한 문제는 해결되었다"라고 썼다.[10] 그 후 몇 년 동안 대불황과 맞서 싸운다는 생각이 나타나지 못했는데, 이는 그런 상황이 없을 것이라고 여겨졌기 때문이었다.

새로운 모델과 낡은 모델은 한 가지에 있어서는 서로 일치했다. 경제적 불확실성으로 인해 가계와 기업이 갑자기 안전을 추구하여 가능한 많이 현금을 보유한다면 연방준비제도가 화폐를 (아주 많이) 발행하여 추가적인 유동성을 창출해야 한다는 것이었다. 유통되는 화폐량을 늘리면 디플레이션과 더욱 심각한 불황을 예방할 수 있다. 밀튼 프리드만은 이런 식의 정책에 실패한 것이 1930년대 대공황 시기 연준의 가장 큰 실수였다고 오래 전에 지적한 바 있었다. 대공황의 전문가인 연준 의장 벤 버냉키Ben Bernanke가 2008~2009년 경제에 수천억 달러의 유동성을 투입했을 때, 루카스는 이를 칭찬했다.[11] 비록 절박한 최후의 수단으로 생각되었지만, 2009년 오바마 대통령의 최초의 재정 부양책도 (루카스를 포함한) 광범위한 지지를 받았다.[12]

이 정책들 말고는, 그리고 일단 금융 패닉이 진정되자, 새고전파 모델은 적극적인 정책 대신 정부 정책이 제한되고 신중해야 한다고 주장했다. 이 모델에 따르면, 연준의 양적완화 정책―확장적 통화정책―은 시급히 포기되어야 했다. 그렇지 않으면 곧 인플레이션이 나타날 것이었다. 이러한 모델로 훈련받은 경제학자들은 인플레이션의 위험을 계속 경고하며 연준이 긴축적 통화정책을 펴야 한다고 촉구했다. 실업율이 여전히 높고 경제는 정상 수준을 회복하지 못했으며 (특히) 인플레이션이 나타나지 않고 있었는데도 말이다. 그들은 총수요와 고용을 진작하는 계속적인 재정 부양책에도 반대했는데, 그 이유는 그것이 민간 소비와 투자를 구축하기만 할 것으로 여겼기 때문이었다. 이들은 경제가 주로 스스로의 힘으로 정상 궤도를 찾아갈 것이라고 믿었다. 그렇게 되지 않자 루카스와 다른 이들은 민주당 정부가 도입한 여러 방해물들을 지적했다. 그들은 경제 회복이 지체되는 이유는 세금이 오를 것이라는 전망과 정부의 여러 개입들로 인한 불확실성 때문이라고 주장했다.[13] 이들에 따르면 기업은 투자에 실패했고 소비자들은 소비지출을 하지 않았는데, 그 이유는 그들이 개입주의적 정부가 만들어낸 불확실성이라는 인위적인 환경에 직면했기 때문이었다.

다른 많은 이들에게, 대불황은 케인스의 독창적인 생각을 정당화하는 것이었다. 경제학자이자 「뉴욕타임스」 칼럼니스트인 폴 크루그먼 Paul Krugman은 재정 부양책이 불충분했고 너무 이르게 멈추어, 경제에 불필요하게 높은 수준의 그리고 지속적인 실업을 가져왔다고 목소리 높여 주장했다.[14] 버클리의 브래드 들롱Brad DeLong과 하버드의 래리 서머스Larry Summers는 재정적자에 대한 우려는 잘못된 것이라 주장했다. 재정 부양책은 경제를 회복시키고 세수를 늘릴 것이므로 재원 조달을 걱정할 필요가 없다는 것이었다.[15] 이들은 모두 잘 알려진 유명한 경제학자들이다. 크루그먼은 불완전경쟁을 국제무역이론에 도입한 선구적인 연구로 인해 노벨상을 받았다. 서머스는 오바마 행정부의 재무장관을 역임했다. 그러나 그들은 경제학을 지배하게 된 새고전파 모델에는 외부자들이었다.

케인스주의자들과 새고전파 사이의 논쟁의 핵심은 문제가 경제의 수요측에 있는지 공급측에 있는지의 여부였다. 원칙적으로 경제학자들은 서로 경쟁하는 생각들을 구분하고 더욱 적절한 생각을 선택하는 방법들을 가지고 있었다. 앞 장에서 논의했던 모델 선택의 원칙이 정확하게 그런 일을 위해 사용될 수 있는 것이다. 케인스주의자들은 충분히 사리에 맞게, 만약 문제가 공급의 부족이라면 인플레이션 압력에 관한 증거가 있을 텐데 그렇지 않았다고 지적했다. 실업이 각 산업의 특수한 상황에 관계없이 경제의 모든 부문들에 영향을 미치는 것처럼 보였는데, 이 또한 수요의 전반적인 붕괴가 문제의 원인임을 의미하는 것이었다.[16] 한편 반대편은 뉴스 기사, 세법의 변화, 그리고 경제를 예측하는 이들의 의견 불일치 등을 증거로 들어 정책의 불확실성이 높아졌고, 그것이 미국의 각 주들 사이에 그리고 시기에 따라 서로 다른 실업의 증가와 경제성장의 하락을 적어도 부분적으로 설명한다고 주장했다.[17] 이러한 증거가 논쟁 상대방의 원래 의견을 바꾸게 만들었는지는 분명하지 않다. 이 경우처럼 이론의 타당성에 대한 확신이 강할 때는 실증 분석이 문제를 거의 해결할 수 없다. 특히 그 분석이 실시간으로 행해져야만 하는 경우는 더욱 그렇다.

경기변동에 관한 이 거대 이론들에 관해 우리는 어떤 결론을 내릴 수 있을까? 확실히 그 이론들이 의미가 없지는 않았다. 고전파, 케인스주의 그리고 새고전파 이론은 각각 유용한 기여를 했다. 케인스주의 접근은 1970년대의 경험에는 별로 적절하지 않았지만 그 이론의 많은 통찰들은 오늘날에도 여전히 타당하고 유용하다. 새고전파 접근은 개인들이 정부 정책에 어떻게 반응할 것인지 이해할 필요가 있음을 더욱 잘 인식하도록 해주었다. 이 이론들이 실패한 부분은 상황에 무관하게 모든 시대에 적용되는 거대 이론으로서의 실패였다. 특정한 환경에 적용되는 모델로서 그것들은 여전히 엄청난 가치가 있다.

특정 사건들을 설명하는 이론

이제 내가 이 장의 첫머리에서 언급한 중간 수준의 경제이론에 관해 생각해보자. 이 이론은 그 범위에서 거대 이론보다 덜 야심차며 어떤 특정한 사건이 전개되는 원인을 규명하고자 한다. 또한 비슷한 종류의 모든 발전에 대해 일반적인 설명을 제시한다고 주장하지 않는다. 그것은 보통 역사적으로 그리고 지리적으로 한정된 이론이다.

여기서 내가 고려할 구체적 사례는 1970년대 말 이후 미국과 다른 선진국들에서 나타난 불평등의 확대를 설명하는 이론들이다. 널리 받아들여지기는 하지만, 이 이론들은 다른 환경에도 적용되도록 만들어지지는 않았다. 내가 고려할 설명들은 예를 들어 제1차 세계대전 이전의 도금시대의 불평등 확대나 1990년대 이후 많은 라틴아메리카 국가들의 불평등 개선에 관해 설명하려고 하지 않는다. 그것들은 **특정한** *sui generis* 것이다.

미국의 불평등이 1970년대 중반부터 확대되었다는 사실은 잘 알려져 있다. 0(완전한 평등)에서 1(모든 소득이 한 가구에 돌아가는 완전한 불평등) 사이의 값을 지니는, 널리 사용되는 불평등 지표인 지니계수는

1973년 0.40에서 2012년 0.48로 20퍼센트 상승했다.[18] 같은 기간 동안 미국의 국민소득 중 소득 상위 10퍼센트가 차지하는 비중은 32퍼센트에서 48퍼센트로 높아졌다.[19] 이러한 극적인 변화의 원인은 무엇일까?

불평등의 확대를 가져온 하나의 요인은 고숙련과 저숙련 노동자의 급여의 격차를 의미하는 '숙련 프리미엄skill premium'의 상승이었다. 경제학자들이 처음 이러한 격차에 주목하기 시작한 것은 1980년대 후반이었는데, 당시에는 '세계화'라는 그럴듯한 설명이 가까이 존재했다. 미국경제는 당시 국제무역에 점점 더 많이 노출되고 있었다. 유럽의 다른 선진국들과 일본이 생산성에서 미국을 따라잡았고, 글로벌 경쟁의 압력이 심화되었다. 그리고 동아시아에서 한국, 대만, 중국을 포함한 많은 신흥공업국들이 수출을 증가시켰는데, 이들의 임금은 미국보다 훨씬 낮았다.

리카도의 시대 이래 비교우위이론은 크게 발전했다. 그중 유행했던 한 버전은 엘리 헥셔Eli Heckscher와 베르틸 올린Bertil Ohlin이 20세기 초 처음 발전시킨 '요소부존factor endowments' 이론인데, 이 이론은 미국에서 나타나고 있던 상대적 임금의 변화와 같은 현상을 정확하게 예측했다. 이 이론에 따르면, 미국은 숙련노동 집약적인 상품을 수출하고 비숙련노동 집약적인 상품을 수입할 것이었다. 국제무역에 대한 개방도가 높아지는 것은 이제 더 큰 시장에 접근할 수 있는 미국의 숙련 노동자들에게는 좋은 소식이었지만 경쟁의 압력이 심화되는 비숙련 노동자들에게는 나쁜 소식이었다. UCLA의 경제학자 에드워드 리머Edward

Leamer가 1990년대 초에 말했듯이, "우리의 저숙련 노동자들은 전 세계에 있는 엄청난 수의 저임금 저숙련 노동자들과 경쟁하게 되었다."[20] 그 결과로 이 두 종류의 노동자들의 임금 격차가 커졌다. 사실 이 이론은 더욱 강력한 함의를 지니고 있었다. 비숙련 노동자들은 상대적으로 뿐 아니라 절대적으로도 처지가 악화될 것이었다. 개방의 확대가 그들의 생활 수준을 하락시킬 것이기 때문이었다.[21]

그것으로 논의가 끝날 수도 있었지만, 경제학자들은 요소부존 이론과 잘 들어맞지 않는 것처럼 보이는 다른 발전들에 주목했다. 우선, 임금이 낮은 미국의 무역 상대국인 아시아와 라틴아메리카에서도 숙련 프리미엄이 높아졌다. 요소부존 이론은 이런 국가들에서의 숙련 프리미엄이 미국과 반대로 움직인다고 예측했기 때문에, 이러한 변화는 그 이론의 예측에 반하는 것이었다. 이들 국가에서는 저숙련 집약적인 상품을 수출했기 때문에 저숙련 노동자들의 임금이 높아져야 했다. 미국에서도 개별 산업의 변화는 이 이론의 예측과 맞지 않았다. 기업들은 저숙련 노동자를 고숙련 노동자로 대체—즉 숙련의 업그레이드가 나타났다—했는데, 만약 무역이 저숙련 노동자들을 더욱 값싸게 만들었다면 그 반대였어야 할 것이었다.[22] 이것은 경제학자들이 어떻게 모델의 부수적인 결과를 특정한 설명을 입증하기 위해, 혹은 이 경우는 반증하기 위해 사용할 수 있는지 보여주는 좋은 사례였다.

서로 배치되는 이러한 발견들이 꼭 세계화가 불평등 확대의 요인이 아님을 의미하는 것은 아니었다. 그러나 그것들은, 만약 세계화가 정말로 원인이라면 그 영향이 분명 요소부존 이론이 강조하는 것과는 다른 경로들을 통해 작용했다는 것을 의미했다. 세계화에 기초한 대안적인 모델은 곧 해외투자와 역외생산offshoring에 함께 주목했다. 산업활동은 많은 서로 다른 부품들의 생산에 기초한 것이다. 만약 어떤 산업에서 가장 숙련 집약적인 부분은 미국 내에서 제조되지만 가장 숙련 집약적이지 않은 부분은 멕시코와 같은 개도국에서 제조된다고 생각해보자. 세계화가 관세, 교통 그리고 통신 비용을 하락시켜 역외생산을 더욱 쉽게 만듦에 따라, 미국 기업들은 그들의 생산과정 중 일부를 멕시코로 이전했다. 이 경우 역외로 이전된 부분들은 미국 기업에게는 가장 숙련 집약적이지 않은 부분이라고 생각할 수 있다. 그러나 동일한 부분이 멕시코에서 생산될 때 그곳에서는 가장 숙련 집약적인 부분 중 하나일 수 있다. 그 결과로 약간 역설적이지만, 미국과 멕시코 모두의 산업이 숙련의 업그레이드를 경험하게 된다. 두 나라 모두에서 숙련 노동자에 대한 상대적인 수요가 높아지고 따라서 숙련 프리미엄도 높아지게 된다. 이 가설을 처음 발전시킨 롭 핀스트라Rob Feenstra와 고든 한슨Gordon Hanson은 멕시코의 자유무역지대에서 생산하는 제조공장인 마킬라도라로부터의 증거가 이 모델에 들어맞는다는 것을 보여주었다.[23]

세계화 주장에 대해 주요한 대안은 기술 변화였다. 바야흐로 정보통신기술의 급속한 진보와 컴퓨터의 확산이 나타나는 시대였다. 일반적으로 노동생산성을 상승시키는 광범위한 기술 진보는 모든 사람들의 생활수준을 개선시킬 것이라고 기대된다. 그러나 어떤 이들은 다른 이들보다 더 많은 혜택을 입는다. 신기술은 그것을 운영할 숙련 노동자들을 필요로 하기 때문에, 대학 혹은 그 이상의 교육을 받은 이들 노동자들에 대한 수요가 덜 숙련된 노동자들에 대한 수요보다 훨씬 더 빨리 증가했다. 이것을 경제학자들은 '숙련 편향적 기술변화skill-biased technological change, SBTC라 부른다.[24]

SBTC 가설은 숙련 프리미엄의 상승을 설명해 주었다. 또한 그것은 요소부존 이론과는 달리 기업과 산업 내의 숙련 업그레이드와도 들어맞았다. 자동화와 컴퓨터 사용 확대의 결과로, 기업이 더욱 숙련된 노동자들을 고용했던 것이다. 이러한 기술 변화는 세계 어디서나 나타났기 때문에, 이 이론은 또한 개도국에서 나타난 임금 불평등의 확대도 설명해주었다. 1990년대 말이 되자, SBTC가 숙련 프리미엄 상승의 주된 원인이었다는 데에 관해 국제무역과 노동경제학자들 사이에 거의 합의가 이루어졌다. 국제무역도 영향을 미쳤을 수 있지만, 그것은 고작해야 그 변화의 10~20퍼센트 정도만을 설명할 뿐이었다.

그러나 별로 오래지 않아서 의문이 제기되었다. 1990년대에는 신기술의 도입이 별로 느려지지 않았지만(2000년대에는 신기술의 도입 속도가 다시 매우 빨라지기 시작했다), 숙련 프리미엄이 안정화되었던 것이다. 임금 변화의 상당 부분은 SBTC만으로는 설명될 수 없었다. 예를 들어, 임금 불평등은 대학 졸업자와 같은 숙련 노동자들 내에서도 크게 확대되었다. 일자리의 업그레이드와 고숙련 직업 비중의 증가는 적어도

1950년대 이후부터 나타났지만, 그것이 꼭 불평등을 확대하지는 않았다. 어떻게든 기술 변화가 이 모든 변화의 원인이었다고 해도, 세계화의 진전이 1970년대 이후 신기술의 도입을 촉진하지 않았을까? 마지막으로, 불평등 확대의 중요한 부분은 소득분배에서 (상위 1퍼센트의) 최상위 소득의 증가와 관련이 컸다. 이들의 소득 증가의 상당 부분은 임금이 아니라 자본소득(주식과 채권의 수익)으로부터 나온 것이었다.

이러한 우려들을 고려하면, SBTC가 그 자체로 불평등의 변화를 모두 설명할 수는 없다는 것을 알 수 있다. 세계화와 STBC에 이어 여러 요인들을 고려하는 또 다른 설명은 1970년대 후반 이후 나타났던 광범위한 정책과 태도의 변화에 주목했다. 1970년대 후반 이후 거시경제 정책은 가격 안정을 중시한 데 반해 완전고용에는 예전만큼 신경을 쓰지 않았다. 노동조합은 약해졌고 노동자들은 협상력을 잃었으며 최저임금의 상승은 물가 상승보다 뒤처졌다. 커다란 임금 격차—최고 연봉을 받는 노동자들과 최저 연봉을 받는 이들 사이의 차이—를 불가능하게 하던 작업장의 규준은 약화되었다. 규제 완화와 금융의 거대한 팽창이 수십 년 전에는 불가능하게 생각되었을 엄청난 부의 집중을 가능하게 만들었다.[25]

결국, 1970년대 이후 미국의 불평등 확대는 하나의 이론만으로는 완전히 설명할 수 없다는 것이 분명했다. 또한 서로 다른 이론들의 상대적인 기여를 면밀히 조사하는 좋은 방법도 존재하지 않았다. 어떤 이론들(모델들)은 우리가 무역, 기술 그리고 다른 요인들이 작용했을지도 모르는 경로들을 더 잘 이해하도록 도와주었다. 다른 이론들의 실패는 우리가 겉보기에는 똑같이 그럴듯해 보였던 메커니즘을 배제하도록 해주었다. 논의가 종결된 것은 아니었지만, 우리는 그 과정에서 많은 것을 배울 수 있었다.

이론은 사실 단지 모델일 뿐이다

우리가 살펴보았듯이 경제학의 이론은 너무 일반적이어서 현실 세계에는 별로 쓸모가 없거나, 아니면 너무 특수해서 고작해야 현실의 특정한 부분만을 설명할 수 있다. 나는 이 어려운 문제를 특정한 이론으로 설명했지만, 이 점은 경제학의 다른 분야들도 마찬가지다. 역사를 볼 때 자본주의의 보편적인 법칙을 발견했다고 주장하는 이론가들은 성공적이지 않았다. 자본주의는 자연과 달리 사람이 만드는 것이며 따라서 유연한 구성체이다.

'이론'이라는 단어로만 평가해보면, 경제학에는 게임이론, 계약이론, 탐색이론, 성장이론, 화폐이론 등 수많은 이론이 있다. 그러나 '이론'이라는 단어에 속으면 안된다. 현실에서 이들 각각의 이론은 단지 모델들의 특정한 조합이며, 상황에 신중하게 그리고 조심스럽게 적용되어야 한다. 각각의 이론은 그것이 연구하는 현상에 관한 만능의 설명이 아니라 도구 세트로서 역할한다. 기대가 너무 크지 않은 한, 이 이론들은 매우 쓸모가 있고 적절할 수 있다.

거의 50년 전 가장 창의적인 경제학자 중 하나였던 앨버트 허쉬만 Albert Hirschman은 사회과학자들이 '이론화 강박증'에 관해 불평하고 거대한 패러다임을 찾는 것이 어떻게 '이해에 방해가' 될 수 있는지 설명했다.[26] 그는 모든 것을 포괄하는 이론을 공식화하려는 의욕이 우연의 역할과 현실 세계가 펼쳐지는 다양한 가능성들에 대해 눈감게 만들 것이라 우려했다. 오늘날 경제학의 세계에서 일어나는 대부분의 일들은 더욱 겸손한 목표를 반영한다. '하나의 시기에 하나의 원인에 대한 이해를 찾는 것'. 이러한 목표보다 야심이 더 커지면 때때로 문제가 생긴다.

5장 경제학이 틀릴 때

Economics is a collection of models. Cherish their diversity.

When economists go wrong   The world is almost always

Lorem ipsum dolorsit ametuntur et rerum, sin pariliud ruta ipsam, qui aspari cem molae tiri, sum, offic tem voluptassiti is natorfues, whole-exitass usam endercipsus quis estrum diossed fuga.

Vollupto cumquidero vera teceraction plus minusatis eos, natem ant qui dolorem nonsecatur auditatia voluptat harchici voluptam quodi ut aut et est, sitiunt iunt as quiaspe llabor rerum sum quibus, as et dios est alit, utassi to officit quia deratum fugit et porero omnimin corionse volupta tiorem que dolor sa voluptaquae pellore nest.

Ute laccab in pratus, quis nus et volorepu daescipsus.

그것은 아마도 가장 짧은 졸업 연설이었을 것이다. 2007년 5월 버클리의 졸업식 연단에 오른 거시경제학자 사전트는 졸업 연설은 보통 너무 장황하다고 말하며 곧바로 핵심적인 이야기를 꺼내놓았다. 그는 경제학이 "조직된 상식organized common sense"이라고 말한 후, "우리의 아름다운 학문이 가르치는 12가지"에 관해 이야기했다. 첫째는 "바람직한 많은 일들은 실현 가능하지 않다." 둘째는 "개인과 공동체는 트레이드오프trade-off에 직면한다." 넷째로 사전트는 정부의 역할에 관해 이야기했다. "모든 사람들은 인센티브에 반응한다.… 그것이 바로 사회안전망이 항상 의도한 바대로 작동하지는 않는 이유이다." 이 장의 주제는 '평등과 효율 사이에는 트레이드오프가 존재한다'는 것인데, 사전트는 이 말을 통해 정부가 어느 정도의 경제적 비용을 댓가로 할 때만 소득분배를 개선할 수 있다는 것을 의미했다.[1]

사전트는 아마도 그의 연설이 논쟁의 여지가 없다고 생각했을 것이다. 사실 그의 연설은 정치적 입장에서 좌우 모두의 경제학자들로부터 찬사를 받았을 것이다. 그러나 경제학자이자 블로거인 노아 스미스 Noah Smith와 같은 반대자들도 있었다. 스미스는 사전트의 12가지 항목 중 10개는 "정부 정책을 사용하여 평등을 촉진하거나 사람들을 도우려 하는 데 주의해야 한다는 것"이라며 비판했다. 크루그먼도 마찬가지로 비판적이었다. 그는 사전트가 완전고용 상태의 잘 작동하는 시장경제에만 적용되는 생각을 보편적인 진실인 것처럼 주장하려 했다고 비판했다. 평등과 효율 사이의 트레이드오프에 관한 사전트의 발언에 관해 생각해보자. 노아 스미스는 경제학의 하나의 표준적인 가정—개인들 사이의 이전은 비효율을 발생시키지 않고 일어날 수 있다—하에서는 그런 트레이드오프가 존재하지 않는다고 썼다. 크루그먼은 높은 불평등이 경제성장을 가로막을 수 있다는 최근의 실증 연구를 지적했다.[2]

사전트에 대한 비판은 정당했다. '인센티브가 중요하다' 또는 '의도하지 않은 결과를 주의하라' 등과 같은 진부한 일반론 말고는 경제학에 불변의 사실은 거의 존재하지 않는다. 그 '아름다운 학문'이 가르치는 소중한 교훈들은 모두 맥락에 따른 것이다. 그 교훈들은 '만약'이 '그렇다면'만큼 중요한 '만약—그렇다면 if-then' 식의 진술이다.

그러나 사전트는 **경제학자**들이 흔히 생각하는 바를 정확하게 요약했다. 노아 스미스와 크루그먼 같은 이들도 있지만, 똑같은 예를 사용하자면, 대부분의 경제학자들은 평등과 효율 사이에 트레이드오프가 존재한다는 것을 믿어 의심치 않는다. 이들 경제학자들이 어떤 모델들 (그리고 증거들)은 정반대의 결론을 보여준다는 것을 충분히 인식하고 있다는 사실을 알 필요가 있다. 그러나 그렇다고 해서 경제학자들 사이의 무조건적인, 거의 합의와 같은 의견 일치가 방해받지는 않는 것으로 보인다.

사실 거의 모든 경제학자들의 의견이 일치하는 여러 중요한 문제들이 존재한다. 하버드 대학교의 교수이자 유명한 경제학 교과서의 저자인 그레그 맨큐Greg Mankiw는 몇 년 전 그의 블로그에 그 목록을 제시한 적이 있다.[3] 그중 가장 많은 지지를 받은 몇 가지를 보면 다음과 같다 (괄호 안의 숫자는 이 주장에 동의하는 경제학자들의 비중을 나타낸다).

1. 주택 월세에 대해 상한을 설정하면 공급되는 주택의 양과 질을 감소시킨다. (93%)
2. 관세와 수입쿼터는 보통 전반적인 경제적 후생을 감소시킨다. (93%)
3. 유연한 변동환율제는 효과적인 국제통화제도이다. (90%)
4. 재정정책(예를 들어, 감세 그리고/또는 정부지출의 증가)은 완전고용보다 고용 수준이 낮은 경제에 상당한 경기부양 효과를 미친다. (90%)
5. 미국 정부는 고용주들이 외국에 아웃소싱하는 것을 제한하지 말아야 한다. (90%)

6. 미국 정부는 농업보조금을 철폐해야 한다. (85%)

7. 연방정부의 예산 적자가 커지면 경제에 악영향을 미친다. (83%)

8. 최저임금은 청년층과 비숙련 노동자들의 실업을 증가시킨다. (79%)

4장까지 읽은 독자들은 위의 주장들에 대해 경제학자들이 이 정도로 동의하고 있다는 사실에 매우 놀랄 것이다. 8개 중 적어도 4개에 관해 우리는 이미 이 주장들과 반대되는 모델들을 살펴보았다. 집주인이 독점적으로 행동한다면 월세 통제—집주인이 받을 수 있는 월세에 상한선을 설정하는 것—가 반드시 주택의 공급을 줄이는 것은 아니다. 무역의 제한 역시 꼭 효율성을 떨어뜨리는 것은 아니다. 그리고 최저임금이 꼭 실업을 증가시키는 것도 아니다. 이 모든 경우들에 불완전경쟁, 불완전한 시장 또는 불완전한 정보를 가정한 모델이 존재하고, 이러한 모델에서는 위와 반대의 결과가 나타난다. 맨큐의 다른 주장들의 경우도 마찬가지다.

경제학이 우리에게 가르쳐주는 것은 그 조건하에서 하나의 결론 혹은 그 반대의 결론이 옳게 되는 명시적인 조건들—결정적 가정들—이다. 그러나 설문조사에 참여한 거의 모든 경제학자들(90퍼센트 혹은 그 이상)은 결정적인 가정들의 특정한 집합이 일반적으로 타당하다고 분명하게 기꺼이 단언한다. 아마도 그들은 이 가정들이 현실 세계에서 더욱 일반적이라 믿기 때문에 위의 주장에 동의했을 수 있다. 혹은 어떤 종류의 모델이 다른 모델보다 '평균적으로' 더 잘 들어맞는다고 생각해서 동의했을 수도 있다. 하지만 그렇다고 해도 과학자라면, 이러한 주장을 지지할 때 반드시 적절한 주의나 경고를 동반해야 한다. 위와 같은 단정적이고 무조건적인 주장은 틀릴 가능성이 있다는 것에 유의해야 하는 것이다.

여기서 우리는 경제학의 주요한 역설 중 하나를 알 수 있다. 그것은 바로 다양성 내의 동일성이다. 경제학자들은 모든 종류의 모순되는 결론들을 제시하는 수많은 모델들을 가지고 작업을 한다. 그러나 현실의 이슈들이 쟁점이 될 때, 경제학자들의 의견은 종종 유력한 증거를 갖추지 못한 방향으로 수렴되곤 한다.

분명하게 말해보자. 경제학자들은 다양한 쟁점들에 관해 적극적으로 끊임없이 토론한다. 최고소득세율은 얼마가 되어야 하는가? 최저임금은 인상되어야 하는가? 혁신을 촉진하는 데 특허가 중요한가? 이런 질문들과 다른 많은 쟁점들에 관해, 경제학자들은 흔히 양쪽의 결론을 모두 제시한다. 자신의 경제 자문들이 제시한 서로 모순되고 양면적인 조언을 듣고 실망하여, 트루먼 대통령은 '한 손만 가진 경제학자'를 원했다고 전해진다(경제학자들이 언제나 한편으로on one hand 그리고 또 다른 한편으로on the other hand 라고 이야기했기 때문에—옮긴이). 조지 버나드 쇼는 한때 "모든 **경제학자**들을 나란히 쭉 이어봐도 결론에 도달하지 못할 것"이라고 꼬집은 적이 있다. 경제학자들이 합의를 이루는 경우는 드물다. 그러나 경제학자들 사이에 합의가 나타나면 우리는 잠

깐 멈추고 그것을 살펴봐야 한다.

때때로 이러한 합의는 해롭지 않다. 그렇다. 인센티브는 정말로 중요하다. 때때로 그런 합의는 지리적으로 또는 역사적으로 적절하게 제한적인 것일지도 모른다.[4] 그렇다. 소련의 경제체제는 엄청나게 비효율적이었다. 다른 경우, 그런 합의는 축적된 증거에 기초한 사실에 대한 평가를 반영한다. 그렇다. 2009년 오바마 대통령의 재정 부양책은 실업을 감소시켰다. 그러나 결정적 가정들이 많은 상황에서 위배될 가능성이 큰 (예를 들어 완전경쟁이나 소비자의 완전한 정보와 같은) 특수한 모델의 결론이 보편적으로 적용될 수 있다는 합의가 나타나는 경우는 문제라 할 수 있다.

경제학자들이 어떤 모델을 **유일한** 모델로 혼동하는 경우 두 가지 실패가 나타날 수 있다. 첫째는 누락의 오류errors of omission인데, 이는 닥쳐오고 있는 문제를 보지 못하는 맹점이 나타나는 것이다. 예를 들어, 대부분의 경제학자들은 2007~2008년의 글로벌 금융위기를 만들어낸 위험하고 복잡한 사건들을 이해하는 데 실패했다. 둘째는, 확신의 오류errors of commission인데, 이는 경제학자들이 특정한 세계관에 집착하여 실패가 미리 예측될 수도 있었던 정책에 공모하게 되는 것을 말한다. 소위 워싱턴 컨센서스Washington Consensus 그리고 금융세계화에 대한 경제학자들의 지지가 바로 그런 것이다. 이 두 가지의 오류에 관해 더 자세히 살펴보자.

누락의 오류: 금융위기

금융위기가 발발한 뒤 오래지 않아, 시카고 대학교의 법이론가이자 경제학자 리차드 포스너Richard Posner는 그의 경제학자 동료들을 크게 비판했다. 그에 따르면, 저명한 경제학자들은 새로운 불황이 나타나지 않을 것이고, 자산 버블은 결코 없을 것이고, 세계적 은행들은 안전하고 건전하며, 미국의 국가 부채는 걱정할 필요가 없다고 믿고 있었다.[5] 그러나 경제학자들의 이 모든 믿음은 틀린 것으로 드러났다. 2008년 주택 버블이 터지자 미국의 금융산업이 함께 붕괴하여 결국 금융부문을 안정화하기 위한 정부의 대규모 구제금융으로 이어졌다. 금융위기는 동시에 유럽과 전 세계로 퍼져나가, 대공황 이후 최악의 경제 불황을 촉발했다. 2009년 10월 미국의 실업률은 10퍼센트까지 높아졌는데, 이는 2014년 말에야 5.6퍼센트로 낮아졌다. 내가 이 책을 쓰고 있던 2014년 말 현재 유로존 국가들에서는 청년 노동자 4명 중 거의 1명이 실업 상태에 있다.

많은 경제학자들이 위기 이전 미국경제의 상태에 대해 우려하고 있었다. 그러나 이러한 우려의 주된 내용은 미국의 낮은 저축률과 과도한 경상수지 적자—수입이 수출보다 훨씬 많았다—였다. 소위 경제의 경착륙 시나리오가 고려될 때에도 그 초점은 미국 달러의 급속한 평가절하 가능성이었는데, 이는 인플레이션을 다시 촉발하고 미국경제의 신뢰성을 약화시킬 수 있었다. 금융위기는 사람들이 거의 예상하지 못했던 경제의 영역을 직격했다. 금융위기로 미국경제의 취약점은 주택 부문과 그 버블을 자극했던 과도하게 팽창한 금융부문이었음이 드러났다.

제대로 규제되지 않던 그림자금융^{shadow banking}은 복잡한 알파벳 약자들로 이루어진 새로운 금융상품들을 만들어냈다. 이 새로운 파생상품들은 위험을 감수할 용의가 있는 이들에게 위험을 이전하는 것이라 여겨졌다. 이와는 달리 이러한 상품들은 위험 감수와 레버리지의 사용을 자극했다. 이 파생상품들은 또한 당시 아무도 완전히 이해하지 못하던 방식으로 경제의 서로 다른 부문을 연결시켰고, 이는 한 부문의 실패가 다른 부문의 붕괴를 일으키도록 만들었다. 노벨상 수상자 로버트 쉴러^{Robert Shiller}와 나중에 인도 중앙은행 총재가 되는 시카고 대학교의 경제학자 라구람 라잔^{Raghuram Rajan}과 같은 주목할 만한 그러나 극히 소수의 예외를 제외하고는, 경제학자들은 주택과 금융부문의 문제들의 심각성을 간과했다. 쉴러는 오랫동안 자산 가격이 과도하게 불안정하다고 주장하며 주택 가격의 버블에 주목해 왔다.[6] 라잔은 '금융 혁신'이라 칭찬받던 것들의 위험에 대해 우려했고, 이미 2005년에 은행가들이 과도한 위험을 떠안고 있다고 경고했다. 당시 하버드 대학교 총장이었던 래리 서머스는 이러한 라잔의 주장에 대해 '러다이트' (19세기 초 기술 변화에 반대하여 기계파괴운동을 벌이던 이들을 일컫는 말―옮긴이)라고 비난했다.[7]

대부분의 경제학자들이 위기를 예측하지 못했다는 것은 부정할 수 없다. 많은 이들은 이것을 경제학의 근본적인 실패의 증거로 해석했다. 이들에 따르면 경제학은 재고되고 새로이 구성되어야만 했다. 그러나 사실 위기 이전 경제 내부에서 무슨 일이 진행되고 있었는지 설명해줄 수 있는 많은 모델들이 존재했다는 점에서 글로벌 금융위기의 에피소드는 특히 호기심을 끈다.

자산 가격이 그 근본적인 가치와 유리되어 꾸준히 상승하는 현상을 일컫는 버블은 새로운 현상이 아니다. 버블의 존재가 알려진 것은 적어도 17세기의 튤립 광풍까지 거슬러 올라간다. 버블은 완벽하게 합리적이고 미래를 내다보는 투자자들에 기초한 모델ㅡ소위 합리적 버블ㅡ을 포함하여 복잡성의 정도가 다른 여러 모델들의 연구 대상이었다. 2008년 금융위기는 뱅크런bank run의 모든 특징을 지니고 있었고, 그것도 경제학의 주된 연구 주제였다. 자기 실현적 패닉self-fulfilling panic 모델ㅡ개별적으로는 합리적인 신용의 축소가 집단적으로 시스템 전체의 유동성 고갈이라는 비합리적인 결과를 낳는 조정의 실패ㅡ은 경제학 전공 학생들에게도 잘 알려져 있었고, 그런 패닉을 촉발하는 조건들도 마찬가지였다. 뱅크런을 방지하기 위해 예금보험이 (금융규제와 함께) 필요하다는 내용은 모든 금융경제학 교과서에 나와 있었다.

금융위기로 이어진 하나의 주요한 패턴은 금융기관 경영자들의 과도한 위험 감수였다. 그들의 보수는 위험 감수에 달려 있었지만, 그들의 행동은 은행 주주들의 이해와는 일치하지 않았다. 이러한 경영자와 주주의 이해 불일치는 주인ㅡ대리인principal-agent 모델의 핵심적 내용이다. 이 모델은 '주인'—규제자, 선거권자, 또는 주주—이 '대리인'—
규제받는 기업, 선출된 정부, 또는 CEO—보다 경제적 환경에 관한 정
보를 더 적게 가지고 있을 때 주인이 대리인의 행동을 통제하려 하는
상황에 초점을 맞춘다. 그로 인한 어려움과 비효율성을 경제학자들은
이미 잘 알고 있다. 또 다른 인센티브의 왜곡은 모기지 증권을 평가하
는 신용평가기관과 관련이 있었다. 신용평가기관들은 자신들이 평가
하는 증권을 발행하는 금융기관들로부터 보수를 받았다. 이들 신용평
가기관이 자신에게 보수를 지불하는 금융기관에게 유리하도록 신용평
가를 조정할 유인을 가지고 있었다는 사실은 경제학부 1학년생에게도
명백한 일이었다.

자산 가격 붕괴가 경제 전체에 미치는 결과도 1980년대 초반 이래
개도국들이 겪은 여러 금융위기를 통해 경제학자들에게 잘 알려져 있
었다. 이 위기들을 연구했던 이들은 미국과 유럽의 주택부문과 건설부
문에서 나타난 민간 부채의 증가에 관해 우려했어야만 했다. 금융위기
이후 디레버리징(부채의 축소—옮긴이)이 은행, 기업 그리고 가구 등 모
두가 동시에 부채를 줄이고 금융자산을 쌓으려 하는 과정에서 더욱 심
각해졌는데, 그것이 경제 전체에 영향을 미치는 방식도 이러한 이전의
금융위기들을 생각나게 하는 것이었다.

분명, 금융위기 때 무슨 일이 생겼는지를 이해하기 위한 모델이 경
제학자들에게 부족했던 것은 아니었다. 사실 위기가 전개되기 시작하
자 우리가 방금 살펴본 모델들이, 예를 들어 어떻게 엄청난 외환준비

금을 쌓았던 중국의 결정이 결국 캘리포니아의 모기지 대출업체가 과도한 위험을 지도록 만들었는지 이해하는 데 필수적이라는 것이 드러났다. 그 사이의 모든 과정들—달러 자산에 대한 수요가 증가하자 나타난 금리의 하락, 더욱 위험한 금융상품을 취급하면서도 제대로 감독받지 않던 금융기관들의 인센티브, 단기차입으로 포트폴리오가 팽창하여 더욱 심화된 금융의 취약성, 은행 CEO들을 제대로 통제하지 못한 주주들의 무능력, 그리고 주택 가격의 버블 등—이 현존하는 분석틀로 손쉽게 설명될 수 있었다. 그러나 경제학자들은 다른 모델에 비해 몇몇 모델을 너무 과신했고, 그것이 결국 큰 문제가 되고 말았다.

그들이 선호한 많은 모델은 주로 '효율적 시장가설efficient markets hypothesis, EMH'에 기초하고 있었다.[8] 이 가설은 (조금 이상하게도) 쉴러와 함께 노벨상을 받은 시카고 대학교의 유진 파마가 공식화했다. 효율적 시장가설은 간단히 말해 시장가격이 시장 참여자들에게 사용 가능한 모든 정보를 반영한다고 주장한다. 이 가설은 개별 투자자에게는 내부 정보를 알지 못한다면 시장을 계속 이기기는 불가능하다는 것을 의미한다. 이 가설은 중앙은행과 금융규제기관에게는 시장을 이런 저런 방향으로 움직이려는 노력에 대해 경고한다. 모든 적절한 정보가 이미 시장가격에 반영되어 있기 때문에, 어떤 개입도 시장을 바로잡는 것이 아니라 왜곡시킬 가능성이 크다는 것이다.

효율적 시장가설은 관찰자들이 금융위기를 예측할 수 있었다고 암시하지 않는다. 그것은 자산 가격의 변화가 예측 불가능하다고 주장하기 때문에, 사실 정반대를 의미한다. 즉, 위기가 예측될 수 **없었다**는 것이다. 그럼에도 불구하고, 이 모델은 자산 가격의 지속적인 상승 이후 갑작스런 붕괴라는 현실에 부합하기 어렵다. 효율적 시장가설을 포기하지 않고 위기를 설명하기 위해서는, 경제의 미래에 관한 엄청나게 많은 '나쁜 소식'들이 금융 붕괴를 가져왔고 시장은 즉시 이 정보를 가격에 반영했다고 믿어야 한다(이것이 대략 파마 자신이 2013년 주장했던 내용이다).[9] 이러한 결론은 금융의 붕괴가 대불황을 일으켰다는 일반적으로 수용되는 인과관계와는 반대되는 것이다.

버블과 다른 금융시장의 문제들에 관한 모델을 무시한 효율적 시장가설에 대한 과도한 신뢰는 더욱 광범위한 편견을 드러내는 것이었다. 금융시장이 성취할 수 있는 바에 관해 거대한 믿음이 존재했다. 실제로 금융시장은 사회 진보의 동력이 되었다. 그것은 저축자와 투자자 사이의 효율성을 조정할 뿐 아니라, 가장 위험을 잘 감수할 수 있는 이들에게 위험을 배분하며, 자산이 없거나 신용 기록이 없는 이들과 같이 이전에는 금융시장에서 배제되었던 개인들에게 신용을 제공했다. 금융혁신을 통해 포트폴리오의 보유자들은 최소한의 위험을 지며 최대한의 수익을 올릴 수 있었다.

게다가 금융시장은 본질적으로 효율적이고 안정적일 뿐 아니라 자기 규율적이라고도 여겨졌다. 만약 대규모 은행과 투기자들이 사기에 연루된다면 시장이 이를 발견하여 처벌할 것으로 여겨졌다. 잘못된 결정을 하고 부적절한 위험을 진 투자자들은 시장에서 퇴출당할 것이었다. 책임 있게 행동한 이들은 그들의 신중함으로부터 수익을 얻을 것으로 기대되었다. 2008년 하원 위원회에서의 연방준비제도 의장 앨런 그린스펀^{Alan Greenspan}의 자기반성은 당시 지배적이던 생각들에 관해 많은 것을 말해주었다. 그는 다음과 같이 고백했다. "내 자신을 포함하여, 대출기관들이 사욕에 기초하여 주주들의 주식을 보호할 것이라 기대했던 우리는 충격적인 불신 상태에 빠졌습니다."[10]

반면, 정부는 신뢰할 수 없었다. 관료와 규제기관은 기득권 아니면 무능력한 이들에게(때로는 둘 모두에게) 포획되었다. 따라서 이들이 경제에 덜 개입할수록 더욱 바람직한 일이었다. 그리고 어찌되었든 이제 금융시장이 너무 복잡해져서 그것을 규제하려는 어떤 노력도 소용이 없었다. 금융기관들은 언제나 규제를 피하는 길을 찾아낼 것이었고, 정부는 이들의 한발 뒤를 따르는 처지가 되어버렸다. 경제학자들의 이러한 생각이 위기의 배경이 된 금융규제 완화의 거대한 물결을 정당화하고 가능하게 만들었다. 그리고 래리 서머스와 앨런 그린스펀과 같은 몇몇 정부의 고위 경제학자들이 이러한 생각들을 공유했던 것도 영향을 미쳤다.

요약하면, 경제학자들은 (그리고 그들의 말을 들은 이들은) 당시 그들이 선호하던 모델에 관해 과신하고 있었다. 시장은 효율적이고, 금융혁신은 위험-수익 트레이드오프를 개선하며, 자기규제가 가장 잘 작동하고, 정부의 개입은 비효율적이고 해로운 것이다. 그들은 다른 모델에 관해서는 잊어버리고 말았다. 즉 쉴러는 너무 적었고, 파마가 너무 많았다. 경제학이라는 학문은 문제가 없었는지도 모르지만, 경제학의 심리학과 사회학에는 분명 문제가 있었다.

확신의 오류: 워싱턴 컨센서스

1989년 워싱턴의 씽크탱크인 국제경제연구소Institute for International Economics, IIE(지금은 피터슨연구소라 불린다)의 경제학자이던 존 윌리암슨 John Williamson은 라틴아메리카의 주요한 경제정책 결정자들을 위해 회의를 소집했다. 윌리엄슨은 오랫동안 이 지역의 경제를 분석해 왔다. 그는 라틴아메리카에 권고된 개혁들에 관해 정책결정자들 사이에 눈에 띄는 의견의 일치가 나타났다는 데 주목했다. 세계은행과 국제통화기금과 같은 국제금융기구, 씽크탱크, 여러 미국정부의 경제기관들은 거의 똑같은 권고사항들을 제시했다. 한편 미국에서 박사학위를 받은 경제학자들이 라틴아메리카 국가들의 정부에서 중요한 지위를 차지하고 있었고, 그들은 이 똑같은 정책 권고들을 신속히 도입했다. 그가 컨퍼런스에서 발표한 논문에서, 윌리엄슨은 이러한 개혁 의제에 '워싱턴 컨센서스'라는 이름을 붙였다.[11]

이 단어는 인기를 끌었다. 그리고 그 자체의 생명을 가지게 되었다. 비판가들은 그것이 개도국들을 시장경제의 교과서적 사례로 전환시키고자 목표했던 야심찬 의제를 나타낸다고 비판했다. 이는 아마도 과장된 주장이었을 수도 있지만, 전반적인 경향은 정확하게 설명한 것이었다. 이 의제는 경제를 정부 개입의 속박으로부터 자유롭게 만들고자 하는 의도를 반영한 것이었다. 라틴아메리카의 정책경제학자들과 워싱턴의 조언자들은 정부 개입이 성장을 가로막고 1980년대의 부채 위기를 가져다주었다고 확신했다. 이에 대한 해결책은 세 가지 단어로 요약될 수 있었다. '안정화하고 민영화하고 자유화하라.' 윌리엄슨은 종종 그의 목록이 시장이 모든 공공정책 문제의 해결책이라는 관점을 보여주는 포괄적 단어인 '시장근본주의market fundamentalism'에 훨씬 못 미치는 온당한 개혁들을 표현한다고 반박했다. 그러나 '워싱턴 컨센서스'라는 단어는 당시의 시대정신에 너무도 잘 들어맞았다.

(그 원래의 버전이든 혹은 확장된 버전이든) 워싱턴 컨센서스의 지지자들은 그것을 좋은 경제학으로 제시했다. 그들이 보기에 워싱턴 컨센서스가 제시하는 정책은 경제학의 건전한 가르침을 반영하고 있었다. 즉 자유로운 시장과 경쟁이 희소한 자원의 효율적인 배분을 가능하게 하고, 정부의 규제나 무역의 제한 그리고 국가 소유 등은 낭비를 만들어내고 경제성장을 저해하는 것이었다. 그러나 이는 경제학 원론을 넘어서지 못한 경제학이었으며, 그 지지자들은 이를 인식했어야만 했다.

워싱턴 컨센서스의 한 가지 문제는 더욱 근본적인, 시장경제의 제도적 기반을 간과한 것이었다. 그러한 기반 없이는 어떤 시장 지향적인 개혁도 의도했던 이득을 확실하게 만들어낼 수 없었다. 가장 간단한 예를 들면, 법질서, 계약의 집행, 그리고 적절한 반독점 규제가 부재한 경우, 민영화는 경쟁과 효율을 창출하기 보다는 정부와 결탁한 자들의 독점을 만들어낼 가능성이 크다. 워싱턴 컨센서스 정책이 많은 개도국 경제들에서 효과를 내지 못하며 제도의 중요성이 이해되자, 개혁 노력은 제도에 관해서까지 확장되었다. 그러나 수입 관세를 내리거나 금리에 대한 상한을 철폐하는 것과, 수백 년은 아니더라도 수십 년에 걸쳐 확립된 선진국 경제의 제도를 단기간에 도입하는 것은 완전히 다른 일이었다. 유용한 개혁 의제는 희망 사항이 아니라, 존재하는 제도하에서 효과적으로 작동해야만 했다.

게다가 워싱턴 컨센서스는 모든 국가에 보편적인 정책을 제시했다. 그것은 모든 개도국들이 상당히 비슷하다고(비슷한 문제들을 겪고 있고 별로 다르지 않은 개혁들을 필요로 한다고) 가정했다. 서로 다른 각국의 사정은 별로 고려되지 않았고, 개혁의 시급성 또는 실현 가능성에 따라 우선 순위를 매길 필요도 고려되지 않았다. 개혁이 각국에서 실패하자 그 지지자들은 이미 존재하는 개혁을 미세 조정하는 것이 아니라 '할 일' 목록을 더욱 확장하려고 했다. 따라서 노동시장, 금융 스탠다드, 거버넌스의 개선, 중앙은행의 원칙 등을 포함하는 추가적인 수단들이 더욱 늘어나 초기의 워싱턴 컨센서스에 추가되었다.[12]

워싱턴 컨센서스를 지지한 경제학자들은 그들이 근본적으로 차선의 세계에서 작업을 하고 있다는 점을 잊었다. 2장에서 논의했듯이, 시장에 여러 불완전성이 존재하는 환경에서는 정책의 효과에 관한 보통의 직관이 크게 틀릴 수 있다. 민영화, 규제 완화, 그리고 무역 자유화는 모두 그 기대를 빗나갈 수 있다. 시장에 대한 특정한 종류의 제한이 바람직할 수 있다. 이러한 환경에서의 정책 개혁은 그런 차선의 복잡한 요소들을 명시적으로 고려하는 모델을 필요로 한다.

워싱턴 컨센서스의 핵심적 정책 중 하나인 무역의 개방이 경제에 어떻게 도움이 되는지 생각해보자. 수입에 대한 장벽이 없어지면 국제적으로 경쟁할 수 없는 기업들은 축소되거나 문을 닫게 되고, 그들의 자원—노동자, 자본, 경영자—은 경제의 다른 분야에서 고용될 것이다. 한편 더욱 효율적이고 국제적으로 경쟁력이 있는 부문들은 확장되어, 이런 자원들을 흡수하고 더욱 빠른 경제성장의 기초를 마련할 것이다. 라틴아메리카와 아프리카 국가들이 이 전략을 도입하였을 때, 이러한 예측의 첫 번째 부분은 대략 현실화되었지만 두 번째 부분은 그렇지 않았다. 이전에 수입장벽에 의해 보호되던 제조업 기업들은 큰 타격을 받았다. 그러나 현대적 기술에 기초한 새로운, 수출 지향적인 경제 활동의 발전은 매우 더디게 나타났다. 대신 노동자들은 소매업과 같은 덜 생산적인 비공식 서비스 부문에 몰려들었다. 전반적으로 생산성은 정체되었다.

왜 이런 일이 일어났을까? 수입개방에 영향을 받은 많은 시장들은 기대했던 대로 작동하지 않았다. 노동시장은 노동을 새로운 더욱 효율적인 부문에 빠르게 재배분할 만큼 유연하지 않았다. 자본시장은 수출 지향적인 기업을 만들어내는 것을 지원하는 데 실패했다. 통화가치는 여전히 과대평가되어, 상당 부분의 제조업의 국제경쟁력을 약화시켰다. 조정의 실패, 지식의 스필오버, 그리고 최초의 거점을 만드는 데 드는 높은 비용 등이 잠재적인 진입자가 비교우위를 지닌 새로운 분야에 진입하는 것을 가로막았다. 그리고 재원이 부족한 정부는 기반 시설이나 초기의 산업이 필요로 하는 다른 형태의 지원에 투자할 수 없었다.

라틴아메리카와 아프리카에서 워싱턴 컨센서스의 결과는 아시아 국가들의 경험과 현격한 대조를 보인다. 아시아 국가들은 명시적으로 차선의 방식으로 세계경제와 관계를 맺었다. 한국, 대만, 그리고 나중에 중국은 모두 초기부터 수입을 자유화하는 대신 국내의 제조업에 대한 직접적인 보조를 통해 수출을 촉진했다. 대규모의 실업을 방지하기 위해 경제 발전의 초기 단계에 비효율적인 제조업 기업들도 정책적으로 보호했다. 대규모의 실업은 소매업과 같은 더욱 생산성이 낮은 비공식적 일자리들을 확대시킬 가능성이 매우 높았다. 이 국가들은 또한 세계시장에서 자국의 통화를 경쟁적으로 유지하는 거시경제적, 금융적 통제를 실행했다. 그들 모두는 새로운 제조업 부문을 육성하고 천연자원에 대한 경제적 의존을 줄이기 위해 산업정책을 수행했다. 그리고 각국은 이러한 보편성을 넘어 그런 전략의 구체적인 사항들을 현실에 맞추어 미세조정했다.

아시아의 경험과 그 '비정통적' 정책의 성공을 검토한 많은 연구자들은 이를 표준적인 경제학이 틀렸음을 보여주는 사례라고 결론짓는다. 그러나 이러한 해석은 틀렸다. 잘 작동하는 시장을 가정한 경제모델의 관점에서 본다면, 아시아의 많은 경제정책들이 이치에 맞지 않는 것은 사실이다. 하지만 그것은 분명히 잘못된 모델이다. 중국이나 한국의 전략 중 이들 경제가 직면했던 주요한 차선의 문제들을 고려한 모델들에 의해 설명될 수 없는 것은 별로 없다.[13] 경제학자들이 소수의 기업, 높은 진입장벽, 정보의 부족, 미발전된 제도 등 개도국의 환경에서 시장이 실제로 작동하는 (또는 작동하지 않는) 방식과 씨름할 때는, 이러한 대안적 모델이 필수불가결하다는 것이 분명해진다.

경제학자들이 워싱턴 컨센서스의 논리를 가장 많이 밀어부친 분야는 아마도 최대의 악영향을 가져온 금융세계화였다. 윌리엄슨의 원래 목록은 국경 간의 자본흐름의 자유화를 포함하지 않았다. 그는 금융세계화의 이득에 관해 회의적이었다. 그러나 1990년대 중반이 되자 전세계의 자유로운 자본흐름의 방해물을 제거하는 것이 시장에 기초한 경제의 마지막 미개척 분야가 되었다. 선진국들의 클럽인 경제협력개발기구OECD는 국가들 간의 자본이동의 자유화를 가입 조건으로 만들었다. 그리고 국제통화기금IMF의 선임 경제학자들은 자유로운 자본이동을 이 기구의 헌장의 주요한 원칙으로 만들고자 했다.

이러한 금융세계화 추진의 이면에는 한때 MIT의 경제학자였던 스탠리 피셔Stanley Fischer와 같은 존경받는 경제학자들의 생각이 자리잡고 있었다. 피셔는 1994년 IMF에 부총재 겸 수석경제학자로서 IMF에 참여했다. 그는 국경 간에 금융의 흐름을 자유화할 경우 경제가 불안정해질 수 있다는 것을 잘 알고 있었다. 역사는 분명 국제적인 금융자유화에 우려할 만한 점이 많다는 것을 잘 보여주었다. 전간기 동안의 금융세계화 시대에 나타난 금융 과잉-금융패닉과 붕괴의 빈번한 발생, 시장 심리의 급격한 변동으로 인한 고통스런 경제의 구조조정, 그리고 거시경제의 변동의 관리에 가해지는 강력한 제약들-은 케인스가 제2차 세계대전이 끝날 무렵 자본 통제를 주장했을 때 머릿속에서 가장 심각하게 생각하던 일들이었다.

피셔는 이러한 위험들을 간과하지는 않았지만, 그것들이 감수할 만한 가치가 있다고 생각했다. 자유로운 자본의 이동은 전 세계적인 저축의 배분을 더욱 효율적으로 만들 것이었다. 자본은 그것이 과다한 곳에서 부족한 곳으로 이동하여 경제성장을 촉진할 것이었다. 가난한 나라의 시민들은 더욱 큰 투자 가능한 재원의 풀과 포트폴리오를 다변화해주는 해외 자본시장 모두에 접근할 수 있을 것이었다. 한편 경제 불안정의 위험은 거시경제 관리의 개선과 금융규제의 강화를 통해 감소될 수 있었다.[14] 피셔는 개도국이 자본이동 자유의 확대로부터 얻는 이득에 관한 체계적인 증거가 부족하다는 것을 인식했지만, 그러한 증거가 나타나는 것은 오직 시간 문제라고 생각했다.

피셔의 암묵적인 모델은 다시 한 번 차선의 복잡한 요소들을 크게 무시하는 것이었다. 그는 국내의 거시경제적 그리고 규제의 취약성이 정부의 충분한 의지로 극복될 수 있다고 가정했다. 실제로는, 이러한 변화를 달성하기가 훨씬 어렵다는 것이 드러났는데, 이는 부분적으로 경제학자들이 결국 무엇을 해야 하는지 잘 몰랐기 때문이다. 자유로운 자본이동은 국내의 거시경제적 그리고 금융의 왜곡과 결합되어, 경제에 심각한 악영향을 미쳤다. 해외 자본시장에 대한 접근은 국내 은행의 단기해외차입을 크게 증가시켰고, 신중하지 못한 정부가 국내시장에서 차입할 수 있는 것보다 더 많이 차입할 수 있도록 해 주었다. 그 결과는 태국, 한국, 인도네시아, 멕시코, 러시아, 아르헨티나, 브라질, 터키 그리고 다른 국가들에 연속적으로 발생한, 고통스런 금융위기였다. IMF는 결국 자본흐름의 완전한 자유화가 모든 국가들에게 적절한 목표는 아니라고 인정했다.[15]

또 다른 문제도 존재했다. 금융세계화의 지지자들은 저축과 투자할 수 있는 자금의 공급을 성장의 주요한 요인으로 간주하는 성장모델을 제시했다. 이 모델에서는 해외금융에 대해 더 많이 접근할 수 있으면 국내투자가 촉진되고 경제성장률이 높아진다. 그러나 해외금융에 스스로를 개방한 개도국들에서는 투자도 성장도 높아지지 않았다. 투자 또는 성장이 높아지지 않았다는 사실은 이 국가들에서 성장이 다른 요인으로 인해 제약되고 있다는 것을 의미했다. 기업들은 금융에 접근하지 못해서가 아니라 (여러 가지 이유로) 수익이 높지 않을 것으로 생각해서 투자를 늘리지 않았던 것이었다. 이 경우 해외로부터 자본의 유입은 투자가 아니라 소비를 자극했다. 게다가 자본유입은 국내의 통화가치를 절상시키고 수출산업의 수익성을 더욱 떨어뜨려 상황을 악화시켰다. 많은 개도국과 신흥경제의 현실을 분명히 더 잘 설명하는 이러한 대안적인 모델에서는 자유로운 자본의 흐름이 독이 든 사과였다.

다행히 대부분의 경제학자들이 이 경험으로부터 교훈을 얻었다. 워싱턴 컨센서스와 금융세계화 모두에 관해, 이제는 고삐 풀린 시장의 이득만을 강조한 보편적인 접근을 과도하게 추진했다는 광범위한 합의가 존재한다. 이제 개발경제학자, 금융 전문가 그리고 국제기구 사이에서, 모든 국가들에 단일한 종류의 정책들이 적절한 것은 아니며 일국 내의 개혁은 구체적인 상황에 맞추어 이루어져야 한다는 것이 거의 합의된 교리이다. 공통의 청사진은 가고, 모델의 선택이 중요해졌다.

경제학의 심리학과 사회학

경제학 자체의 어떤 특징 때문에 경제학자들이 그런 누락의 오류 또는 확신의 오류를 더 많이 범하게 되는 것일까? 예를 들어, 정치학자들과 인류학자들이 공개적 토론에서 그들의 학문이 경제학보다 낮다고 주장할 수 있을까? 이에 관해 나는 확신할 수 없다. 한 가지 차이는, 경제학자들이 좀 더 눈에 잘 띈다는 것이다. 많은 경제학자들이 공적인 분야에서 활동하고 정책에 대한 조언을 요청받기 때문에 그들이 실수를 하는 경우 그것이 더 두드러져 보인다. 하지만 이를 감안하더라도 경제학자들이 왜 실수를 하는지에 대해 생각해 볼 가치가 있다.

대다수의 경제학자들은 스스로를 과학자와 연구자로 생각한다. 그들의 주업은 시사 문제에 대해 거들먹거리며 이야기하거나 특정한 정책을 지지하는 것이 아니라, 학술 논문을 쓰는 일이다. 이런 경제학자들은 기자나 의원 보좌관들과 별로 접촉하지 않으며, 만약 그런 경우가 생기면 도망갈 것 같다. 그들이 공적인 쟁점에 관여할 의향이 있는 경우에도, 그들의 주장은 수많은 가정과 반전들로 장식되어 있어서 청중을 찾기가 어렵다. 그들 대부분은 공적인 문제들에 관해 논평하기에는 자기가 충분히 전문적이지 않다고 쉽게 인정할―적어도 더 많이 연구하지 않는다면―본질적으로 상아탑 내의 경제학자들이다.

목소리를 크게 내는 경제학자들은 강력한 확신을 지니고 있거나 정책 제언의 세세한 부분들을 기꺼이 간과하는 이들이다. 아니면 둘 모두이다. 언론, 씽크탱크 그리고 정부 내에서 자연스레 선호되는 경제학자들은 바로 이들, 즉 쟁점들에 명확한 입장을 지닌 정책의 옹호자들이다. 때때로 그들은 세상을 더욱 개선하는 성공적인 '정책 추진자policy entrepreneur'들이다. 무선 주파수 경매와 항공산업 규제 완화는 둘 모두 확신에 찬 경제학자들이 정치인들에게 도입하도록 강력히 권고했던 정책들이었다.[16] 다른 경우는, 우리가 위에서 살펴보았듯이, 경제학자들의 의견이 더욱 의심스러울 수 있고 다른 경제학자들은 그 견해를 회의적으로 생각하거나 심지어 비웃을 수 있다. 그러나 수고스레 그들에게 공개적으로 이의를 제기하는 비판적인 경제학자들은 드물 것이다.

워싱턴 컨센서스가 열광적인 지지를 받을 때, 나는 한 대학원생과 함께 개도국의 성장 엔진으로서의 무역 자유화를 무조건적으로 지지하는 견해를 비판하는 논문을 썼다.[17] 우리는 무역정책과 성장의 관계가 모델 그리고 국가에 따라 다르다고 지적했다. 또한 어느 한쪽을 지지하는 강력하고 한결같은 증거는 존재하지 않음을 보였다. 이 논문을 동료 경제학자들에게 발표하자, 그들은 두 가지 상반된 반응을 보였다. 워싱턴 컨센서스를 확신에 차서 지지하는 이들은 내가 물을 흐리고 자유무역의 이점을 훼손한다고 생각했다. 그러나 다른 많은 이들은 무역 자유화가 경제학이 지지할 수 있는 것보다 훨씬 많이 진행되었다며 감사를 표시했다. 후자의 반응은 공개적인 입장을 드러내지 않던 이들로부터 나온 것이어서 놀라왔다. 그들은 개도국의 무역 자유화를 회의적으로 생각했지만, 자신의 주장을 소리 높여 이야기하지 않고 있었던 것이다. 결과적으로 경제학자들 전체적으로는 사실 훨씬 더 균형 잡힌 견해를 가지고 있었지만 공개적인 메시지는 이와 다르게 나타났다.

경제학자들은 거칠게 말해 시장에 관한 지식을 독점한 듯이 생각한다. 즉, 자신들은 시장이 어떻게 작동하는지 아는 반면, 대부분의 대중은 그렇지 못하다고 우려한다. 이런 전제는 사실 대략적으로 올바르기는 하다. 경제학자들은 시장이 매우 다양한 방식으로 실패할 수 있다는 것을 알고 있다. 그러나 그들은 시장 실패에 대한 대중의 우려는 종종 대중이 잘못 알고 있기 때문이며, 과장되어 있고, 정당화될 수 없다고 생각하여 시장을 과도하게 옹호한다. '수요와 공급, 시장 효율성, 비교우위, 인센티브와 같은 것들은 무지한 대중으로부터 지켜낼 필요가 있는 경제학의 소중한 보물이다'. 경제학자들은 대충 이런 식으로 생각하는 것이다.

오늘날에는 공개적 토론에서 시장을 옹호하는 것이 마치 경제학자들의 의무가 된 것 같다. 그래서 대중에게 비치는 경제학자들과 세미나룸에서 동료들과 토론하는 경제학자들은 근본적으로 다르게 보일수 있다. 동료들 사이에서는 시장의 단점과 정책적 개입이 상황을 어떻게 개선할 수 있는지가 좋은 토론의 주제가 된다. 시장 실패를 새롭고 창의적으로 논증하면 학술적인 평판을 쌓을 수 있다. 그러나 경제학자들은 공개적으로는 똘똘 뭉쳐서 자유시장과 자유무역을 지지하는 경향이 있다.

이러한 동학은 내가 '한쪽이 더 무식하다barbarians are only on one side'라고 부르는 증상을 만들어낸다. 시장을 제한하기를 원하는 이들은 조직된 로비스트, 지대를 추구하는rent-seeking 정실 인사들과 그 한패들이지만, 더 자유로운 시장을 원하는 이들은 비록 그들이 틀렸을 때조차도 근본적으로는 올바른 생각을 하고 있고 따라서 훨씬 덜 위험하다. 전자를 지지하면 나쁜 놈들에게 힘을 실어주는 것이지만, 후자의 편을 드는 것은 고작해야 그 영향이 별로 크지 않은 솔직한 실수일 뿐이다.

어느 쪽인가를 택해야 한다면, 대부분의 경제학자들은 더욱 시장 지향적인 편을 지지할 가능성이 크다. 이 장의 첫머리에 나온 경제학자들이 대체로 합의하는 사안들의 목록에서도 이러한 경향을 볼 수 있다.[18] 전체 목록의 14개 사안들 중 오직 하나, 즉 불황기의 재정지출에 대한 지지만이 분명히 정부 지향적인 성격을 가지고 있다.[19] 예산은 매년이 아니라 경기변동에 걸쳐 균형을 이루어야 한다든지, 무상 급식과 같은 종류의 보조보다 현금 지급이 더욱 바람직하다든지, 복지시스템 대신 '음의 소득세'—가난한 가정이 정부로부터 이전지급을 받는 진보적 세제—를 도입해야 한다는 등의 주장은 정책의 다양한 유형들 사이의 선호를 반영한다. 대다수의 제언들은 정부 개입을 줄이고 시장에 더 많이 의존해야 한다고 강력히 주장한다.

시장에 대한 일반적인 편향은 그렇다치고, 경제학자들은 자신들의 모델을 세계와 연관시키는 데 언제나 훌륭하지는 않다. 경제학자들은 비슷한 훈련을 받고 동일한 분석 방법을 공유하기 때문에 길드와 매우 유사하게 행동한다. 모델 자체가 분석, 사고 그리고 관찰의 결과물일지도 모르지만, 현실 세계에 대한 경제학자들의 견해는 그들 사이의 친밀한 대화와 사회화의 부산물로서, 훨씬 주먹구구식으로 heuristically 발전한다. 반향실 echo chamber (방송에서 필요한 에코 효과를 만들어내는 방으로, 여기서는 경제학자들 서로간의 대화와 교류를 통해 자신들의 견해에 대한 믿음이 확고해지는 현상을 가리킴—옮긴이)과 같은 이런 방식은 경제학자들 사이에서 수용되는 지혜나 모델에 대한 과신을 쉽게 만들어낸다. 한편, 길드적인 정서는 경제학자들을 고립시키고 외부의 비판에 무뎌지도록 만든다. 모델에 문제가 있을 수 있는데, 오직 경제학자들만이

그래도 경제학이다

그렇게 말하도록 허락된다. 외부자들은 모델을 이해하지 못한다는 이유로 이들의 반대는 평가절하된다. 경제학자들은 공정한 판단judgement 보다 똑똑함smarts을 그리고 올바른 것being right보다 흥미로운 것being interesting을 더 중요하게 생각한다. 그래서 경제학의 변덕과 유행이 언제나 스스로 교정되지는 않는다.

경제학자들이 통상적으로 해당 모델이 어떤 조건에서 유용하게 되는지를 반드시 생각하도록 요구받지 않는다는 사실은 문제를 더욱 복잡하게 만든다. 그들의 모델 자체에 관해서만 물어보면 경제학자들은 특정한 결과를 만들어내는 데 필요한 모든 가정들을 상세하게 말할 수 있다. 그러나 그 모델이 볼리비아에 더 적절한지 태국에 더 적절한지, 아니면 그것이 케이블 TV 시장과 유사한지 오렌지 시장과 유사한지 물어보면, 그들은 명확한 대답을 하는 데 어려움을 겪을 것이다. 경제학의 규범은 모델 개발자들에게 그들의 작업이 현실 세계에 얼마나 적절한지에 관해서는 몇몇 일반적인 주장만을 하도록 요구한다. 모델이 우리가 현실을 더 잘 이해하도록 도와줄 수 있는 구체적인 환경에 관해 추론하는 것은 독자들이나 모델의 사용자에게 맡겨진다.[20] 이러한 퍼지 요인fudge factor(결과를 현실에 맞추거나 오차를 허용하기 위해 실험이나 계산에 자의적으로 추가되는 요인—옮긴이)은 모델이 잘못 사용될 가능성을 크게 만든다. 그 고유한 맥락이 제거된 모델은 적절하지 않은 환경에서 사용될 수 있다.

거의 모든 경제학자들이 직접 데이터와 현실 세계의 증거를 가지고 작업하는 노동경제학이나 개발경제학과 같은 경제학의 실증분야에서는 역설적으로 문제가 더욱 심각할 수도 있다. 이는 종종 기본 모델이 처음부터 명시되지 않은 채로 있기 때문이다. 이 분야의 분석은 실증적인 성격을 지니기 때문에, 우리는 우리가 가진 것보다 더 많이 배웠다고 생각할 수도 있다. 많은 실증연구자들은 그들의 작업이 모델을 전혀 필요로 하지 않는다고 믿는다. 결국 그들은 단지 어떤 것이 성공적인지 또는 A가 B의 원인이 되는지 질문할 뿐이다. 그러나 모든 인과관계의 주장 뒤에는 어떤 종류의 모델이 존재한다. 예를 들어, 만약 더 많은 교육으로 소득이 증가했을 때, 그것은 교육 때문일까 아니면 교육이 더 열심히 일할 인센티브를 제공하여 소득을 높이기 때문일까?[21] 모델을 명확히 하는 것은 실증 분석 결과의 본질을 분명히 밝혀주고 또한 그것의 조건적인 특징을 강조해준다. 일단 모델이 만들어지면 우리는 그 결과가 무엇에 의존하고 그것이 얼마나 쉽게 다른 환경에 적용될 수 있는지 알 수 있다.

우리가 살펴보았듯이, 오늘날 경제학에서 가장 흥미로운 몇몇 응용연구들은 특정한 정책 개입이 의도한 영향을 낳는지 (아닌지) 테스트하는 무작위 현상 실험의 형태를 띤다. 이 연구들은 현실 세계가 (특정한 환경에서) 어떻게 작동하는지 직접 이야기하고자 하는 것이다. 그러나 그 연구들도 연구의 결과가 적용되는 구체적인 조건들—그러한 개입이 특별히 들어맞았을 수 있는 경제와 사회의 특징들—과 적용되지 않을 것이라 예상되는 조건들에 관해서는 대부분 침묵을 지킨다. 이 연구들은 그 결과가 실은 매우 환경에 특수한 것인데도 일반적이라는 인상을 쉽게 만들어낼 수 있다.

결론적으로 경제학자들의 관행과 편향에 관해서는 비판할 부분이 많다. 그러나 이러한 단점이 경제학 전체를 사회적 현실에 대한, 본질적으로 잘못된 접근법으로 만드는 근본적인 문제일까? 나는 그렇게 생각하지 않는다.

권력과 책임

애초에 경제학자들은 왜 강의실을 넘어서 권력을 행사하는가? 대부분의 경제학자들이 서로를 위해 연구 논문을 쓰는 것으로 만족하며 그런 권력을 갈망하지 않는다는 점에서 볼 때, 그들이 그래야만 하는지는 분명하지 않다.

그들이 가진 것으로 생각되는 권력의 두 가지 원천은 서로 약간의 갈등을 빚는다. 첫째, 경제학은 과학적인 주장을 지니고 있다. 그것은 공공정책에 영향을 미치는 유용한 지식을 제시한다. 둘째, 경제학의 모델은 대중의 의식에 쉽게 남는 이야기들을 제시한다. 이 우화와도 같은 이야기들은 종종 사람들의 마음을 끄는 단어로(예를 들어, '세금은 인센티브를 해친다') 공식화될 수 있는 도덕을 지니고 있고, 또한 뚜렷한 정치적 이데올로기와 동조한다. 내가 1장에서 설명했듯이 과학과 이야기라는 부분은 보통 서로 보완적이다. 이 둘은 함께 작용하여 경제학자들의 믿음이 공개적 토론에서 엄청난 매력을 끌 수 있도록 해 준다.

경제학자들이 하나의ᵃ 모델을 **유일한**^the 모델로 다루기 시작하면 문제가 발생한다. 그러면 이야기가 스스로의 생명을 가지고 그것을 만들어낸 환경으로부터 분리된다. 그리고 그것은 대안과 더 유용할 수 있는 이야기를 감추어버리는, 모든 목적에 맞는 만능의 설명으로 변하게 된다. 다행히도 경제학 내에 이에 대한 해독제가 존재한다. 이에 대한 교정은 경제학자들이 세미나룸에 돌아가 그들이 가지고 있는 다른 모델들을 상기해보는 것이다.

이전의 책에서 나는 두 가지 종류의 경제학자가 있다고 썼다. 이는 영국의 철학자 이사야 벌린에 의해 유명해진 구분에 기초한 것이다. 그때는 국제경제의 전문가들을 염두에 두고 쓴 것이지만 이 생각은 더욱 광범위하게 적용될 수 있다.²² 한 종류는 '고슴도치'로서 그들은 하나의 거대한 아이디어─시장이 가장 잘 작동한다, 정부는 부패하다, 정부 개입은 역효과를 낳는다─에 사로잡혀 그것을 끊임없이 적용하는 이들이다. 반면 '여우'는 거대한 비전이 아니라 세계에 관한 많은 다른 견해들을 가시고 있다. 그것들 중 몇몇은 모순적이다. 고슴도치가 문제를 대하는 방식은 언제나 예측할 수 있다. 예를 들어, 그들의 해결책은 경제 문제의 정확한 성격이나 맥락에 관계없이 더욱 자유로운 시장이다. 여우는 다음과 같이 대답한다. "상황에 따라 다르다." 그들은 때로는 더 많은 시장을, 때로는 더 많은 정부를 제언한다.

경제학에 필요한 것은 더 적은 고슴도치와 더 많은 여우가 공개적 논의에 참여하는 것이다. 상황이 요구하는 대로 하나의 설명 틀에서 다른 것으로 옮겨갈 수 있는 경제학자들이 올바른 방향을 가리킬 가능성이 더욱 크다.

6장 경제학과 그 비판가들

Economics is a collection of models. Cherish their diversity.

When economists go wrong

The world is almost always

경제학자, 의사 그리고 건축가가 한 기차를 타고 함께 여행을 하다가 어떤 직업이 가장 존경할 만한지에 관한 토론을 하기 시작했다. 내과 의사는 아담의 갈비뼈로 이브를 창조했으니 신은 분명 의사였을 거라고 지적했다. 이를 듣던 건축가가 말했다. "아담과 이브가 존재하기 이전에 우주가 카오스로부터 창조되었어야만 하며, 그것은 분명 건축가의 위업이죠." 그때 경제학자가 말했다. "그러면 카오스는 어떻게 도출되었다고 생각하세요?"[1]

비판가 없는 경제학은 왕자 없는 햄릿과도 같다. 경제학의 과학적인 주장, 사회과학 내에서의 기고만장할 정도로 높은 지위, 공적인 논쟁에서 경제학자들이 미치는 영향력 등은 마치 자석처럼 비판을 끌어 모은다. 비판가들은 경제학자들이 사회 현상에 대해 환원주의적reductionist 접근을 하고, 근거 없이 보편적인 주장을 하며, 사회적·문화적·정치적 맥락을 무시하고, 시장과 물질적 인센티브를 물신화하며^{reify}, 보수적인 편향을 갖는다고 비판한다. 내 자신이 이 책에서 경제학의 두 가지 약점에 관해 자세하게 불평했다. 모델 선택에 주의가 부족하고, 때때로 다른 모델을 무시하고 특정한 모델을 과도하게 강조한다는 점이었다. 많은 경우 경제학자들은 세상을 잘못 인도했다.

그러나 나는 이 장에서 경제학에 대한 포괄적인 비판의 대부분이 적절하지 않다고 주장할 것이다. 경제학은 미리 포장된 결론들의 집합이 아니라 다양한 가능성을 인정하는 모델들의 집합이다. 그들 자신이 비판가인 세 명의 경제학자들이 말하듯 표준적인 설명들은 "경제학 내에 존재하는 다양성과 시도되고 있는 많은 새로운 아이디어들을 놓치는 경향이 있다." 그리고 그것들은 "주류 경제학에 속할 수 있지만 우리가 꼭 '정통파'의 견해를 가질 필요는 없다"는 현실을 종종 간과한다.[2] 경제학자들이 보편적인 해결책 또는 시장근본주의를 설교하여 이와는 다르게 행동한다고 비판하는 것은 분명 일리가 있다. 그러나 비판가들은 또한 이런 경제학자들은 사실 그들 스스로의 학문에도 진실하지 않다는 것을 이해할 필요가 있다. 그런 경제학자들은 외부자들의 비난만큼 동료 경제학자들의 질책도 받을 만하다. 일단 이 점이 인식되면, 경제학에 대한 대부분의 비판들은 헛된 일이 되거나 약화된다.

보통의 비판에 대한 재고

앞의 장들에서 우리는 다양한 외양을 띠고 나타나는 경제학에 대한 중요한 비판들 중 몇 가지를 살펴보았다. 먼저 경제모델이 너무 단순하다는 불만에 관해 생각해보자. 이렇게 비판하는 사람들은 분석의 본질을 오해하고 있다. 단순성은 사실 과학의 필수조건이다. 모든 설명, 가설, 인과적인 설명 등은 필연적으로 추상화된 것이다. 핵심에 집중하기 위해서는 많은 것을 생략해야 한다. '분석analysis'이라는 단어 자체가 복잡한 것을 더욱 단순한 요소로 분해한다는 것을 뜻하는 그리스 단어에 뿌리를 두고 있다. '분석'은 사물을 합한다는 의미의 '종합synthesis'이라는 단어의 반대말이다. 이러한 보다 단순한 요소들이 없다면 분석도 종합도 불가능한 일이다

물론 단순함이 과도한 단순화를 의미할 필요는 없다. 아인슈타인은 다음과 같이 말했다고 전해진다. "모든 것은 최대한 단순하게 만들어져야 하지만, 지나치게 단순해서는 안 된다." 인과적인 메커니즘이 서로 강력하게 상호작용하여 분리될 수 없는 경우, 모델은 그러한 상호작용을 꼭 포함해야 한다. 예를 들어, 만약 커피마름병이 생산비용을 상승시키고 또한 주요 커피 수출업자들 사이의 가격통제 협정을 붕괴시킨다면, 우리는 각각의 영향—공급 충격과 카르텔의 약화—을 따로따로 분석할 수 없다. 그렇게 되면 그 모델은 다른 모델들보다 더욱 복잡할 수밖에 없다. 하지만 그렇다고 해도 여전히 사회 현실을 아주 상

세하게 나타낸다고 주장하기에는 많이 모자랄 것이다. 만약 복잡성을 지지하는 이들이 생각하는 복잡함이 이런 것이라면, 여기에 반대할 이유가 없다. 반면, 기본적인 관계가 혼란스럽거나 분명하지 않고 제시된 설명이 그런 단순한 요소들에 기초한 것이 아니라면, 복잡성은 이치에 맞지 않은 결과만을 낳을 것이다.

경제모델이 비현실적인 가정을 한다는 비판에 관해서도 생각해보자. 경제학은 이러한 비판을 받을 만도 하다. 경제모델이 전제하는 많은 가정들―완전경쟁, 완전 정보, 완전한 선견지명foresight―은 분명 현실과 거리가 멀다. 그러나 1장에서 설명했듯이, 비현실적인 가정을 하는 모델은 현실 세계와는 매우 다른 조건하에서 수행되는 실험실의 실험과 같이 유용할 수 있다. 비현실적 가정을 한 모델이나 실험실의 실험 모두 우리가 인과관계를 다른 복잡한 요소들로부터 분리하여 확인할 수 있도록 해준다. 물론 결정적 가정들―본질적인 결과 혹은 질문과 직접 관계가 있는 가정들―에 관해서는 세심한 주의가 필요하다. 진공상태에서 유도되는 원칙에 기초하여 비행기를 만들어서는 안 되듯이 말이다.

자동차에 대한 판매세가 미치는 영향에 대해 생각해보자. 자동차에 대한 세금이 모든 자동차에게 부과되는 경우, 소비자들이 소형차와 대형차를 (서로 대체재로서) 얼마나 동일하다고 생각하는지는 중요하지 않다. 우리는 모든 종류의 자동차들을 완전한 대체재로 생각할 수 있다. 그러나 세금이 고급차에만 부과된다면, 완전 대체재라는 가정은 이제 문제가 된다. 이 경우 정부의 세수와 자동차의 판매는 (한 종류의 상품의 수요가 다른 종류의 상품의 가격에 얼마나 민감하게 반응하는지를 나타내는) 수요의 교차탄력성cross-price elasticity에 크게 영향을 받는다. 이 탄력성이 (절대값이) 클수록 소비자는 대형차 대신 소형차를 더 많이 구매할 것이고, 정부의 세금 수입은 줄어들게 된다. 경제학자들은 가정이 더욱 현실적이 될 때도 그들의 처방이 여전히 올바른지 확인해야 한다.

경제학자들은 개인을 분석 단위로 삼기 때문에 행동의 사회적·문화적 결정 요인을 간과한다고 비판받는다. 사회학자들과 인류학자들은 결과에 대한 설명을 흔히 개인이 아니라 공동체나 사회의 단위에서 찾고자 한다(총량적인 결과를 개인의 결정에 기초하여 설명하는 경제학자들의 선호는 '방법론적 개인주의methodological individualism'라 불리는데, 거시경제학의 미시적 기초에 대한 지향과 유사한 것이다). 이 비판가들은 문화적 관습과 사회적 규준이 특정한 종류의 소비와 행동을 정당화하고 다른 종류의 소비와 행동에는 오명을 씌우며, 소비나 고용과 같은 경제적 결정이 관련된 경우에도 종종 결정적인 역할을 한다고 주장한다. 이런 생각에 따르면, 경제학자들은 개별적 가계 또는 투자자들의 결정에 사로잡혀 선호와 행동의 패턴이 '사회적으로 구성되며' 또는 사회구조에 의해 강요된다는 사실을 감춰버린다.[3]

경제학자들의 가장 기본적인 표준적 모델들이 사람들의 선호와 제약의 사회적·문화적 뿌리를 간과한다는 비판은 분명 사실이다. 그러나 경제모델이 이러한 영향들을 포함하여 그 결과를 연구하도록 확장되지 못할 이유는 없다. 사실 개인들 사이의 상호작용이 정체성, 규준 그리고 문화적 관습을 어떻게 형성하는지 분석하는 경제학 연구 프로그램도 있다.[4] 인간은 전혀 주체가 아니며 그들의 행동이 통제할 수 없는 외부적인 힘들에 의해 완전히 결정된다고 믿지 않는 한, 사회 현상에 대한 어떤 합리적인 설명도 그 현상을 개인이 **선택하는** 행동과 조화시켜야 할 것이다. 그 자체로 이런 결정에 대한 (물적, 사회적, 환경적) 제약들을 명시적으로 고려하는 경제학자들의 모델은 이러한 종류의 분석을 위해 잘 준비되어 있다. 바람직한 사회적 분석이라는 관점에서 볼 때, 개인 수준과 사회 수준의 분석 사이의 대립은 대부분 잘못되고 유용하지 않은 이분법을 만들어내는 것이다.

경제학자들은 과연 시장에 기초한 해결책에 대한 편향을 지니고 있을까? 다시 말하지만, 경제학은 이런 비판을 받을 만하다. 그러나 내가 이미 보였듯이, 여기서 문제는 경제학의 내용보다는 경제학자들이 자신의 생각을 대중 앞에 제시하는 방식과 더 큰 관련이 있다. 오늘날 경제학자가 연구에서 성공하려면 시장이 어떻게 작동하는지 보여주는 것이 아니라 아담 스미스의 '보이지 않는 손'이라는 단정에 대해 흥미로운 반례를 제시하는 것이 중요하다. 독자들에게는 놀랍겠지만, 예를 들어 경제학에서 자유무역에 대한 가장 강력한 지지자인 작디쉬 바그와티Jagdish Bhagwati는 자유무역이 어떻게 한 국가의 후생을 더 감소시키는지 보여준 일련의 모델 덕분에 학술적 명성을 얻었다.[5] 이러한 편항에 대한 해결책은 경제학을 새로 만드는 것이 아니라 이미 존재하는 다양한 모델들을 공적 논쟁에 더 잘 반영하는 것이다.

경제학자들의 이론은 적절히 검증될 수 없다는 비판도 있다. 이러한 비판에 따르면, 경제학의 실증 분석 결과는 결코 결정적이지 않고 근거 없는 이론이 거의 기각되지 않는다. 또한 경제학은 증거보다 유행과 이데올로기 때문에 선호하는 모델을 버리고 다른 모델을 채택하지 못하는 경향이 있다. 경제학자들이 스스로를 사회적 세계의 물리학자로서 생각하는 한, 이러한 비판은 타당하다. 그러나 앞에서 설명했듯이 자연과학과의 비교는 잘못된 것이다. 경제학은 **사회**과학이며, 이는 보편적인 이론과 결과를 찾는 것이 헛됨을 의미한다. 하나의 모델(또는 이론)은 고작해야 특정한 맥락에서만 타당할 뿐이다. 경제모델이 보편적으로 실증적 타당성이 있어야 한다고 요구하거나 그렇지 못하다고 기각하는 것은 이치에 맞지 않다.

경제학은 잠재적으로 적용 가능한 모델들을 늘려가면서 진보한다. 새로운 모델들은 이전의 모델들에 의해 간과되거나 무시되었던 사회적 현실의 특징들을 포착한다. 경제학자가 새로운 패턴을 발견하면, 그의 반응은 그 패턴을 설명할 수 있는 모델에 관해 생각하는 것이다. 경제학은 또한 모델을 선택하는 더 나은 방법을 통해 (모델을 현실 세계의 환경과 더욱 비슷하게 만들며) 진보한다. 3장에서 설명했듯이, 이는 과학이라기보다는 장인의 기예(솜씨)에 가까우며 경제학에서 응당 주목을 받아야 함에도 그러지 못하는 부분이다. 그러나 모델과 함께 작업하는 이점은 모델 선택에 필요한 요소들—결정적 가정, 인과적 경로, 직접적 그리고 간접적 결과—이 모두 투명하고 드러나 있다는 것이다. 이러한 요소들은 경제학자들이 공식적이고 결정적으로는 아닐지라도 비공식적으로 그리고 암시적으로 모델과 환경 사이의 일치를 검토할 수 있도록 해준다.

마지막으로, 경제학은 예측에 실패한다고 비판받는다. (그 스스로 경제학자인) 존 케네스 갈브레이스John Kenneth Galbraith는 신은 점성술사들을 괜찮아 보이도록 하기 위해 경제학자들을 창조했다고 꼬집었다. 이에 대한 최신 증거 1호는 글로벌 금융위기였는데, 그것은 대다수의 경제학자들이 거시경제적 그리고 금융적 안정성이 크게 높아졌다고 믿게 되었던 시기에 발생했다. 나는 앞의 장들에서 이러한 잘못된 생각은 흔히 나타나는 맹점—하나의 모델을 유일한 모델로 오해하는 것—의 부산물이라 설명했다. 역설적으로 그들의 모델에 대해 더욱 진지하게 생각했다면 경제학자들은 금융혁신과 금융세계화의 결과에 관해 덜 확신했을 것이고 그 결과로 나타난 금융의 혼란에 대해서도 더 잘 준비했을 것이다.

그러나 어떤 사회과학도 예측을 할 수 있다고 주장하지 말아야 하며, 그 예측에 기초하여 평가받아서도 안 된다. 사회의 방향은 예측 불가능하다. 너무 많은 요인들이 작용하고 있기 때문이다. 이를 모델의 언어로 표현해 보면, 미래에 관해 수많은 모델이 존재하며 아직 만들어지지 않은 모델도 있는 것이다! 우리는 고작해야 경제학과 다른 사회과학이 **조건부**^{conditional} 예측을 한다고 기대할 수 있다. 즉, 다른 요인들이 불변일 때, 한 번에 하나씩 개별적인 변화가 가져다주는 가능성 높은 결과를 우리에게 말해주는 것에 다름 아니다. 그것이 좋은 모델이 하는 일이다. 그런 모델은 어떤 대규모의 변화의 결과, 또는 어떤 요인이 다른 요인들보다 훨씬 중요할 때의 영향에 대한 지침을 제공할 수 있다. 우리는 대규모의 가격통제가 공급의 부족을 낳을지, 커피의 흉작이 커피 가격을 높일지 그리고 평상시에 중앙은행의 대규모 통화공급이 인플레이션을 낳을지 등에 관해 합리적으로 확신할 수 있다. 그러나 이러한 경우, '다른 모든 요인은 동일하다'라는 것은 합리적인 가정이며, 이 예측들은 조건부 예측과 더욱 유사하게 보인다. 문제는 종종 우리가 많은 가능한 변화들 중에서 어떤 일이 실제로 발생할지 짐작할 수도 없고 최종 결과에서 그것들의 상대적 비중에 관해 확신할 수도 없다는 것이다. 그런 경우 경제학에 필요한 것은 자기 확신보다는 주의와 겸손이다.

이 장의 나머지 부분에서 나는 지금까지 많이 이야기하지 않은 두 가지 주요한 비판들에 관해 살펴볼 것이다. 우선 나는 경제학에 가치 판단이 만연해 있고, 과학적 분석으로 통용되는 많은 것들이 사실은 단지 시장에 기초한 사회에 대한 규범적인 선호를 나타낼 뿐이라는 비판을 살펴볼 것이다. 그리고 경제학이 다원주의를 억누르고 새로운 접근법과 사상들에 적대적이라는 주장을 평가할 것이다.

가치의 문제

경제학의 대부분의 모델은 개인들이 이기적으로 행동한다고 가정한다. 개인들은 그들 자신의(아마도, 또한 그들의 아이들의) 소비 가능성을 극대화하려 하고, 다른 이들에게 일어나는 일들에 신경쓰지 않는다. 많은 사회에서 이는 충분히 현실적이다. 개인이 완전히 이기적이지 않게 행동한다는 정반대의 극단적 가정은 전혀 현실적이지 않다. 그리고 어느 정도의 이타주의와 관대함을 허용한다고 해도 그로 인해 많은 경제모델의 결과가 크게 달라지지는 않을 것이다.

상당수의 연구들은 이 순수한 가정을 완화하여 어느 정도의 이타주의와 타인을 생각하는 행동을 함께 고려한다. 어떤 환경—예를 들어, 자선이나 선거에서의 투표—에서는 이기적인 동기를 넘어서는 추가적인 동기가 사태를 이해하는 데에 필수적이다. 그럼에도 불구하고, 경제학에서는 이기적인 행동이 표준적 가정이여야 한다고 이야기하는 것이 공정하다. 그러나 모델은 그래야만 하는 일을 설명하기 위해서가 아니라 **실제로** 발생하는 일을 설명하기 위해 만들어진 것이다. 이런 종류의 분석에 가치판단은 존재하지 않는다.

경제학자들은 아마도 경제학의 최고의 업적인 '보이지 않는 손' 정리로 인해 이기심의 발현에 대해 대체로 무덤덤하고 관대해지는 것 같다. '보이지 않는 손' 정리의 핵심적 통찰은 이기심이 공익과 조화될 수 있다는 것이다. 이기적인 사람들이 모여 있어도 사회적·경제적 혼란이 발생하지 않는다. 사회의 관점에서 볼 때, 몇몇 사람들의 물질적인 이익의 추구에 대한 해독제는 다른 많은 이들의 물질적인 이익 추구이다. 자유롭고 방해받지 않는 경쟁이 그렇지 않은 경우 나타날 수도 있는 병적인 현상을 중화시키는 것이다.

이는 미국 헌법의 설계와 적절하게 비교될 수 있다. 미국의 연방제를 기초했던 제임스 매디슨James Madison, 알렉산더 해밀튼Alexander Hamilton 그리고 다른 이들은 정치체제가 조직된 압력단체들의 이기적 이해를 둘러싸고 굴러갈 것이라는 사실을 당연하게 받아들였다. 따라서 그들은 견제와 균형이 작동하는 체제를 설계했다. 이들은 연방의 규모도 컸을 뿐 아니라, 권력의 핵심이 여럿이었고 그들의 권위에 제한이 가해졌기 때문에 어떤 하나의 분파도 우세해질 수 없을 것으로 보았다. 연방주의자들이 미국 정치에 이기적 행동을 장착했다고 비판하는 것은 정당하지 않다. 그들은 자신들이 단지 그것의 결과를 다루고 있다고 생각했다. 이와 비슷하게 이기적 소비자들을 가정하는 모델을 다루는 경제학자들도 도덕적 태도를 취하지 않는다. 그들은 단지 시장에서 이기적 소비자들이 똑같이 이기적인 기업들과 상호작용할 때 무슨 일이 일어나는지 설명할 뿐이다.

그러나 경제모델에서 이기심의 이러한 표준적인 역할이 이기심을 지지하는 규범적인 편향을 만들어내는가? 우리는 그것이 그런 행동을 '규준화하는지normalizes'(규준으로 만드는지) 그리고 보다 사회 지향적인 행동을 몰아내는지 질문해 보아야 한다. 이러한 우려는 경제학을 전공한 학생들이 다른 학문을 전공한 학생들보다 이기적인 방식으로 행동하는 경향이 있다는 점에서 더 힘을 받는다. 경제학을 전공한 학생들의 행동은 죄수의 딜레마와 같은 표준적인 경제모델에 더 잘 들어맞는다. 몇몇 이들은 이러한 결과를 경제학을 공부하면 개인이 더욱 이기적이게 된다는 증거로 해석했다.

사실 이러한 결과는 대안적 가설—특정한 종류의 학생들이 다른 이들에 비해 경제학을 전공할 가능성이 더 높다는—을 지지할 수도 있다. 이스라엘 학생들에 관한 연구는 경제학 전공 학생들과 비경제학 전공 학생들 사이의 가치의 차이가 이미 경제학 전공자들이 경제학 과목들을 등록하기 전에 나타났다는 것을 발견했다. 스위스 학생들에 관한 연구는 경제학을 미래에 전공하려고 하는 (경영에 관심 있는) 특정 부류의 학생들은 그들이 대학생활을 시작했을 때 가난한 학생들에게 기부를 하는 성향이 이미 낮았으며, 이러한 성향이 경제학을 공부한 이후에 더 낮아지지 않았다고 보고한다.[6] 결국 경제학이 남들과 다른 종류의 학생들—더욱 이기적인 학생들!—을 끌어당긴다는 주장이 사실일지도 모른다. 그러나 이 경우 경제학이 사람들을 더욱 이기적으로 만든다는 비판의 근거는 더욱 약해진다.

경제모델에서 이기심이 중요한 역할을 하기 때문에 경제학자들은 공적인 문제에 대해 인센티브에 기초한 해결책을 제시하는 경향이 있다. 기후변화와 이산화탄소 배출 문제에 관해 생각해보자. 이에 관한 여론은 서로 크게 다르지만, 경제학자들은 거의 만장일치에 가깝게 의견이 일치한다. 그들은 이산화탄소 배출에 세금을 매기거나, 이와 유사하게 생산자들 사이의 배출권 거래와 함께 이산화탄소 배출에 대한 쿼터를 매기자고 제언한다.[7] 두 경우 모두 목표는 이산화탄소의 사용을 더욱 비싸게 만들어 결국 기업들이 이산화탄소를 사용하면 이윤이 감소하도록 만드는 것이다. 경제학자들이 보기에 이러한 정책은 기업의 한계수입과 한계비용에 적절하게 작용하기 때문에 올바르다. 기업들은 그들의 결정이 환경에 미치는 영향을 고려하지 못하기 때문에, 적절한 대책은 그들이 이산화탄소에 대해 지불하여 외부적 비용을 '내부화'하도록 강제하는 것이다.

많은 비경제학자들은 이러한 해결책에 만족하지 못한다. 그것은 도덕적 책임을—'환경을 빼앗으면 안 된다'—비용편익 계산으로 바꾸어 버리는 것처럼 보인다. 더 나아가, 몇몇은 탄소세나 배출권거래제가 공해를 정당화한다고 말할 것이다. 이런 제도들이 기업에 주는 메시지는 비용을 지불하는 한 이산화탄소를 배출하거나 기후변화를 악화시켜도 괜찮다는 것처럼 들린다. 하버드 대학교의 정치철학자 마이클 샌델Michael Sandel은 그가 생각하기에 공공문화에 미치는 경제학의 나쁜 영향에 대해 최근 소리높여 비판해 왔다. 다음은 물질적인 인센티브에 관한 샌델의 비판이다.

삶에서 바람직한 것들에 가격을 매기면 그것들을 타락시킬 수 있다. 그것은 시장이 단지 상품을 배분하는 것만은 아니기 때문이다. 시장은 교환되는 상품들에 대한 특정한 태도를 표현하고 증진한다. 아이들에게 책을 읽으라고 돈을 주면 아이들이 책을 더 읽게 만들 수도 있지만, 또한 그들에게 독서를 그 자체로 만족의 원천이 아니라 하기 싫은 일로 생각하도록 가르칠지도 모른다. 우리가 전쟁을 할 때 해외의 용병을 고용하면 우리나라의 국민들의 목숨을 보전할 수도 있지만, 시민권의 의미를 타락시킬 수도 있다.[8]

다르게 말하면, 시장과 인센티브에 대한 의존은 사람들을 좀먹는 가치를 조장하고 사회적 목표를 해친다는 것이다.

이러한 비판에 대해 경제학자들은 이산화탄소 배출 통제와 같은 목표를 도덕적인 문제가 아니라 유효성의 문제로 바라본다고 대답할지도 모른다. 도덕적 설교는 괜찮지만, 인센티브가 더욱 효과적이라는 것이다. 그래도 비판을 받으면 경제학자들은 실증주의에 호소할 것이다. 그들은 '좋다. 우리는 예를 들어 석유의 가격이 상승하면 기업들이 석유의 사용을 줄이는 것을 보여주는 수백 개의 연구 결과를 보여줄 수 있다'고 말할 것이다. 그리고 도덕적 설교가 이산화탄소 배출을 감소시키는 증거를 보여달라고 말할 것이다.

경제학자들은 사람들의 이기심을 포함하여 세계를 주어진 것으로 간주하고 그렇게 인식된 제약하에서 해결책을 고안해내는 성향이 있다. 경제학자들은 이것이 그들의 가치나 윤리와는 아무 관계가 없고, 그들의 실증적 지향과만 관계가 있다고 올바르게 주장할 것이다. 비록 이것 때문에 경제학자들이 때때로 너무 쉽게 인센티브에 기초하지 않은 해결책을 깔본다 해도, 그들은 또한 반대의 주장이 옳다고 시사하는 증거가 나오면 그것을 기꺼이 인정할 것이다.

나는 2장에서 경제학자들을 꽤 놀라게 만든 현실의 실험에 관해 언급했다. 지각을 줄이기 위해 이스라엘의 한 데이케어센터가 늦게 아이들을 데리러 온 부모들에게 벌금을 부과하는 정책이었다. 이 정책은 경제학자들이 제언했음직한 내용이었다. 즉, 어떤 행동을 줄이려고 한다면, 그 행동을 하는 개인들에게 그 행동을 더욱 비용이 들도록 만드는 것이다. 그러나 무척 놀랍게도 그런 벌칙이 도입된 이후 지각은 더욱 늘어났다. 분명히, 아이의 부모들은 이제 벌금을 내니까 아이들을 늦게 데리러 가도 괜찮다고 느꼈다. 일단 화폐적인 벌칙이 작용하게 되자, 그 전까지 부모의 지각을 억제했던 도덕적 명령이 약화되었던 것이다. 또는 경제학의 용어로 말하면, 지각의 도덕적 비용이 줄어들었고, 아마도 제거되었던 것이다. 경제학자 샘 보울스Sam Bowles가 지적하듯, 이것은 때때로 물질적인 인센티브가 어떻게 도덕적인 또는 다른 이를 고려하는 행동을 몰아내는가를 보여주는 사례이다.[9]

이 사례는 경제학자들에게 때때로 가장 단순한 모델에서 사용하는 것보다 더욱 풍부한 인간의 행동에 대한 (또는 비용과 편익에 대한) 패러다임이 필요하다는 교훈을 준다. 경제학자들은 기본 모델이 틀렸다는 증거가 존재하는 한, 보통 기꺼이 그것에 관해 생각하고 필요한 수정을 가하려 한다. 이 사례에서는 분명히 모델이 실패했다. 그러나 경제학자들은 도덕적 관점에서가 아니라 타당성과 유효성의 관점에서 계속 이 모델을 확장시키려고 노력할 것이다. 예를 들어, 이스라엘의 데이케어센터의 교훈이 이산화탄소 배출 통제의 경우에도 적용될까? 탄소세의 부과에 의해 크게 영향을 받을 기후변화라는 긴급한 사안과 관련해서 발전소들이 도덕적인 관점에서 사업을 운영할 것이라고 생각하는 것이 현실적일까? 공적 교육 캠페인, 의식 고취, 또는 도덕적 권고가 이산화탄소 배출에 더욱 큰 영향을 미칠 가능성이 있을까? 경제학자들에게 이러한 질문들은 도덕적인 것이 아니라 실증적인 것이다.

시장이 '시장의 가치'를 조장한다는, 즉 그러면 안 되는 것들이 교환되도록 만든다는 샌델의 더욱 광범위한 비판은 어떨까? 샌델은 "우리는 거의 모든 것을 사고팔 수 있는 시대에 살고 있다"라고 썼다. 그의 표현에 따르면 모든 것이 '판매 대상'이다. 다음은 탄소 배출 요금 말고도 샌델이 든 사례들이다.

- 90달러를 내면 산타아나의 감옥을 1박 업그레이드할 수 있다.
- 미니애폴리스를 포함한 일부 도시에서는 8달러를 내면 1인 운전자가 카풀 차선을 사용할 수 있다.
- 8,000달러가 드는 인도의 대리모
- 25만 달러를 지불하면 멸종 위기에 처한 검은코뿔소를 사냥할 권리를 얻는다.
- 1,500달러를 내면 의사의 휴대전화 번호를 알려준다.[10]

샌델에게 이러한 사례들은 시장이 우리의 사회생활에서 수행하는 역할이 점점 커지는 것을 잘 보여준다.

그런데 이 사례들의 시장 가치란 대체 무엇일까? 근본적으로는 오직 효율성이라는 가치가 있을 뿐이다. 경제학자가 시장에 관해 주장할 수 있는 (그리고 종종 나타나는 불완전성이 없다면 잘 작동하는) 모든 것은 시장이 정확히 자원의 효율적인 배분을 낳는다는 것이다. 어떤 경제학자든 경제학에 기초하여 시장의 공평함·정의·도덕적 가치에 관한 폭넓은 주장을 한다면, 그는 부정행위를 범하는 것이다.

시장이 효율적이라는 주장이 개별적인 경제학자들이 시장에 추가적인 가치를 부여할 여지를 배제하는 것은 아니다. 예를 들어, 어떤 경제학자는 개인적 가치 때문에 자유지상주의의libertarian 믿음―좋아하는 누구와도 상업을 하는 자유를 박탈하면 안 된다라는 견해―에 기초하여 자유로운 기업을 지지할 수 있다. 그러나 이러한 믿음은 경제학의 외부에서 기인하는 것이다. 경제학자가 이러한 주장을 지지한다고 해서, 그것이 건축가나 내과의사가 이런 주장을 지지하는 것보다 더 큰 신뢰를 받을 이유는 없다.

또한 시장이 효율적이라는 주장이 어떤 경우에는 시장에 덜 개입하면 효율성 이외의 편익을 만들어낼 수도 있다는 구체적인 증거에 기초한 주장을 가로막는 것도 아니다. 예를 들어, 경제학자들은 종종 개도국에서 연료보조금의 철폐가 효율성과 함께 분배적 공평성을 증진시킬 것이라 주장한다. 그 이유는 이런 보조가 (비효율성의 원천인) 연료의 과다한 소비를 낳을 뿐 아니라, 주로 (보조금을 받는 연료의 주된 사용자인) 부자들에게 이득이 되기 때문이다. 그러나 그런 주장은 구체적인 사례에 따라 실증적으로 검증되어야만 한다.

효율성은 바람직한 것일까? 그 자체로 보면 그렇다. 우리는 효율성이 사회의 여러 가능한 상태들을 비교할 때 고려해야 하는 사항(또는 가치)이라고 주저 없이 말할 수 있다. 그러나 효율성이 분명 유일한 가치는 아니다. 타인을 고려하고 사회적으로 책임 있는 행동의 고유한 도덕적 가치라는 점에서, 공평성은 효율성과 경쟁하는 또 다른 가치이다. 어떤 경우에는 효율성과 공평성에 대한 고려가 똑같은 방향으로 우리를 행동하게 만들고 따라서 시장에 대한 지지를 강화한다. 하지만 효율성과 공평성 간에 우리가 고려해야 할 긴장과 트레이드오프가 나타날 수도 있다. 시장에서 무엇이 판매되어야 하고 판매되지 않아야 할 것인가는 결국 많은 다른 차원에서의 트레이드오프를 평가함으로써 결정된다. 이에 관해 서로 다른 공동체가 서로 다른 대답에 이를 가능성이 크다. 다시 한 번, 경제학자는 그런 트레이드오프를 평가하는 데 특별한 전문 지식을 가지고 있지 않다. 경제학자들은 고작해야 평가에 유용한 정보를 제공할 수 있을 뿐이다.

예를 들어, 경제학자들은 일정 금액을 지불하면 1인 운전자라도 카풀 차선에 접근하도록 허용할 것인가에 관한 논의에 기여할 수 있다. 경제학자들은 추가적 비용을 지불할 가능성이 가장 큰 운전자의 종류, 목적지에 더 빨리 도착함으로써 이들이 얻는 편익, 고속도로 사업자가 얻게 될 수입과 그 가능한 용도, 그리고 카풀 차선의 가능한 혼잡비용으로 인한 분배적 효과(누가 그것을 얼마나 지불할 것인가?) 등에 관해 전문적인 추측을 제시할 수 있다. 이러한 질문들에 관한 증거를 살펴보면, 결국 대부분의 사람들이 전체적으로 수수료를 내도록 하는 결정이 바람직하다고 생각하게 될지도 모른다. 예를 들어, 감옥의 업그레이드에 대한 이와 동일한 종류의 분석은 반대의 결론을 낼지도 모른다. 어떤 경우에도 경제학자들이 효율성을 넘어 다양한 고려사항들을 인정하지 않고 보편적인 해결책으로서 시장 옵션을 지지하는 것은 정당화될 수 없다.

샌델에게 정당하게 말하자면, 그의 주장이 근거가 전혀 없는 것은 아니다. 경제학자들은 정말로 부주의할 때가 많고, 경제학자로서의 전문성이 허용하는 것보다 더 광범위한 주장을 하곤 한다. 앞 장에서 살펴본, 대다수의 경제학자들이 동의하는 주장들을 기억하는가? 그것들 중 다수는 암묵적인 가치판단과 관련이 있다. 경제학자들이 국제무역을 제한하면 안 되고, 아웃소싱을 금지하면 안 되며, 또는 농업보조금을 철폐해야 한다고 말할 때, 그들은 효율성의 기준만으로는 평가될 수 없는 문제들에 관해 판단하고 있다. 정의, 도덕, 공정성 그리고 분배의 문제들이 이 모든 것들과 복잡하게 관련되어 있다. 자유무역의 수혜자들이 압도적으로 부자들이고 피해를 보는 이들이 우리 사회의 가장 가난한 노동자들 중 일부라면 자유무역을 밀어붙이는 것이 공정한 일일까? 노동자들이 기본권도 보장받지 못하며 위험한 작업장에서 고된 노동을 하는 가난한 나라들에 아웃소싱함으로써 이득을 얻는 것이 공정한 일일까? 이 주장들에 동의하는 90퍼센트 이상의 경제학자들은 이러한 문제들을 알지 못했거나 아니면 그것을 효율성에 대한 고려에 일관되게 포함시켰을 것이다. 어느 쪽이든 문제가 있다. 효율적인 결과가 쉽게 보편적으로 예측된다고 가정해도 (그리고 내가 이전 장에서 제기한 우려들이 중요하지 않을 수 있다고 가정해도) 경제학자들은 틀림없이 이와 같은 특정한 분야에서는 과도한 주장을 하는 것이다.

경제학자들은 경제학을 익히는 과정에서 대안적인 사회적 상태를 평가하는 데 배분적 효율성이라는 관점 외에 다른 수단은 배우지 않는다. 그래서 공공정책에 관해 논평을 부탁받을 때 이러한 실수를 하는 경향이 있다. 그들은 효율성을 쉽게 다른 사회적 목표들과 혼동한다. 이에 대한 유익한 반박은 경제학자들의 실체를 드러내고, 그들이 전문 영역의 경계를 어떻게 벗어나는지 상기시켜 줄 것이다. 이와 마찬가지로 경제학자들은 대중을 대표하여 정치인들과 다른 정책입안자들이 만들어내는 많은 주장들이 경제학에서 완벽한 지지를 받을 수 없다는 것을 대중들에게 상기시켜 주어야 한다.

시장을 지지하는 가장 오래되고 영향력이 큰 비경제적 주장 중 하나는 시장 활동에 참여하면 인간의 기질이 온건해질 것이라는 주장이다. 앨버트 허쉬만이 그의 역작인 『열정과 이해관계The Passions and the Interest』에서 썼듯이 17세기 말과 18세기의 사상가들은 이윤 추구의 동기가 폭력이나 다른 사람들에 대한 지배와 같은 사람들의 더욱 천한 동기들을 상쇄할 것이라고 생각했다. 'doux'('sweet'를 의미하는)이라는 단어가 종종 '상업'에 붙어서 상업활동이 온화하고 평화로운 상호작용을 촉진한다는 것을 의미했다. 몽테스키외가 "매너가 친절한 곳에는 어디나 상업이 존재한다. 그리고 상업이 있는 곳에서는 어디나 매너가 친절하다"고 한 말은 유명하다. 데이비드 리카도의 할아버지 사무엘 리카도는 상업 덕분에 사람들은 신중함, 정직 그리고 조심성과 같은 미덕을 추구한다고 지적했다. 사람들은 평판을 잃고 구설수에 오르지 않기 위해 악덕을 멀리 한다. 이와 같이 이해관계가 감정의 폭발을 누그러뜨릴 수 있다.[11]

이 초기의 철학자들은 효율성의 이유나 물질적인 자원의 확대 때문이 아니라, 시장이 더욱 윤리적이고 조화로운 사회를 만들 것이라 생각했기 때문에 시장의 확산을 장려했다. 그로부터 3세기가 지난 후, 많은 사람들의 눈에 시장이 도덕적 타락과 관련 있는 것으로 보이게 된 것은 아이러니이다. 오늘날 시장의 지지자들이 효율성의 한계에 관해 간과하는 것처럼, 아마도 비판가들은 시장이 협동의 정신에 기여하는 몇몇 방식들을 무시하고 있는 것 같다.

다원주의의 부재

경제학에 관한 가장 흔한 불만 중 하나는 경제학이 다른 생각을 배제하는 폐쇄적인 학문이라는 것이다. 비판가들에 따르면 이러한 배타성은 경제학을 고립시키고 경제학에 관한 새롭고 대안적인 시각에 귀를 닫도록 만든다. 그들은 경제학이 더욱 포용적이고 보다 다원적이어야 하며, 비정통파적인 접근을 더욱 환영해야 한다고 주장한다.

주로 학생들이 이러한 비판을 제기하곤 하는데, 부분적으로 그 이유는 경제학을 가르치는 방식 때문이다. 예를 들어, 2011년 가을 나의 동료 맨큐가 경제학 개론을 강의하는 하버드 대학교의 인기 강좌 '경제학 10'에서 일군의 학생들이 수업거부를 하고 시위를 벌였다. 그들의 불만은 이 과목이 경제과학이라는 미명하에 보수적 이데올로기를 퍼뜨리고 사회적 불평등을 영속화하는 것을 돕는다는 것이었다. 맨큐는 시위대에게 "잘못 알고 있다"며 이들을 물러가게 했다. 그는 경제학에는 이데올로기가 없다고 지적했다. 경제학은 미리 정해진 정책적 결론 없이 우리가 올바르게 생각하고 바른 대답에 이르도록 해주는 방법일 뿐이다.[12]

2014년 4월, '붕괴 이후의 경제학회Post-Crash Economics Society'라는 이름의 맨체스터 대학교의 학생 모임은 경제학 교육의 근본적인 개혁을 주장하는 60페이지의 선언문을 발표했다. 이 선언문의 서문은 영란은행Bank of England의 고위관료 앤드류 홀데인Andrew Haldane이 썼으며, 많은 다른 경제학자들로부터 찬사를 받았다. 이 선언문은 경제학 교육이 너무 협소하다고 비판하며, 더욱 많은 다원주의와 윤리, 역사, 정치의 관점을 도입하라고 촉구했다. 학생들은 표준적인 경제학 패러다임

의 독점이 "의미 있는 비판적인 사고"를 가로막고 따라서 그 자체로 경제학에 해롭다고 주장했다.[13]

경제학의 전매특허 격인 모델의 다양성이라는 관점에서 볼 때 이러한 비판을 어떻게 이해해야 할까? 이 학생들의 관점에서 볼 때 문제는 경제학의 개론 과목에서 가르치는 대부분은 시장에 대한 찬양 일색이라는 점이다. 경제학 개론에서는 경제학의 다양한 결론들에 관해 거의 가르치지 않으며, 학생들이 다른 많은 경제학 과목들을 계속 공부하지 않는다면 이런 다양한 결론들을 알기가 어렵다. 경제학 교수들은 외부자와 자신의 학문에 대해 소통하는 데 있어 자기 스스로가 자신의 최대의 적이 될 정도로 너무나 형편없기 때문에, 편협하고 이데올로기적이라고 비판을 받는다. 그들은 경제학이 제시하는 모든 훌륭한 관점들을 소개하지 않고, 하나의 결론만을 강조하는 표준 모델에 관심을 집중한다. 특히 교수가 시장이 어떻게 작동하는지를 보이는 데 열중하게 되는 경제학 입문 과목들에서 이런 현상이 두드러지게 나타난다. 옥스퍼드 대학교의 경제학자 사이몬 렌-루이스Simon Wren-Lewis가 지적하듯이, "흔히 경제학을 가르치는 방식에 관해 유감스런 일들 중 하나는 학생들이 (경제학 내에서) 진행되고 있는 흥미로운 주제들을 대부분 보지 못한다는 것이다."[14] 이렇게 보면 대안적인 관점을 요구한다고 학생들을 비난하기는 어려운 일이다.

나 스스로가 자주 경제학자들 사이의 통념을 따르지 않았지만, 내 경력에 명백한 손해를 보지는 않았다(적어도 그랬다고 생각한다). 경제학자가 아닌 많은 학자들에게는 충분히 급진적이지 않을지 모르지만, 나는 경제학계 내에서 흔히 비정통파로 간주된다. 하버드의 동료 경제학자는 나를 볼 때마다 "혁명은 잘되가나?"라고 인사를 하기도 한다. 그러나 많은 연구에서 내가 지배적인 학문적 견해와 다른 정책 결론에 도달한다 해도, 나는 정말로 경제학계에서 차별받는다고 느끼지 못했다. 나의 연구 논문들이 그 결론들 때문에 저널의 편집자들이나 동료들에게 더욱 나쁘게 평가받았다고 생각하지도 않는다.

결론의 다원주의와 방법의 다원주의는 서로 다른 것이다. 어떤 학문 분야도 일반적인 관행으로부터 너무 거리가 먼 접근들을 허용하지 않으며, 경제학도 그 학문 내의 연구 방식을 위배하는 이들을 허용하지 않는다. 포부가 큰 경제학자라면 분명한 모델을 만들어내고 적절한 통계적 기법을 적용해야 한다. 이 모델들은 광범위한 가정들을 포함할 수 있다. 그럴 여지가 없다면 새로운 또는 비전통적인 결론에 도달하기가 불가능할 것이다. 그러나 모든 가정들이 똑같이 수용 가능한 것은 아니다. 경제학에서 이는 기준적인 가정으로부터 더욱 멀어질수록 그런 가정이 왜 필요한지 정당화하고 설명하는 부담이 더욱 커진다는 것을 의미한다.

자신의 연구가 경제학계에 진지하게 받아들여지는 내부자로 생각되려면 이러한 원칙들을 따르며 작업해야 한다. 만약 나의 연구가 경제학 내부에서 수용되었다면, 그것은 내가 이 원칙들을 따랐기 때문이다. 나는 이 원칙들이 나의 자격을 보일 수 있게 해주기 때문이 아니라,

그것들이 유용하다고 생각하기 때문에 그렇게 한다. 이러한 원칙들은 나의 연구를 규율했고, 논의하고 있는 바를 내가 잘 알고 있다는 것을 보증해 주었다. 그러나 그것들이 내가 비정통파적인 결론에 이를 관심이나 분석의 길을 추구하지 못할 정도로 제약이 되지는 않았다.

결국 경제학은 방법론적 다원주의에는 제한적인 여지만을 제공한다. 정책 결론에 허용하는 다양성에 비해서는 훨씬 작다. 대부분의 경제학자들은 이를 바람직한 것으로 여길 것이다. 이는 방법론적 다원주의를 제한함으로써 허울뿐인 사고나 조야한 실증 데이터로부터 경제학을 지킬 수 있기 때문이다. 몇몇 방법들은 다른 것들보다 더 우월하다. 인과관계의 연관을 분명하게 확인해 주는 수리적 분석틀이 상호작용을 다양한 해석에 맡기는 말로 된 설명보다 우월하다. 경제학자들이 시장경쟁, 조정 실패, 또는 죄수의 딜레마에 관해 이야기할 때 그렇게 하는 것처럼, 그것을 만들어내는 행위자들의 행동을 분석하여 사회 현상을 설명하는 모델이 불규칙한 사회운동의 결과로 설명하는 모델보다 우월하다. 인과관계와 '생략된 변수 편의omitted variable bias'에 주의를 기울이는 실증 분석이 그렇지 않은 것보다 더 우월하다.

몇몇 이들에게 이러한 제약은 새로운 사고를 하지 못하게 하는 방법론적 구속을 나타낼 수도 있다. 그러나 경제학이 따르는 원칙들이 매우 엄격하다고 과장하여 이야기하는 것은 쉬운 일이다.[15] 나 자신의 경험에서, 나는 경제학이 30년의 짧은 시간에 엄청나게 변화하는 것을 목격했다.

1980년대 중반 대학원에서 내가 집중적으로 관심을 가졌던 분야를 생각해보자. 내가 시험을 보았던 세 분야는 개발경제학, 국제경제학 그리고 산업조직론이었다. 이 세 과목 모두 극적인 변화를 겪었다. 가장 중요하게, 이들 모두가 이론적 과목이 아니라 현저하게 실증적인 과목이 되었다. 내가 박사논문을 쓰고 있던 때만 해도 이 분야의 가장 똑똑한 학생들은 경제의 특정한 측면을 조명하기 위한 수학모델을 만들어내는 응용이론 분야에 집중했다. 증거는 모델의 동기를 부여하기 위해 그리고 때로는 모델의 결과를 지지하기 위해 사용되었다. 그러나 학생들이 작업의 대부분을 실증 분석에 몰두하는 경우는 드물었다. 뛰어난 생각이나 이론적 기술이 없는 뒤떨어진 학생들만이 이런저런 모델을 실증적으로 검증하려 했을 것이다.

요즘은 어느 정도의 진지한 실증 분석을 포함하지 않고서는 위 분야들 중 두 분야—개발경제학과 국제경제학—에서 최고의 저널에 논문을 출판하기가 거의 불가능해졌다. 산업조직론도 다른 두 분야만큼은 아니지만 훨씬 더 실증적으로 바뀌었다. 게다가 널리 수용될 만한 실증 분석으로 통용되는 내용이 완전히 변화했다. 경제학의 기준은 이제 데이터의 품질, 증거의 인과적인 결론, 그리고 여러 가지 통계적인 함정들에 훨씬 더 많은 주의를 기울일 것을 요구한다. 전반적으로, 실증 분석으로의 이러한 변화는 경제학에 바람직한 일이었다. 예를 들어, 국제경제학에서 실증연구는 국제무역에 참여하는 기업들 사이의 품질과 생산성 격차의 중요성에 관한 새로운 결과들을 발견했고, 이를 설명하는 다양한 모델들을 만들어냈다. 개발경제학에서는 새로운 증거들이 수억 명의 삶을 개선할 가능성이 있는 건강, 교육, 금융에서의 정책혁신을 낳았다.

경제학의 커다란 변화를 목도할 수 있는 또 다른 방식은 최근 수십 년 동안 인기를 끈 새로운 연구의 영역들을 살펴보는 것이다. 그것들 중 세 분야가 특히 주목할 만한데, 행동경제학, 무작위통제실험randomized controlled trials, RCT 그리고 제도가 그것이다. 놀랍게도 이 모든 영역들이 외부의 학문들—각각 심리학, 의학, 역사학—로부터 엄청나게 영향을 받았고, 사실 자극을 받았다. 이들의 성장은 경제학이 폐쇄적이고 비슷한 종류의 다른 학문들로부터의 기여를 무시한다는 주장을 논박한다.

어떻게 보면 행동경제학의 등장은 표준적인 경제학으로부터 가장 먼 이탈을 보여주는데, 이는 경제학의 기준이자 경제모델의 거의 교리와도 같은 가정, 바로 사람들은 합리적이라는 가정을 도려내기 때문이다. 합리성 가정은 많은 환경에서 적절해 보인다. 뿐만 아니라, 그것은 표준적인 수학의 최적화 기법들에 기초하여, 개인들이 잘 정의된 목적함수를 예산과 다른 제약들하에서 극대화하는(또는 경우에 따라 극소화하는) 행동을 모델로 만드는 것을 가능하게 해준다. 이러한 기법들을 사용하여 경제학자들은 어떻게 소비자가 어떤 상품을 구매하는지, 가계가 어떻게 저축하는지, 기업이 어떻게 투자하는지, 그리고 노동자들이 어떻게 일자리를 찾는지 등에 관해 (그리고 이러한 행동들이 어떻게 구체적인 환경에 영향을 받는지에 관해) 구체적인 예측을 도출해낸다.

합리성 가정은 경제학 내부에서 언제나 비판을 받았다. 비판가들 중 허버트 사이먼Herbert Simon은 합리성의 제한적인 형태를 주장했고('제한된 합리성'이라 부른), 리처드 넬슨Richard Nelson은 기업들이 최적화가 아니라 시행착오에 기초하여 행동한다고 주장했다(최초의 행동경제학자였을지도 모르는 아담 스미스도 마찬가지였다).[16] 그러나 주류경제학에 가장 큰 영향을 미친 것은 바로 심리학자 다니엘 카네만Daniel Kahneman과 그의 동료들의 연구였다.[17] 이러한 기여 덕분에 카네만은 2002년 노벨경제학상을 받았는데, 비경제학자로서는 최초의 수상자였다.[18]

카네만과 그의 동료들의 실험은 (경제학에서 사용되는 개념과 동일한) 합리성을 위배하는 행동적 규칙성을 보여주는 많은 사례들을 제시했다. 대표적인 사례를 보면, 사람들은 무언가를 얻을 때보다 포기할 때 그 가치를 더욱 높게 평가하고(손실회피), 적은 양의 데이터로부터 과도한 일반화를 하며(과신), 자신의 믿음에 위배되는 증거를 경시하고(확신편향), 자신에게 해롭다는 걸 알면서도 단기적 충동에 굴복하고(약한 자기절제), 공정함과 상호성reciprocity을 중요하게 생각한다(제한된 이기주의). 이러한 종류의 행동은 경제학의 많은 분야에서 중요한 함의를 지닌다. 예를 들어, 금융에서 효율적 시장가설(5장 참조)은 투자자들이 편향이 없는 기대를 한다는 가정에 기초하고 있다. 모델에 이러한 새로운 발견들을 도입하기 시작했을 때, 경제학자들은 오랫동안 설명되지 않았던 금융시장의 이상 현상들을 설명할 수 있었다. 예를 들어, 뉴스에 대한 자산가격의 명백한 과잉 반응은 최근 정보에 과도하게 반응하는 사람들의 경향에 의해 설명될 수 있다.[19] 사회심리학의 이러한 통찰들은 나중에 저축행동, 의료보험의 선택, 그리고 가난한 농부들의 비료 사용 등 의사결정의 많은 분야에 적용되었다.[20] 행동경제학은 이제 경제학의 주변부에서 가장 활발한 연구 분야 중 하나가 되었고, 가장 훌륭한 재능을 가진 경제학자들의 관심을 끌고 있다.

무작위통제실험(RCT)은 다른 종류의 이탈이다. 그것은 실증주의로의 거대한 도약을 보여준다. RCT의 목적은 현실의 현장으로부터 분명하고 명백한 증거를 만들어내는 것이다. 경제학에서 실증연구는 언제나 진정한 인과관계를 밝혀내는 데 어려움을 겪어 왔다. 현실은 언제나 복잡하게 변화하기 때문에, 예를 들어 살충 처리된 모기장에 대한 보조가 말라리아 발병에 어떤 영향을 미치는지를 연구자들이 정확하게 보여주기는 매우 어렵다. 그 과정에서 너무 많은 다른 요인들이 변화하여, 우리가 찾는 효과를 복잡하게 만들기 때문이다. 경제학자들은 이제 무작위실험을 통해 이런 질문들을 연구하기 시작했다. 예를 들어, 모기장이 무작위로 선택된 수혜자들(실험집단)에게 배포되는 경우, 모기장을 받지 못한 이들은 자연적인 통제집단이 될 수 있었다. 그러면 이 두 집단 사이의 결과의 차이는 모기장의 효과에 기인하는 것으로 생각할 수 있다. 이러한 접근은 복잡한 통계적 기법에 비해 상대적으로 간단했다. 그것은 또한 특정한 환경에서 어떤 것이 성공적이고 성공적이지 않은지 분간하는 데 매우 효과적이었다. 물론 이 실험에서 나온 결과를 일반화하는 것은 다른 조건에 그 결과를 외삽해야extrapolate

하기 때문에 보통 더욱 문제가 많다.

가난한 나라들은 현장에서 이런 실험을 수행하기에 특히 적절한 조건을 제공했다. 그런 조건하에서 어떤 종류의 해결책이 가장 성공적일 것인가에 관해 커다란 논쟁이 나타났고, 서로 다른 개입 수단들을 시도해 볼 여지도 있었다. 빈곤이 만연한 개도국의 상황에서, 효과적인 개입 수단에 대한 올바른 판단으로부터 얻을 수 있는 이득은 엄청나게 컸다. RCT의 몇몇 특징들은 여전히 논쟁의 대상이다. 비판가들은 RCT의 지지자들이 저개발의 성격과 필요한 정책을 연구하는 현장 실험으로부터 아주 많이 배울 수 있다고 과장되게 주장한다고 비판한다.[21] 그러나 이러한 연구의 새로운 물결이 경제학의 방향을 바꾸었고 개도국 사회의 여러 특징들에 대한 우리의 이해를 발전시켰다는 데 대해서는 부정하기 어려울 것이다.

현장 실험은 흔히 한 번에 한 마을을 대상으로, 구체적인 공동체에 주목하는 매우 미세한 분석이다. 반면 제도의 발전에 관한 연구는 훨씬 더 거시적인 관점과 광범위한 역사적인 분석을 채택한다. 그것은 근대적이고 번영하는 자본주의를 만들어낸 제도-법질서, 계약의 집행과 재산권 보호, 정치적 민주주의 등-에 초점을 맞춘다. 이 연구는 비교정치발전과 역사에 관한 다른 분야들의 연구로부터 직접적으로 영향과 자극을 받았다. 그러나 제도 연구에서 이 학문들의 통찰은 더욱 정교해지고 경제학자들에게 익숙한 모델들로 공식화되었다. 또한, 최신의 통계기법을 사용하는 정교한 실증 분석을 통해 이 아이디어들이 타당한지 검증하는 데 많은 노력이 기울여졌다.

MIT의 경제학자 대런 아제모글루Daron Acemoglu와 경제학을 연구한 하버드의 정치학자 제임스 로빈슨James Robinson은 이 새로운 연구의 물결에서 이론의 여지가 없는 선도자이다. 커다란 반향을 불러일으킨 그들의 첫 번째 연구프로젝트는 MIT의 동료 사이먼 존슨Simon Johnson과 함께 쓴 논문 「비교발전의 식민지적 기원」이었다.[22] 이 논문은 수백 년 전 식민주의자들이 강요한 제도의 패턴이 오늘날까지 영향을 미치고 있다고 주장했다. 식민주의자들이 새로운 식민지에 정착했을 때는 재산권을 보호하고 성장과 발전을 촉진하는 제도를 확립했다. 이는 주로 미국, 캐나다, 오스트레일리아, 그리고 뉴질랜드 등의 경우였다. 아프리카의 대부분 지역들과 같이 현지의 건강과 관련된 조건으로 인해 그들이 대규모로 정착할 수 없었던 곳에서는 식민주의자들이 자원의 착취에 더욱 적당한 제도를 세웠고 따라서 발전이 정체되었다. 그 주장 자체보다, 이 논문을 특히 성공적으로 만든 것은 저자들이 그들의 주장을 입증하기 위해 사용한 창의적인 실증적 접근법이었다. 간단히 말해 그들은 현지의 환경이 재산권을 보호하는 제도를 세우기에 얼마나 적합했는지에 따라 식민지들을 구분하기 위해 (군대의 장교와 선교사들 같은) 초기 서양 정착인들의 사망률 정보를 활용했다.[23]

이 논문에 대한 비판도 없지 않았다. 그러나 이 연구는 정치경제, 제도적 발전, 그리고 비교경제사의 새로운 연구의 물결을 촉발했다. 이는 경제학이 독립된 학문으로 홀로 서기 전의 사회과학 연구의 초기 시대로 거슬러 올라가는 것이었다. 저축과 자본축적과 같은 경제적 요인들을 넘어 자본주의 발전의 더욱 근본적인 요인은 무엇이었을까? 왜 스페인과 포르투갈은 대발견의 시대에 전 세계를 지배한 다음 발전이 정체되었을까? 인종적 분할 또는 문화적 특징이 장기적인 경제 발전에 주는 함의는 무엇일까? 사용하는 방법은 새로운 것이었지만, 이것들은 오래된 질문들이었다.[24] 그것들은 또한 '거대한' 질문들로서, 사회과학에서 가장 중요한 몇몇 쟁점들에 관한 경제학의 능력을 시험하는 것이었다.

이 새로운 연구 분야들이 결정적인 결과를 만들어내지 않았을 수도 있고 경제학의 얼굴을 영원히 변화시키지 않았을 수도 있다. 내가 강조하고 싶은 바는 그것들이 다른 학문들로부터의 통찰을 경제학에 통합했고 경제학을 새로운 방향으로 이끌었다는 것이다. 이 연구들은 경제학이 외부로부터의 영향으로부터 폐쇄된 고립적인 학문이라는 견해가 사실이 아니라는 것을 시사한다.

야심과 겸손

경제학에 대한 많은 비판은 결국 경제학자들이 잘못된 모델을 쓰고 있다는 주장으로 귀결된다. 신고전파가 아니라 케인스주의, 마르크스주의, 또는 민스키주의 모델을, 공급측 모델이 아니라 수요측 모델을, 합리주의적 모델이 아니라 행동주의적 모델을, 방법론적 개인주의 모델이 아니라 네트워이론의 모델을, 상호작용이 아니라 구조주의 모델을 써야 한다는 것이다. 그러나 그 자체로 보편성이 부족하고 현실의 특정한 부분만을 포착하는 대안적인 분석틀로 단순히 전환하는 것은 해결책이 될 수 없다. 내가 앞에서 주장했듯이, 이러한 대안적 관점들의 통찰은 사실 경제학의 표준적인 모델링 관행 내에 쉽게 수용된다. 이 모든 분열은 경제학을 모델들의 모음이자 모델들 사이에서 선택하는 체계로서 파악하는 관점에 의해 통합될 수 있다.

경제학에서 가장 성공적인 그리고 유명한 경제학자가 이러한 접근을 예증해 준다. 규제에 관한 연구 성과로 2014년 노벨경제학상을 받은 프랑스 경제학자 장 티롤Jean Tirole이 좋은 사례이다. 으레 그렇듯이, 그의 노벨상 수상이 발표되자 수상의 영광을 안겨준 연구에 관해 간략히 말해 달라며 기자들이 그에게 몰려왔다. 그러나 그를 인터뷰한 기자들은 조금 낙담했다. "나의 기여를 짧게 요약하기는 쉽지 않은데요"라고 그는 이야기했다. "그것은 산업에 따라 다릅니다. 신용카드를 규제하는 방식은 지적재산권이나 철도를 규제하는 방식과는 아무 관련이 없습니다. 수많은 특수한 요인들이 있지요. 그것이 이 모두가 재미있는 이유입니다. 그것은 매우 풍부하며… 단일하지 않습니다."[25]

티롤과 같이 그들의 학문에 진정성이 있는 경제학자들은 필연적으로 겸손하다. 경제학은 그들에게 극히 소수의 문제들에만 딱 잘라서 단정적인 견해를 표시할 수 있다고 가르친다. 대부분의 질문들에 대한 그들의 대답은 필연적으로 '상황에 따라 다릅니다' '잘 모르겠어요' '그 문제를 연구하기 위해 몇 년이 필요합니다(그리고 연구자금이)', '이에 관해서는 세 가지의 견해가 있습니다…' 또는 아마도 'n개의 상품과 k명의 소비자가 있다고 가정해봅시다'와 같은 식이다. 이렇다 보니 경제학자들은 추상적 수학모델과 복잡한 통계학에만 몰두하여 공공의 문제를 사회적으로 이해하고 해결책을 찾는 데 기여하지 못하는 상아탑의 학자라는 비판에 취약하다.

그러나 트레이드오프의 과학으로서 경제학은 회계장부의 양변─비용과 편익, 알려진 것과 모르는 것, 불가능한 것과 실현 가능한 것, 가능한 것과 미심쩍은 것─을 능숙하게 가르쳐준다. 사회적 현실이 광범위한 가능성을 허락하는 것처럼, 경제모델은 다양한 시나리오들이 가능하다고 우리의 주의를 환기해준다. 이러한 상황에서 경제학자들 사이의 의견 불일치는 자연스러운 것이며, 언제나 겸손함이 올바른 자세이다. 대중이 경제학이 제시하는 대답에 관해 잘못된 확신을 가지게 되는 것보다는 이러한 의견의 불일치와 불확실성을 알게 되는 편이 더 나을 것이다.

겸손은 또한 경제학자들을 더 넓은 사회과학의 학술공동체에서 더 나은 시민이 되도록 해줄 것이다. 그들이 실제로 얼마나 많이 (또는 얼마나 조금) 알고 이해하고 있는가를 직시한다면, 경제학과 다른 비실증적인 사회과학 전통과의 차이가 조금은 작아질 수 있을 것이다. 그렇게 된다면 경제학자들은 문화적, 인간주의적, 구성주의적 그리고 연역적 관점에서 사회적 현실을 검토하는 이들과 더 잘 대화할 수 있게 될지도 모른다. 이 대안적인 관점을 지지하는 이들의 핵심적 반대는 경제학이 보편주의적이고 환원주의적 접근이라는 것이다.[26] 그러나 경제학의 전면과 중심에 있는 모델들의 다양성과 맥락 특수성을 고려하면, 그 차이는 언뜻 보이는 것보다 덜 심각해진다. 예를 들어, "문화는 고려하지 않습니까?"라는 질문에 대한 경제학자의 대답은 "문화는 중요하지 않습니다"가 될 수 없으며 그래서도 안 된다. 이에 대한 대답은 "좋아요, 문화에 관한 모델을 만들기 위해 노력해 봅시다"—이는 우리가 가정하는 것이 무엇인지, 인과적 관계는 어떠한지 그리고 관찰가능한 결과는 무엇인지 명확히 해보자는 뜻이다—가 되어야 한다. 어떤 합리적인 사회과학자도 그런 연구 방향에 대해 등을 돌려서는 안된다.

경제학자들은 여전히 대중적 지식인이나 사회개혁가라는 더 큰 포부를 가슴에 안을 수 있다. 그들은 많은 분야에서 (자원배분을 개선하고, 기업가적 에너지를 분출시키며, 경제성장을 촉진하고, 평등과 포용을 증진하기 위해) 구체적인 정책과 제도를 지지할 수 있다. 그들은 이 모든 분야의 공적 논쟁에 크게 기여할 수 있다. 경제학자들은 행동과 사회적 결과의 다양성을 포착하는, 사회에 관한 다양한 모델에 대한 지식을 가지고 있기 때문에 아마도 다른 사회과학자들에 비해 사회적 진보의 가능성에 더욱 큰 주의를 기울인다.[27] 그러나 이러한 역할을 수행할 때 그들은 필연적으로 잘 정의된 경제학의 과학적 경계의 외부에 발을 들여놓고 있다는 것을 자각해야 한다. 그리고 그들은 이에 관해 분명해야 한다. 그렇지 않은 경우, 그들은 전문영역을 넘어서서 스스로의 가치 판단을 과학으로 제시한다는 비판에 직면하게 된다.

경제학자들은 우리 시대의 거대한 공적인 문제들을 처리하는 많은 디딤돌과 분석 도구를 제공한다. 그러나 경제학이 결정적이고 보편적인 대답을 제공하는 것은 아니다. 경제학이 엄밀하게 제시하는 결과는 가치, 판단 그리고 윤리적, 정치적 또는 실용적 성격에 대한 평가와 결합되어야만 한다. 이것들은 경제학이라는 학문과는 별로 관계가 없지만 현실과는 매우 긴밀한 관계가 있다.

에필로그: 20계명

경제학자들을 위한 10계명

1. 경제학은 모델의 모음이다. 모델의 다양성을 잊지 말라.
2. **유일한** 모델이 아니라 하나의 모델일 뿐이다.
3. 모델은 구체적인 원인들과 그것들이 어떻게 영향을 미치는지 분리할 수 있을 만큼 충분히 단순해야 한다. 그러나 원인들 사이의 핵심적 상호작용을 생략할 만큼 단순해서는 안 된다.
4. 비현실적인 가정은 괜찮다. 그러나 **결정적** 가정이 비현실적이면 안 된다.
5. 세계는 (거의) 언제나 차선이다.
6. 모델을 현실 세계에 비추어 평가하기 위해 구체적인 실증적 진단이 필요한데, 그것은 과학이라기보다는 기예이다.

7. 경제학자들 사이의 합의를 세계가 어떻게 움직이는가에 관한 확실한 지식이라고 혼동하지 말라.

8. 경제 혹은 정책에 관해 질문 받았을 때, '모르겠어요'라고 말하는 것은 괜찮다.

9. 효율성이 전부는 아니다.

10. 대중의 가치를 당신의 가치로 대체하는 것은 전문지식을 남용하는 것이다.

비경제학자들을 위한 10계명

1. 경제학은 미리 결정된 결론이 없는 모델들의 모음이다. 그렇지 않은 어떤 주장에도 반대하라.

2. 가정 때문에 경제학자들의 모델을 비판하지 말라. 만약 어떤 문제 있는 가정이 더욱 현실적이 된다면 결과가 어떻게 변화할 것인지 질문하라.

3. 분석은 단순함을 필요로 한다. 일리가 없는 주장이 그 자체로 복잡성이라며 통용되는 것에 주의하라.

4. 수학에 놀라지 마라. 경제학자들은 똑똑해서가 아니라 충분히 똑똑하지 못해서 수학을 사용한다.

5. 경제학자가 제언을 하면, 그 경제학자에게 왜 이 경우에 그 기본 모

델을 적용하는지 질문하라.

6. 경제학자가 '경제적 후생'이라는 단어를 사용하면, 그/그녀에게 그게 무엇을 뜻하는지 질문하라.

7. 경제학자는 대중 앞에서 세미나실에서와 다르게 말할 수도 있다는 것에 유의하라.

8. 경제학자들이 (모두) 시장을 숭배하는 것은 아니지만, 그들은 시장이 어떻게 작동하는지 당신보다 잘 알고 있다.

9. 모든 경제학자들이 똑같다고 생각한다면, 그들의 세미나에 한 번 참가해 보라.

10. 경제학자들이 비경제학자들에게 특히 무례하다고 생각한다면, 그들의 세미나에 한번 참가해 보라.

주석

서론

1 화이트가 실제로 소련의 스파이였는지에 대해서는 여전히 논쟁이 계속되고 있다. 벤 스틸^{Benn Steil}은 The Battle of Bretton Woods: John Maynard Keynes, Harry Dexter White, and the Making of a New World Order (2013)에서 화이트가 스파이라고 강력히 주장했다. 반대 주장으로는 제임스 보턴^{James Boughton}의 "Dirtying White: Why Does Benn Steil's History of Bretton Woods Distort the Ideas of Harry Dexter White?" Nation, (June 24, 2013)을 참조. 사실이 어찌 되었든, 국제통화기금과 세계은행은 제2차 세계대전 이후 수십 년간 미국의 (그리고 나머지 서구 세계의) 경제적 이해에 매우 잘 복무했다.

2 R. Preston McAfee and John McMillan, "Analyzing the Airwaves Auction," *Journal of Economic Perspectives* 10, no. 1 (Winter 1996): 159-75; Alvin E. Roth and Elliott Peranson, "The Redesign of the Matching Market for American Physicians: Some Engineering Aspects of Economic Design," *American Economic Review* 89, no. 4 (1999): 748-80; Louis Kaplow and Carl Shapiro, Antitrust, *NBER Working Paper* 12867 (2007); Ben Bernanke et al., *Inflation Targeting: Lessons from International Experience* (Princeton, NJ: Princeton University Press, 1999).

3 Steven D. Levitt and Stephen J. Dubner, *Freakonomics: A Rogue Economist Explores the Hidden Side of Everything* (New York: William Morrow, 2005).

1장 모델의 역할

1 악셀 레종후푸드, "Life among the Econ," *Western Economic Journal* 11, no. 3 (September 1973): 327. 이 논문이 출판된 이후, 다른 사회과학, 특히 정치학에서 모델의 사용이 더욱 일반적으로 되었다.

2 Ha-Joon Chang, *Economics: The User Guide* (London: Pelican Books, 2014), 3.

3 교차점이 나타나는 수요-공급 그래프는 1838년 프랑스 경제학자 꾸르노Antoine-Augustin Cournot의 책에 처음으로 등장했다. 오늘날 꾸르노는 복점Duopoly에 대한 그의 연구로 더 잘 알려져 있고, 보통 교차하는 수요-공급 곡선은 알프레드 마샬이 쓴 유명한 1890년 교과서에 나온 것으로 알려져 있다. Thomas M. Humphrey, "Marshallian Cross Diagrams and Their Uses before Alfred Marshall: The Origins of Supply and Demand Geometry," *Economic Review* (Federal Reserve Bank of Richmond), March/April 1992, 3~23.

4 엄격하게 말하면 추가적인 가정-기업들이 서로 신뢰할 만한(나중에 그들이 어길 유인이 없는) 약속을 할 수 없어야 한다-이 필요하다. 예를 들어, 각 기업은 다른 기업에게 광고를 하지 않을 것이라 약속하고 싶어 할지도 모른다. 그러나 다른 기업이 어떻게 하느냐에 상관없이 각 기업은 광고를 할 이해를 지니기 때문에 이 약속은 신뢰할 만하지 않다.

5 David Card and Alan Krueger, *Myth and Measurement: The New Economics of the Minimum Wage* (Princeton, NJ: Princeton University Press, 1997).

6 Dani Rodrik and Arvind Subramanian, "Why Did Financial Globalization Disappoint?" *IMF Staff Papers* 56, no. 1 (March 2009): 112-38.

7 Daniel Leigh et al., "Will It Hurt? Macroeconomic Effects of Fiscal Consolidation," in *World Economic Outlook* (Washington, DC: International Monetary Fund, 2010), 93-124, http://www.imf.org/external/pubs/ft/weo/2010/02/pdf/c3.pdf.

8 Ariel Rubinstein, "Dilemmas of an Economic Theorist," *Econometrica* 74, no. 4 (July 2006): 881.

9 Allan Gibbard and Hal R. Varian, "Economic Models," *Journal of Philosophy* 75, no. 11 (November 1978): 666.

10 Nancy Cartwright, "Models: Fables v. Parables," *Insights* (Durham Institute of Advanced Study) 1, no. 11 (2008).

11 Uskali Mäki, "Models Are Experiments, Experiments Are Models," *Journal of*

Economic Methodology 12, no. 2 (2005): 303~315. 경제모델에서 특정한 요인의 영향을 분리해내는 것은 보기보다 간단하지 않다는 것에 주의하라. 우리는 언제나 다른 배경조건들에 관해 어떤 가정을 해야 한다. 이러한 이유로 낸시 카트라이트는 결과는 언제나 수많은 요인들이 함께 작용한 데 따른 것이며, 우리는 결코 경제학에서 진정으로 원인과 결과를 분리해낼 수 없다고 주장한다. Cartwright, *Hunting Causes and Using Them: Approaches in Philosophy and Economics* (2007) 참조. 일반적으로 이는 사실이다. 그러나 우리는 다양한 모델들을 사용하여 어떤 요인이 결과에 중요한 영향을 미치는지 확인하기 위해 선택적으로 배경조건을 바꿀 수 있으며, 그것이 다양한 모델들을 가지는 잇점이다.

12 콜롬비아 사례에 대해서는 다음의 유명한 논문을 참조. Joshua Angrist, Eric Bettinger, and Michael Kremer: "Long-Term Educational Consequences of Secondary School Vouchers: Evidence from Administrative Records in Colombia," *American Economic Review* 96, no. 3 (2006): 847-62.

13 Nancy Cartwright and Jeremy Hardie, *Evidence-Based Policy: A Practical Guide to Doing It Better* (Oxford: Oxford University Press, 2012).

14 Milton Friedman, "The Methodology of Positive Economics," in *Essays in Positive Economics* (Chicago: University of Chicago Press, 1953).

15 Paul Pfleiderer, "Chameleons: The Misuse of Theoretical Models in Finance and Economics" (unpublished paper, Stanford University, 2014).

16 Gibbard and Varian, "Economic Models," 671.

17 이는 (온건한) 최저임금이 부과된 이후 고용이 증가한다는 것과 동일한 논리이다.

18 Nancy Cartwright, *Hunting Causes and Using Them: Approaches in Philosophy and Economics* (Cambridge: Cambridge University Press, 2007), 217.

19 경제학 이외의 분야에서, '합리적 선택'이라는 단어는 수학적 모델을 지배적으로 사용하는 사회과학의 접근법과 동의어가 되었다. 이러한 어법은 여러 점들을 혼동하고 있다. 모델을 사용한 사회과학을 하기 위해 수학이 필수적인 것은 아니며, 또한 개인이 합리적이라는 가정을 꼭 필요로 하는 것도 아니다.

20 Thomas C. Schelling, *The Strategy of Conflict* (Cambridge, MA: Harvard University Press, 1960); Schelling, *Micromotives and Macrobehavior* (New York: W. W. Norton, 1978).

21 Diego Gambetta, "'Claro!' An Essay on Discursive Machismo," in *Deliberative*

Democracy, ed. Jon Elster (Cambridge: Cambridge University Press, 1998), 24.

22 Dani Rodrik, "Why We Learn Nothing from Regressing Economic Growth on Policies", *Seoul Journal of Economics* 25, no.2 (Summer 2012): 137~151. 경제학과는 거리가 있지만, 진화생물학의 훌륭한 이론가인 존 메이너드 스미스는 한 동영상에서 주장을 수학으로 발전시키는 것이 왜 중요한지 설명했다. 그는 영양과 같은 어떤 동물이 왜 경계도약stotting이라 불리는, 달릴 때 위아래로 점프하는 행동을 하는지에 관해 말로 된 이론에 불만을 표시한다. 이러한 행동은 동물의 달리는 속도를 느리게 만들기 때문에 비효율적으로 보인다. 이론에 따르면 경계도약은 잠재적인 포식자에게 그 영양은 쫓을 가치가 없다는 신호를 주기 위한 것이다. 그 영양은 이렇게 비효율적으로 달려도 도망갈 수 있을 만큼 빠르다는 것이다. 메이너드 스미스는 어떻게 그가 이 시나리오를 수학적으로 모델로 만들려고 노력했고 결코 바라던 결과-경계도약이 신호로서 사용될 때 효율적이라는-를 얻을 수 없었는지에 관해서 회고한다. http://www.webofstories.com/play/john.maynard.smith/52;jsessionid=3636304FA6745B8E5D200253DAF409E0.

23 Marialaura Pesce, "The Veto Mechanism in Atomic Differential Information Economies," *Journal of Mathematical Economics* 53 (2014): 33-45.

24 Jon Elster, *Explaining Social Behavior: More Nuts and Bolts for the Social Sciences* (Cambridge: Cambridge University Press, 2007), 461.

25 이 이론에 대한 상대적으로 쉬운 소개는 Paul Milgrom, "Auctions and Bidding: A Primer," *Journal of Economic Perspectives* 3, no. 3 (Summer 1989), 3~22. 또한 Paul Klemperer, *Auctions: Theory and Practice* (2004) 참조.

26 Golden Goose Award, "Of Geese and Game Theory: Auctions, Airwaves—and Applications," *Social Science Space*, July 17, 2014, http://www.socialsciencespace.com/2014/07/of-geese-and-game-theory-auctions-airwaves-and-applications.

27 Friedman, "Methodology of Positive Economics."

28 Alex Pertland, *Social Physics: How Good Ideas Spread—The Lessons from a New Science* (New York: Penguin, 2014), 11.

29 Duncan J. Watts, *Everything Is Obvious: Once You Know the Answer* (New York: Random House, 2011), Kindle edition, locations 286-92.

30 Jorge Luis Borges, "On Exactitude in Science," in Collected Fictions, trans. Andrew Hurley (New York: Penguin, 1999).

31 Uskali Mäki, "Models and the Locus of Their Truth" *Synthese* 180 (2011): 47-63.

2장 경제모델 만들기의 과학

1 John Maynard Keynes, *Essays in Persuasion* (New York: W. W. Norton, 1963), 358-73.

2 후생경제학의 제2근본정리는 반대로 자원의 적절한 재분배를 통해 어떻게 서로 다른 효율적인 결과에 도달하는가에 관한 정리이다. 본질적으로 이 정리는 효율과 분배에 관한 질문들 사이를 구분한다. 최근의 연구는 이 두 정리가 가정하는 일부 전제들—시장의 완전성 또는 정보와 같은—이 충족되지 않으면 이러한 구분이 어떻게 붕괴하는지 보여준다.

3 Adam Smith, *An Inquiry into the Nature and Causes of the Wealth of Nations*, 5th ed. (1789; repr., London: Methuen, 1904), I.ii.2.

4 연필의 사례는 다음의 에세이에 기초한 것이었다. Leonard E. Read called "I, Pencil: My Family Tree as Told to Leonard E. Read" (Irvingtonon-Hudson, NY: Foundation for Economic Education, 1958), http://www.econlib.org/library/Essays/rdPncl1.html.

5 Kenneth J. Arrow, "An Extension of the Basic Theorems of Classical Welfare Economics," in *Proceedings of the Second Berkeley Symposium on Mathematical Statistics and Probability*, ed. J. Neyman (Berkeley: University of California Press, 1951), 507-32; Gerard Debreu, "The Coefficient of Resource Utilization," *Econometrica* 19 (July 1951): 273-92.

6 1983년 드브루가 노벨상을 받았을 때, 경제의 향방에 관한 그의 견해를 알고 싶어 하는 언론인이 그에게 질문을 했다. 그는 잠시 생각을 하더니 이렇게 말했다고 전해진다. "n개의 상품과 m개의 소비자가 있다고 가정해 봅시다…"

7 '보이지 않는 손' 정리를 충족시키기 위해 필요한 가정들은 필요조건이 아니라 충분조건이다. 즉, 시장은 이들 가정 중 몇몇이 만족되지 않아도 효율적일 수 있다. 이런 여유로 인해 몇몇 경제학자들은 완전한 애로우-드브루 조건이 충족되지 않는 경우에도 자유로운 시장은 바람직할 수 있다고 주장한다.

8 Paul Samuelson, "The Past and Future of International Trade Theory," in *New Directions in Trade Theory*, eds. A. Deardorff, J. Levinsohn, and R. M. Stern (Ann Arbor, MI: University of Michigan Press, 1995), 22.

9 David Ricardo, *On the Principles of Political Economy and Taxation* (London: John Murray, 1817), chap. 7.

10 Dani Rodrik, *The Globalization Paradox: Democracy and the Future of the World Economy* (New York: W. W. Norton, 2011), chap. 3.

11 David Ricardo, *On the Principles of Political Economy and Taxation*, 3rd ed. (London: John Murray, 1821), chap. 7, para. 7.17, http://www.econlib.org/library/Ricardo/ricP2a.html.

12 David Card, "The Impact of the Mariel Boatlift on the Miami Labor Market," *Industrial and Labor Relations Review* 43, no. 2 (January 1990): 245-57; George J. Borjas, "Immigration," in The Concise Encyclopedia of Economics, http://www.econlib.org/library/Enc1/Immigration.html, accessed December 31, 2014; Örn B. Bodvarsson, Hendrik F. Van den Berg, and Joshua J. Lewer, "Measuring Immigration's Effects on Labor Demand: A Reexamination of the Mariel Boatlift" (University of Nebraska-Lincoln, Economics Department Faculty Publications, August 2008).

13 이것은 비교우위의 기본적 원리의 확장판인 놀라운 스톨퍼-사무엘슨 정리의 내용이다. 이 정리는 무역에 대한 개방은 상대적으로 풍부한 생산요소(그것이 고용된 부문에 상관없이)에게 이득이 되고, 상대적으로 모자란 생산요소에게 손해를 미친다고 이야기한다. 이 정리가 기초하고 있는 중요한 가정은 서로 다른 생산요소들이-서로 다른 숙련을 지닌 노동자들과 자본-산업들 사이에서 이동가능하다는 것이다. Wolfgang Stolper and Paul A. Samuelson, "Protection and Real Wages," *Review of Economic Studies* 9, no.1 (1941): 58~73.

14 James E. Meade, *The Theory of International Economic Policy*, vol. 2, Trade and Welfare (London: Oxford University Press, 1955); Richard G. Lipsey and Kelvin Lancaster, "The General Theory of Second Best," *Review of Economic Studies* 24, no. 1 (1956-57): 11-32.

15 통화의 절상이 더욱 즉각적인 메커니즘이지만, 국내 임금의 상승도 똑같은 효과를 발생시킬 수 있다. 이러한 구축은 간단히 말해서 외국 통화로 표시된 국내 임금이 상승할 때 나타나는데, 이는 임금의 상승, 국내 통화 가치의 상승, 또는 이 둘의 조합 등에 의해 일어날 수 있다.

16 Avinash Dixit, "Governance Institutions and Economic Activity," *American*

Economic Review 99, no. 1 (2009): 5-24.

17 Thomas C. Schelling, *The Strategy of Conflict* (Cambridge, MA: Harvard University Press, 1960); Schelling, *Micromotives and Macrobehavior* (New York: W. W. Norton, 1978).

18 현실의 적용을 포함하여 이에 관한 훌륭한 논의는 Avinash K. Dixit and Barry J. Nalebuff, *The Art of Strategy* (New York: W. W. Norton, 2008)을 참조.

19 토마스 쿤의 과학혁명의 구조 이후, 자연과학조차 이러한 이상적인 틀에 들어맞는지 의문을 제기하는 것이 흔한 일이 되었다. 쿤은 과학자들이 그 패러다임과 위배되는 증거가 있어도 포기하려고 하지 않는 '패러다임' 내에서 연구한다고 지적했다. 경제학에 관한 나의 지적은 이와는 다를 것이다. 그것은 과학으로서 경제학은 '수직적으로'(새로운 모델이 낡은 모델을 대체함으로써)가 아니라 '수평적으로'(모델이 증식되어) 진보한다는 것이다.

20 Joseph E. Stiglitz and Andrew Weiss, "Credit Rationing in Markets with Imperfect Information," *American Economic Review* 71, no. 3 (June 1981): 393-410.

21 스티븐 와인버그는 다음과 같이 말한다. "오늘날 알려진 물리학의 그 어떤 법칙도 (아마도 양자역학의 일반원리를 제외하고) 정확하고 보편적으로 옳지는 않다. 그럼에도 불구하고, 그들 중 많은 법칙들은 특정한 알려진 환경에서는 옳은, 최종적인 형태로 정리되었다. 오늘날 맥스웰의 방정식으로 알려진 전기와 자기의 방정식은 맥스웰 본인에 의해 쓰여진 방정식이 아니다. 그것들은 맥스웰 이후 다른 물리학자들이 수십 년의 연구 끝에 정리한 방정식들이다. … 오늘날 그것들은 제한적인 환경에서 옳은, 대략의 추정으로 이해된다. … 그러나 그것들은 이러한 형태로 그리고 제한된 환경에서 수백 년 동안 살아 남아 왔고 무한히 살아 남을 것으로 기대될 수 있다. 이것이 내가 생각하기에 우리가 아는 어떤 것보다 참된 물리학의 법칙과 같은 것이다." Weinberg, "Sokal's Hoax," *New York Review of Books* 43, no.13 (August 8, 1996): 11~15.

22 노벨상 수상식에서 조지 애컬로프는 그 스스로 참여했던 경제모델의 변화에 관해 다음과 같이 말했다. "1960년대 초반, 표준적인 미시경제이론은 압도적으로 완전경쟁 일반균형모델에 기초하고 있었다. 1990년대가 되자 이 모델은 경제이론의 한 분야에 지나지 않게 되었다. 당시 경제이론의 표준적 논문들은 현재와는 매우 다른 스타일이었다. 현재는 경제모델이 특정한 시장과 환경에 맞춤되어 제시된다. 이러한 새로운 스타일에서 경제이론은 단지 완전경쟁의 단일한 모델로부터의 일

탈이 아니다. 대신 이 새로운 스타일의 경제이론은 고려대상인 특별한 문제를 표현하는 현실의 두드러진 특징들을 설명하기 위해 맞춤형으로 만들어진다. 완전경쟁은 그 자체로 흥미로운 특별한 경우이기는 하지만 수많은 모델들 중 하나일 뿐이다. '불량품Lemon 시장'(애컬로프가 노벨상을 받은 연구)은 이 새로운 스타일의 경제학에서 초기의 논문이었기 때문에 그 논문의 기원과 역사는 그러한 모델의 변화에서 일종의 무용담이라고 할 수 있다. Akerlof, "Writing the 'The Market for 'Lemons'': A Personal and Interpretive Essay" (2001 Nobel Prize lecture).

23 Andrew Weiss, *Efficiency Wages: Models of Unemployment, Layoffs, and Wage Dispersion* (Princeton, NJ: Princeton University Press, 1990).

24 이것은 Uri Gneezy and Aldo Rustichini, "A Fine Is a Price," *Journal of Legal Studies* 29, no. 1 (January 2000): 1-17. 에서 보고된 유명한 이스라엘의 데이케어센터의 실험 결과이다. 저자들은 이 결과를 부모들이 의사결정을 하는 정보환경이 보통의 합리성 원리에 서의 적합하도록 변화한 결과로서 해석한다. 사무엘 보울스는 일단 벌금이 도입되자 규준이 변화하여 그런 일이 일어났디는 해석을 제시한다. Samuel Bowles, "Machiavelli's Mistake: Why Good Laws Are No Substitute for Good Citizens" (unpublished book manuscript, 2014).

25 Itzhak Gilboa, Andrew Postlewaite, Larry Samuelson, and David Schmeidler, "Economic Models as Analogies" (unpublished paper, January 27, 2013), 6-7.

26 Theodore W. Schultz, Transforming Traditional Agriculture (1964).

27 예를 들어, 「이코노미스트」의 인터넷 사이트에서 진행된 나와 하버드 대학교 경영대학원 교수 조쉬 레너와의 논쟁은 July 12-17, 2010, http://www.economist.com/debate/debates/overview/177.

28 Carmen M. Reinhart and Kenneth S. Rogoff, Growth in a Time of Debt, *NBER Working Paper* 15639 (Cambridge, MA: National Bureau of Economic Research, 2010).

29 Thomas Herndon, Michael Ash, and Robert Pollin, "Does High Public Debt Consistently Stifle Economic Growth? A Critique of Reinhart and Rogoff" (Amherst: University of Massachusetts at Amherst, Political Economy Research Institute, April 15, 2013).

30 그 주장과 증거가 이러한 검증을 통과하는 사회과학들과 그렇지 않은 사회과학들의 차이에 대해서는 Jon Elster, *Explaining Social Behavior: More Nuts and Bolts*

for the Social Sciences (2007), 특히 pp.445~467 참조. Marion Fourcade, Etienne Ollion, and Yann Algan, The Superiority of Economists, *MaxPo Discussion Paper* 14/3 (2014)은 경제학에 대한 매우 다른 해석을 제시한다. 이들은 학문 분과 내부의 학문적 위계에 관한 합의를 그 학문의 최고의 학부들에 의해 행사되는 엄격한 통제의 형태로 해석한다. 다른 많은 자연과학들의 경우처럼, 어떤 연구가 좋은 것이 되는지에 관한 규준의 공유는 이러한 합의에 관한 똑같이 그럴듯한 설명이다.

31 유명한 '소칼의 지적 사기' 사례에서, 물리학자 앨런 소칼은 양자중력이 어떻게 '해방적인 포스트모던 과학'을 만들어낼 수 있는지에 관해 설명하는 논문을 문화연구에 관한 일급 학술지에 투고했다. 문화연구라는 유행하는 학문 세계의 복잡한 논의 스타일을 패러디한 이 논문은 편집자들에 의해 즉시 출판되었다. 소칼은 그의 의도가 그 저널이 '넌센스로 가득한' 논문을 출판할 것인지 확인하여 그 학문 분야의 지적인 수준을 검증하는 것이었다고 발표했다. Sokal, "A Physicist Experiments with Cultural Studies," April 15, 1996, http://www.physics.nyu.edu/sokal/lingua_franca_v4.pdf.

32 R. E. Peierls, "Wolfgang Ernst Pauli, 1900-1958," Biographical Memoirs of Fellows of the Royal Society 5 (February 1960): 186.

33 경제학에 관한 나의 관점은 사실 인식론적으로 실증주의보다는 실용주의적 전통에 더 가깝다.

34 Albert Einstein, "Physics and Reality," in *Ideas and Opinions of Albert Einstein*, trans. Sonja Bargmann (New York: Crown, 1954), 290, cited in Susan Haack, "Science, Economics, 'Vision,'" *Social Research* 71, no. 2 (Summer 2004): 225.

3장 모델의 선택

1 David Colander and Roland Kupers, *Complexity and the Art of Public Policy* (Princeton, NJ: Princeton University Press, 2014), 8.

2 Dani Rodrik, "Goodbye Washington Consensus, Hello Washington Confusion?: A Review of the World Bank's Economic Growth in the 1990s: Learning from a Decade of Reform," *Journal of Economic Literature* 44, no. 4 (December 2006): 973-87.

3 Ricardo Hausmann, Dani Rodrik, and Andres Velasco, "Growth Diagnostics," in *The Washington Consensus Reconsidered: Towards a New Global Governance*, eds. J. Stiglitz and N. Serra (New York: Oxford University Press, 2008).

4 다음 논문은 이 과정을 많은 국가들의 사례들과 함께 더욱 상세하게 설명한 다. Ricardo Hausmann, Bailey Klinger, and Rodrigo Wagner, Doing Growth Diagnostics in Practice: A "Mindbook", *CID Working Paper* 177 (Cambridge, MA: Center for International Development at Harvard University, 2008).

5 Ricardo Hausmann, Final Recommendations of the International Panel on ASGISA, *CID Working Paper* 161 (Cambridge, MA: Center for International Development at Harvard University, 2008).

6 Ricardo Hausmann and Dani Rodrik, "Self-Discovery in a Development Strategy for El Salvador," *Economia: Journal of the Latin American and Caribbean Economic Association* 6, no. 1 (Fall 2005): 43-102.

7 여기서 나는 카르텔이 작동하는 메커니즘에 관한 몇몇 문제들은 무시하고 단순하게 카르텔이 통합된 독점처럼 행동한다고 가정한다.

8 Douglass C. North and Robert Paul Thomas, *The Rise of the Western World: A New Economic History* (Cambridge: Cambridge University Press, 1973).

9 이러한 '실물적 경기변동real business cycle' 모델의 초기 예로는 Finn E. Kydland and Edward C. Prescott, "Time to Build and Aggregate Fluctuations," *Econometrica* 50, no.6 (1982): 1345~1370 참조.

10 Rochelle M. Edge and Refet S. Gürkaynak, "How Useful Are Estimated DSGE Model Forecasts?" *Finance and Economics Discussion Series* (Washington, DC: Divisions of Research & Statistics and Monetary Affairs, Federal Reserve Board, 2011).

11 Barry Nalebuff, "The Hazards of Game Theory," Haaretz, May 17, 2006, http://www.haaretz.com/business/economy-finance/the-hazards-of-game-theory-1.187939. 또한 Avinash Dixit and Barry Nalebuff, *Thinking Strategically: The Competitive Edge in Business, Politics, and Everyday Life* (New York: W. W. Norton, 1993), chap 1.

12 Santiago Levy, *Progress against Poverty: Sustaining Mexico's Progresa-Oportunidades Program* (Washington, DC: Brookings Institution, 2006).

13 Mexico—PROGRESA: Breaking the Cycle of Poverty (Washington, DC: International Food Policy Research Institute, 2002), http://www.ifpri.org/sites/default/files/pubs/pubs/ib/ib6.pdf.

14 Edward Miguel and Michael Kremer, "Worms: Identifying Impacts on Education and Health in the Presence of Treatment Externalities," *Econometrica* 72, no. 1 (2004): 159-217.

15 Esther Duflo, Rema Hanna, and Stephen P. Ryan, "Incentives Work: Getting Teachers to Come to School," *American Economic Review* 102, no. 4 (June 2012): 1241-78.

16 David Roodman, "Latest Impact Research: Inching towards Generalization," Consultative Group to Assist the Poor (CGAP), April 11, 2012, http://www.cgap.org/blog/latest-impact-research-inching-towards-generalization.

17 Joshua D. Angrist, "Lifetime Earnings and the Vietnam Era Draft Lottery: Evidence from Social Security Administrative Records," *American Economic Review* 80, no. 3 (June 1990): 313-36.

18 Donald R. Davis and David E. Weinstein, "Bones, Bombs, and Break Points: The Geography of Economic Activity," *American Economic Review* 92, no. 5 (2002): 1269-89.

19 David R. Cameron, "The Expansion of the Public Economy: A Comparative Analysis," *American Political Science Review* 72, no. 4 (December 1978): 1243-61.

20 Dani Rodrik, "Why Do More Open Economies Have Bigger Governments?" *Journal of Political Economy* 106, no. 5 (October 1998): 997-1032

21 Hausman, Klinger and Wagner, *Doing Growth Diagnostics in Practice*. 나는 여기서 '진단 신호'에 대한 이들의 요약에 크게 의존했다.

22 Robert Sugden, "Credible Worlds, Capacities and Mechanisms" (unpublished paper, School of Economics, University of East Anglia, August 2008).

4장 모델과 이론

1 Andrew Gelman, "Causality and Statistical Learning," *American Journal of Sociology* 117 (2011): 955-66; Andrew Gelman and Guido Imbens, Why Ask Why? Forward Causal Inference and Reverse Causal Questions, *NBER Working Paper* 19614 (Cambridge, MA: National Bureau of Economic Research, 2013).

2 Dani Rodrik, "Democracies Pay Higher Wages," *Quarterly Journal of Economics* 114, no. 3 (August 1999): 707-38.

3 Lawrence Mishel, The Wedges between Productivity and Median Compensation Growth, *Issue Brief* 330 (Economic Policy Institute, 2012). 미쉘은 중위^{median}임금에 초점을 맞추는데, 중위임금은 급여의 불평등이 높아졌기 때문에 평균임금보다 훨씬 더 느리게 상승했다.

4 Thomas Piketty, Emmanuel Saez, and Stefanie Stantcheva, Optimal Taxation of Top Labor Incomes: A Tale of Three Elasticities, *NBER Working Paper* 17616 (Cambridge, MA: National Bureau of Economic Research, 2011).

5 1861년~1878년 사이 그린백 시대의 막간은 예외적이었다. Michael D. Bordo, "The Classical Gold Standard: Some Lessons for Today," *Federal Reserve Bank of St. Louis Review*, May 1981, 2~17.

6 J. R. Hicks, "Mr. Keynes and the 'Classics': A Suggested Interpretation," *Econometrica* 5, no. 2 (April 1937): 147-59.

7 John M. Keynes, "The General Theory of Employment," *Quarterly Journal of Economics* 51, no. 2 (February 1937): 209-23, 다음에서 인용. J. Bradford DeLong in "Mr. Hicks and 'Mr Keynes and the "Classics": A Suggested Interpretation': A Suggested Interpretation," June 20, 2010, http://delong.typepad.com/sdj/2010/06/mr-hicks-andmr-keynes-and-the-classics-a-suggested-interpretation-a-suggestedinterpretation.html.

8 Robert E. Lucas and Thomas Sargent, "After Keynesian Macroeconomics," *Federal Reserve Bank of Minneapolis Quarterly Review* 3, no. 2 (Spring 1979): 1-18.

9 John H. Cochrane, "Lucas and Sargent Revisited," The Grumpy Economist (blog), July 17, 2014, http://johnhcochrane.blogspot.jp/2014/07/lucas-and-sargent-revisited.html.

10 Robert E. Lucas Jr., "Macroeconomic Priorities," *American Economic Review* 93, no. 1 (March 2003): 1-14.

11 Robert E. Lucas, "Why a Second Look Matters" (presentation at the Council on Foreign Relations, New York, March 30, 2009), http://www.cfr.org/world/why-second-look-matters/p18996.

12 Holman W. Jenkins Jr., "Chicago Economics on Trial" (interview with Robert E. Lucas), *Wall Street Journal* (Sep. 24, 2011). 2014년 37명의 주요 경제학자들에 대한 설문조사에서 한 명을 제외한 모두는 이 재정 부양책이 실업을 줄였다는 데

동의했고, 대부분은 이 정책의 이득이 비용보다 컸다고 생각했다. Justin Wolfers, "What Debate? Economists Agree the Stimulus Lifted the Economy," The Upshot, *New York Times*, (Jul. 29, 2014).

13 Holman W. Jenkins Jr., "Chicago Economics on Trial" (Robert E. Lucas와의 인터뷰), *Wall Street Journal*, September 24, 2011, http://online.wsj.com/news/articles/SB10001424053111904194604576583382550849232.

14 Paul Krugman, "The Stimulus Tragedy," *New York Times*, February 20, 2014, http://www.nytimes.com/2014/02/21/opinion/krugmanthe-stimulus-tragedy.html.

15 J. Bradford DeLong and Lawrence H. Summers, "Fiscal Policy in a Depressed Economy," *Brookings Papers on Economic Activity*, Spring 2012, 233-74.

16 Edward P. Lazear and James R. Spletzer, "The United States Labor Market: Status Quo or a New Normal?" (paper prepared for the Kansas City Fed Symposium, September 13, 2012)

17 Scott R. Baker, Nicholas Bloom, and Steven J. Davis, "Measuring Economic Policy Uncertainty" (unpublished paper, Stanford University, June 13, 2013); Daniel Shoag and Stan Veuger, "Uncertainty and the Geography of the Great Recession" (unpublished paper, John F. Kennedy School of Government, Harvard University, February 25, 2014).

18 전미 조사국US Census Bureau의 데이터이다; "Income Gini Ratio for Households by Race of Householder, All Races," FRED Economic Data, Federal Reserve Bank of St. Louis, http://research.stlouisfed.org/fred2/series/GINIALLRH#, accessed July 24, 2014 참조.

19 The World Top Incomes Database, http://topincomes.parisschoolof economics. eu/#Database, accessed July 24, 2014.

20 Edward E. Leamer, Wage Effects of a U.S.-Mexican Free Trade Agreement, *NBER Working Paper* 3991 (Cambridge, MA: National Bureau of Economic Research, 1992), 1.

21 이것은 요소부존 이론을 확장시킨 스톨퍼-사무엘슨 정리의 결과이다. Wolfgang Stolper and Paul A. Samuelson, "Protection and Real Wages," *Review of Economic Studies* 9, no.1 (1941): 58~73.

22 Eli Berman, John Bound, and Zvi Griliches, "Changes in the Demand for Skilled Labor within US Manufacturing: Evidence from the Annual Survey of Manufacturers," *Quarterly Journal of Economics* 109, no. 2 (1994): 367-97.

23 Robert C. Feenstra and Gordon H. Hanson, "Foreign Direct Investment and Relative Wages: Evidence from Mexico's Maquiladoras," *Journal of International Economics* 42 (1997): 371-94.

24 Frank Levy and Richard J. Murnane, "U.S. Earnings and Earnings Inequality: A Review of Recent Trends and Proposed Explanations," *Journal of Economic Literature* 30 (September 1992): 1333-81; John Bound and George Johnson, "Changes in the Structure of Wages in the 1980s: An Evaluation of Alternative Explanations," *American Economic Review* 83 (June 1992): 371-92.

25 Lawrence Mishel, John Schmitt, and Heidi Shierholz, "Assessing the Job Polarization Explanation of Growing Wage Inequality," Economic Policy Institute, January 11, 2013, http://www.epi.org/publication/wp295-assessing-job-polarization-explanation-wage-inequality

26 Albert O. Hirschman, "The Search for Paradigms as a Hindrance to Understanding," *World Politics* 22, no. 3 (April 1970): 329-43.

5장 경제학이 틀릴 때

1 Thomas J. Sargent, "University of California at Berkeley Graduation Speech," May 16, 2007, https://files.nyu.edu/ts43/public/personal/UC_graduation.pdf.

2 Noah Smith, "Not a Summary of Economics," Noahpinion (blog), April 19, 2014, http://noahpinionblog.blogspot.com/2014/04/notsummary-of-economics.html; Paul Krugman, "No Time for Sargent," *New York Times* Opinion Pages, April 21, 2014, http://krugman.blogs.nytimes.com/2014/04/21/no-time-for-sargent/?module=BlogPost-Title&version=Blog%20Main&contentCollection=Opinion&action=Click&pgtype=Blogs&region=Body.

3 Greg Mankiw, "News Flash: Economists Agree," February 14, 2009, Greg Mankiw's Blog, http://gregmankiw.blogspot.com/2009/02/news-flash-economists-agree.html.

4 로저 고든과 고든 B. 달은 "2011년 연준의 새로운 정책이 2012년 GDP를 적어

도 1% 증가시킬 것인가"와 같은 꽤 구체적인 질문에 관해 주요 대학들의 경제학자들 사이에 '광범위한 합의'가 존재한다고 보고한다. 또한 그들은 당연하게도 그 질문에 관한 학술적 논문이 많은 경우 더 많은 이들이 동의한다는 것을 발견했다. Gordon and Dahl, "Views among Economists: Professional Consensus or Point-Counterpoint?" *American Economic Review: Papers & Proceedings* 103, no. 3 (2013): 629-35.

5 Richard A. Posner, "Economists on the Defensive—Robert Lucas," *Atlantic*, August 9, 2009, http://www.theatlantic.com/business/archive/2009/08/economists-on-the-defensive-robert-lucas/22979.

6 Robert Shiller, *Irrational Exuberance*, 2nd ed. (Princeton, NJ: Princeton University Press, 2005).

7 Raghuram G. Rajan, "The Greenspan Era: Lessons for the Future" (remarks at a symposium sponsored by the Federal Reserve Bank of Kansas City, Jackson Hole, WY, August 27, 2005), https://www.imf.org/external/np/speeches/2005/082705.htm; Charles Ferguson, "Larry Summers and the Subversion of Economics," *Chronicle of Higher Education*, October 3, 2010, http://chronicle.com/article/Larry-Summersthe/124790.

8 Eugene F. Fama, "Efficient Capital Markets: A Review of Theory and Empirical Work," *Journal of Finance* 25, no. 2 (May 1970): 383-417.

9 파마는 미래의 경제 전망이 왜 그렇게 갑자기 악화되었는지 모르겠다고 인정했다. 그러나 그는 자신이 거시경제학자가 아니며, 거시경제학은 결코 언제 불황이 닥쳐오는지 잘 판단하지 못해왔다고 덧붙였다. John Cassidy, "Interview with Eugene Fama", *New Yorker*, (Jan. 13, 2010).

10 Edmund L. Andrews, "Greenspan Concedes Error on Regulation," *New York Times*, October 23, 2008, http://www.nytimes.com/2008/10/24/business/economy/24panel.html?_r=0.

11 John Williamson, "A Short History of the Washington Consensus" (paper commissioned by Fundación CIDOB for the conference "From the Washington Consensus towards a New Global Governance," Barcelona, September 24-25, 2004).

12 Dani Rodrik, "Goodbye Washington Consensus, Hello Washington Confusion?:

A Review of the World Bank's Economic Growth in the 1990s: Learning from a Decade of Reform," *Journal of Economic Literature* 44, no. 4 (December 2006): 973-87.

13 Dani Rodrik, "Getting Interventions Right: How South Korea and Taiwan Grew Rich," *Economic Policy* 10, no. 20 (1995): 53-107; Rodrik, "Second-Best Institutions," *American Economic Review* 98, no. 2 (May 2008): 100-104.

14 Stanley Fischer, "Capital Account Liberalization and the Role of the IMF," September 19, 1997, https://www.imf.org/external/np/speeches/1997/091997. htm#1.

15 "The Liberalization and Management of Capital Flows: An Institutional View," International Monetary Fund, November 14, 2012, http://www.imf.org/external/np/pp/eng/2012/111412.pdf.

16 Edward López and Wayne Leighton, *Madmen, Intellectuals, and Academic Scribblers: The Economic Engine of Political Change* (Stanford, CA: Stanford University Press, 2012).

17 Francisco Rodríguez and Dani Rodrik, "Trade Policy and Economic Growth: A Skeptic's Guide to the Cross-National Evidence," in *Macroeconomics Annual 2000*, eds. Ben Bernanke and Kenneth S. Rogoff (Cambridge, MA: MIT Press for NBER, 2001).

18 Mankiw, "News Flash: Economists Agree."

19 다음의 주장에 90퍼센트의 경제학자들이 동의한다고 전해진다. '재정정책(예를 들어, 감세 그리고/또는 정부지출의 증가)이 완전고용보다 고용 수준이 낮은 경제에 상당한 경기부양 효과를 미친다.' Greg Mankiw, "News Flash: Economists Agree," (Feb. 14, 2009), Greg Mankiw's Blog, http://gregmankiw.blogspot.com/2009/02/news-flash-economists-agree.html.

20 이스트앵글리아 대학의 경제학자 로버트 석그덴은 다음과 같이 지적했다. "경제학에서는 … 모델 개발자는 그들의 모델이 현실 세계에 관해 무엇을 말하는지 분명하게 말할 필요가 없다는 관행이 존재하는 것 같다." Sugden, "Credible Worlds, Capacities and Mechanisms" (unpublished paper, School of Economics, University of East Anglia, August 2008), 18.

21 Mark R. Rosenzweig and Kenneth I. Wolpin, "Natural 'Natural Experiments' in

Economics," *Journal of Economic Literature* 38, no. 4 (December 2000): 827-74.

22 Dani Rodrik, *The Globalization Paradox: Democracy and the Future of the World Economy* (New York: W. W. Norton, 2011), chap. 6. 또한 Rodrik, "In Praise of Foxy Scholars," *Project Syndicate*, March 10, 2014, http://www.project-syndicate. org/commentary/dani-rodrik-on-the-promise-and-peril-of-social-science-models 도 참조.

6장 경제학과 그 비판가들

1 나는 대학생이었을 때 BBC 라디오 프로그램에서 들은 이 농담을 한 이는 경제학자 E. F. 슈마허Schumacher였다. 경제학자들은 스스로가 자신의 가장 신랄한 비판가이다.

2 David Colander, Richard F. Holt, and J. Barkley Rosser, "The Changing Face of Mainstream Economics," *Review of Political Economy* 16, no. 4 (October 2004): 487.

3 경제학자와 인류학자의 관점의 차이에 대한 훌륭한 개괄은 Pranab Bardhan and Isha Ray, Methodological Approaches in Economics and Anthropology, *Q-Squared Working Paper* 17 (Toronto: Centre for International Studies, University of Toronto, 2006)을 참조.

4 이러한 연구들의 예로는 Samuel Bowles, "Endogenous Preferences: The Cultural Consequences of Markets and Other Economic Institutions," *Journal of Economic Literature* 26 (1998): 75-111; George A. Akerlof and Rachel E. Kranton *Identity Economics: How Our Identities Shape Our Work, Wages, and Well-Being* (Princeton, NJ: Princeton University Press, 2010); Alberto Alesina and George-Marios Angeletos, "Fairness and Redistribution," *American Economic Review* 95, no. 4 (2005): 960-80; Alberto Alesina, Edward Glaeser, and Bruce Sacerdote, "Why Doesn't the United States Have a European-Style Welfare State?" *Brookings Papers on Economic Activity*, no. 2 (2001): 187-254; Raquel Fernandez, "Cultural Change as Learning: The Evolution of Female Labor Force Participation over a Century," *American Economic Review* 103, no. 1 (2013): 472-500; Roland Bénabou, Davide Ticchi, and Andrea Vindigni, "Forbidden Fruits: The Political Economy of Science, Religion, and Growth" (unpublished paper, Princeton University, December 2013) 등을 참조.

5 바그와티는 1980년대부터 자유무역에 대해 한결같이 지지해 왔다. 초기의 연구에서 그는 개방경제의 성장이 수입과 수출의 국제가격의 변화로 인해 악영향을 받을 수 있음을 보였다. 그는 또한 시장왜곡의 존재와 이를 교정하기 위해 필요한 정책대응에 관해 상세하게 분석하며, 다양한 조건하에서 자유방임주의가 최적이 아님을 보였다. "Immiserizing Growth: A Geometrical Note," *Review of Economic Studies* 25, no.3 (June 1958): 201~205; Bhagwati and V. K. Ramaswami, "Domestic Distortions, Tariffs and the Theory of Optimum Subsidy," *Journal of Political Economy* 71, no.1 (February 1963): 44~50.

6 Neil Gandal et al., "Personal Value Priorities of Economists," *Human Relations* 58, no. 10 (October 2005): 1227-52; Bruno S. Frey and Stephan Meier, "Selfish and Indoctrinated Economists?" *European Journal of Law and Economics* 19 (2005): 165-71.

7 이 두 정책은 완전정보가 존재하는 세계에서는 완전히 동일하지만, 불확실성하에서는 다른 결과를 만들어낸다.

8 Michael J. Sandel, "What Isn't for Sale?" *Atlantic*, April 2012, http://www.theatlantic.com/magazine/archive/2012/04/what-isnt-forsale/308902. 또한 Sandel, *What Money Can't Buy: The Moral Limits of Markets* (New York: Farrar, Straus and Giroux, 2012).

9 Uri Gneezy and Aldo Rustichini, "A Fine Is a Price," *Journal of Legal Studies* 29, no. 1 (January 2000): 1-17; Samuel Bowles, "Machiaveli's Mistake: Why Good Laws and No Substitute for Good Citizens" (unpublished manuscript, 2014).

10 Sandel, "What Isn't for Sale?"

11 Albert O. Hirschman, *The Passions and the Interest: Political Arguments for Capitalism before Its Triumph* (Princeton, NJ: Princeton University Press, 1977); 또한 Hirschman, "Rival Interpretations of Market Society: Civilizing, Destructive, or Feeble?" *Journal of Economic Literature* 20 (December 1982): 1463-84.

12 Dani Rodrik, "Occupy the Classroom," Project Syndicate, December 12, 2011, http://www.project-syndicate.org/commentary/occupy-the-classroom.

13 Economics, Education and Unlearning: Economics Education at the University of Manchester, Post-Crash Economics Society (PCES), April 2014, http://www.post-crasheconomics.com/download/778r. 옥스퍼드 대학교의 경제학자 사이먼 렌-루

이스는 그의 블로그에 이 학생들의 비판에서 무엇이 옳고 무엇이 그른지에 관해 훌륭한 논평을 올렸다. "When Economics Students Rebel," Mainly Macro (blog), April 24, 2014, http://mainlymacro.blogspot.co.uk/2014/04/when-economics-students-rebel.html.

14 Simon Wren-Lewis, "When Economics Students Rebel, Mainly Macro (blog), April 24, 2014, http://mainlymacro.blogspot.co.uk-2014-04-when=economocs=students=rebel.html.

15 상대적으로 경제학을 잘 아는 외부자들의 설명도 경제학의 엄격성을 과대평가하고 시간에 걸친 변화의 가능성을 과소평가한다. 한 사례로서, Marion Fourcade, Etienne Ollion, and Yann Algan, The Superiority of Economists, *MaxPo Discussion Paper* 14/3 (Paris: Max Planck Sciences Po Center on Coping with Instability in Market Societies, 2014)을 참조. 이 논문은 내가 아래에 인용할 경제학 내에 발생한 많은 변화들을 인용하지만 경제학의 동질성을 강조한다.

16 Herbert A. Simon, "A Behavioral Model of Rational Choice," *Quarterly Journal of Economics* 69 (February 1955): 99-118; Richard R. Nelson and Sidney G. Winter, *An Evolutionary Theory of Economic Change* (Cambridge, MA: Belknap Press of Harvard University Press, 1982).

17 Daniel Kahneman, Paul Slovic, and Amos Tversky, *Judgement under Uncertainty: Heuristics and Biases* (Cambridge: Cambridge University Press, 1982).

18 2009년 노벨경제학상은 제도와 공유자원 관리에 관한 연구를 한 정치학자 엘리노어 오스트롬에게 돌아갔다.

19 Werner F. M. De Bondt and Richard Thaler, "Does the Stock Market Overreact?" *Journal of Finance* 40, no. 3 (1985): 793-805.

20 David Laibson, "Golden Eggs and Hyperbolic Discounting," *Quarterly Journal of Economics* 112, no. 2 (1997): 443-77; Brigitte C. Madrian and Dennis F. Shea, "The Power of Suggestion: Inertia in 401(k) Participation and Savings Behavior," *Quarterly Journal of Economics* 116, no. 4 (2000): 1149-87; Jeffrey Liebman and Richard Zeckhauser, Simple Humans, Complex Insurance, Subtle Subsidies, *NBER Working Paper* 14330 (Cambridge, MA: National Bureau of Economic Research, 2008); Esther Duflo, Michael Kremer, and Jonathan Robinson, Nudging Farmers to Use Fertilizer: Theory and Experimental Evidence from Kenya, *NBER Working*

Paper 15131 (Cambridge, MA: National Bureau of Economic Research, 2009).

21 예를 들어, Angus Deaton, "Instruments of Development: Randomization in the Tropics, and the Search for the Elusive Keys to Economic Development" (Research Program in Development Studies, Center for Health and Wellbeing, Princeton University, January 2009)을 참조.

22 Daron Acemoglu, Simon Johnson, and James A. Robinson, "The Colonial Origins of Comparative Development: An Empirical Investigation," *American Economic Review* 91, no. 5 (December 2001): 1369-1401.

23 저자들은 초기 식민주의자들이 그들의 사망 위험이 낮은 지역에 좋은 제도를 세울 가능성이 높았다고 주장했다. 게다가 서양인들을 죽인 질병들은 현지인들에 영향을 미친 질병들과는 일반적으로 다른 것이었다. 이러한 가정들에 기초하여 그들은 정착인 사망률settler mortality rates을 제도의 품질의 차이를 보여주는 외생적인 요인으로 사용할 수 있었다. 이 변수는 무역 루트에 대한 근접성과 같은 장기적 발전경로에 영향을 미칠 수 있었던 다른 요인들로부터 영향을 받지 않는 독립적인 것이었다.

24 Daron Acemoglu and James Robinson, *Why Nations Fail: The Origins of Power, Prosperity, and Poverty* (New York: Crown, 2012)는 이러한 연구를 훌륭하게 전반적으로 종합하고 있다.

25 Binyamin Appelbaum, "Q. and A. with Jean Tirole, Economics Nobel Winner," *New York Times*, October 14, 2014 (http://www.nytimes.com/2014/10/15/upshot/q-and-a-with-jean-tirole-nobel-prize-winner.html?_r=0&abt=0002&abg=0).

26 예를 들어 Paul Rabinow and William M. Sullivan, eds., *Interpretive Social Science: A Second Look* (Berkeley: University of California Press, 1987)의 논문들을 참조.

27 이것은 위대한 경제학자이자 사회과학자 앨버트 허쉬만이 일생 동안 지지했던 '가능성주의possibilism'이다. 그는 결과를 '구조적' 조건들에 의해 고정된 것으로 생각하는, 사회과학에 일반적인 결정론적 접근에 반대했다. 대신 그는 결정적인 영향을 미치는 사상과 작은 행동들의 힘을 지지했다. Philipp H. Lepenies, "Possibilism: An Approach to Problem-Solving Derived from the Life and Work of Albert O. Hirschman," *Development and Change* 39, no.3 (May 2008): 437~459.

찾아보기

가능성주의 264

갈릴레오 갈릴레이 44

갈브레이스, 존 케네스 212

감베타, 디에고 49

개발경제학 92, 230

개발경제학과 식민지 정착 235

개혁 피로 106

거시경제학의 고전적 질문 120

게임이론 122

겔만, 앤드류 137

결정적critical 가정들 32, 42, 113

경계도약stotting 248

경기변동

    고전파 경제학의 접근 149

    새고전파 모델 155

    케인스 모델 150

경로의존성 57

경매이론 51

「경제분석의 기초」 148

경제학의 심리학과 사회학 192

경제학의 정의 18

경제협력개발기구(OECD) 189

고슴도치와 여우(경제학자의 두 유형) 200

고전적 실업 149

『괴짜경제학』 19

교차탄력성 209

「과학적 정확성에 대하여」 58

『과학혁명의 구조』 251

국제경제연구소(IIE) 184

국제부흥개발은행(세계은행) 14

국제통화기금(IMF) 14, 189

규모의 경제 30, 72, 127, 144

그린백 시대 256

그린스펀, 앨런 183

그림자금융 (섀도우뱅킹) 178

기바드, 앨런 34

기후변화 216

길보아, 이차크 89

꽁뜨, 오거스트 98

꾸르노, 안톤-오거스틴 246

끈이론 135
나비효과 54
내생적 성장모델 107
네덜란드병 78, 118
네일버프, 배리 121
넬슨, 리처드 232
노동가치론 140
노스, 더글라스 117
누락의 오류 176, 177
다윈, 찰스 136
다중균형 30, 57
단일시장분석 74
달, 고든 B. 258
담배산업 가격통제 42.
대처, 마가렛 67
데이비스, 도날드 127
데이케어센터 실험(이스라엘) 219
도시성장모델 127
독점과 가격통제 43
동시적 대 순차적 행동 86
듀플로, 에스더 126
드브루, 제라드 67, 249
들롱, 브래드 158
딕싯, 아비나쉬 11, 79
라이언, 스테픈 126
라인하르트, 카르멘 94
라잔, 라구람 178
랭카스터, 캘빈 77
레버리지 178
레비, 산티아고 15, 124
레빗, 스티븐 19
레이건, 로널드 67
레종후푸드, 악셀 23, 246
렌-루이스, 사이몬 227
로고프, 케네스 94

로드릭, 대니 129
로빈슨, 제임스 235
루빈스타인, 아리엘 34
루이스, 아더 47
루카스, 로버트 152, 158
리머, 에드워드 161
리카도, 데이비드 70, 225
리카도, 사무엘 225
립시, 리처드 77
링컨, 에이브러햄 70
마르크스, 칼 140
마리엘 보트리프트(1980년) 75
마샬, 알프레드 47, 141, 246
마키, 우스칼리 36
말로 된^{verbal} 모델 49
매디슨, 제임스 215
매몰비용 88
맥스웰의 방정식 251
맨큐, 그레그 173, 226
맬서스, 토마스 140
모기장 보조와 말라리아 발병 233
모기지금융 54
모델 선택의 검증 112
모델과 예측 137, 212
모델과 이론 135
모델과 인과관계 39, 55, 103
모델의 과학적 특성 34, 64
모델의 다양성 26
모델의 단순성과 복잡성 52
모델의 맥락에 따른 타당성 211
모델의 명료성과 일관성 46
모델의 비현실적 가정 39, 208
모델의 사회적 실재 84
모델의 수직적 발전 85, 251
모델의 수평적 발전 89, 251

모델의 유효성 44
모델의 직접적 결과 119
몽테스키외, 찰스-루이스 225
무역 자유화 186, 194
무역전환효과 77
무역창출효과 77
무작위통제실험(RCT) 231
무칸드, 샤룬 11
미구엘, 테드 126
미국 헌법 215
미국의 불평등 160
미국의 이민자 문제 75
미드, 제임스 77
미시적 기초 120, 153, 209
민영화 85, 185
바그와티, 작디쉬 210, 262
반독점법 185
방법론적 개인주의 209
배리안, 할 34
버냉키, 벤 157
벌린, 이사야 200
베르뜨랑 대 꾸르노 경쟁 86
베트남전쟁 징병 추첨 사례 127
보르헤스, 호르헤 58
보울딩, 케네스 24
보울스, 샘 219, 252
보이지 않는 손 66, 214
보잉 29
보턴, 제임스 M. 245
복점 86, 246
뵘-바베르크, 유진 폰 141
부분균형 분석 74
불완전경쟁 88, 158
불평등 160
붕괴 이후의 경제학회(PCES) 226

브레튼우즈 13
블룸버그, 마이클 16
비교우위 70, 161
비대칭적 정보 86
비일관적 시간 선호 81
비크리, 윌리엄 14
빅데이터 53
빅셀, 크누트 141
빈곤퇴치프로그램
  멕시코 15
  칠레 16
  브라질 125
  프로그레사 15, 125
사무엘슨, 폴 46, 69
사전위임pre-commitment 전략 81
사전트, 톰 153
사전트의 UC 버클리졸업연설 171
사회과학과 경제학 14, 48, 238
사회과학과 민주주의 96
사회과학의 통일적 이론 148
사회선택이론 50
산업정책 93, 188
산업조직론 230
상보성 56
새고전파모델 54
샌델, 마이클 217
생산함수 141, 146
서머스, 래리 158, 178
석덴, 로버트 131
석유산업의 가격통제 114
석유산업의 공급과 수요 117
「선택의 자유」 67
세계화 161
셸링, 톰 48, 57, 80
소득의 개인적 분배 143

소득의 기능적 분배 143
소칼, 앨런 253
소칼의 지적 사기 253
수리경제학 50
수브라마니안, 아르빈드 11
수요측 모델 152
수입쿼터 173
수학과 경제모델 44
수학적 최적화 120, 231
숙련 기반 기술 변화(SBTC) 164
숙련 프리미엄 130, 161
쉴러, 로버트 178
슈마허, E. F. 261
스미스, 노아 172
스미스, 아담 66
스태그플레이션 54
스톨퍼-사무엘슨 정리 250
스티글리츠, 조셉 46, 87
스펜스, 마이클 87
시장근본주의 185
시장설계모델 16, 51
신고전파모델 106
신고전파 분배이론 145
신뢰성(게임이론) 48
신용평가기관 180
신용할당 83
실물적 경기변동(RBC) 모델 254
실업에 대한 고전적 관점 149
아제모글루, 대런 235
아웃소싱 223
아인슈타인, 알버트 98
알렌, 다니엘 10
애로우, 케네스 46, 67
애쉬, 마이클 94
애컬로프, 조지 87, 251

앵그리스트, 조슈아 127
양적 완화 157
역진적 인과추론 137
연산가능 일반균형(CGE) 56
영란은행 226
오바마, 버락 157, 176
오스트롬, 엘리노어 263
오프쇼어링 163
올린, 베르틸 161
와인버그, 스티븐 251
와츠, 던컨 53
완전경쟁시장 27, 42
왈저, 마이클 10
외부적 타당성 127, 131
요소부존 이론 161
울람, 스타니슬로프 69
웅거, 로베르토 7
워싱턴 컨센서스 176, 184
워싱턴 컨센서스와 라틴아메리카 184
윌리암슨, 존 184
유동성 함정 152
음의 소득세 196
의사결정나무 decision tree 108
이중경제 dual economy 107
「이콘들 사이의 삶」 23
인센티브 33, 67, 171
인적자본 105
일반균형 상호작용 74
일반상대성 135
자동차 판매세의 효과 208
자본유입이 성장에 미치는 영향 191
자본흐름 14, 189
자산 버블 177
자유지상주의 221
장하준 25

재정 부양책 157, 176
전략적 상호작용 80
전방인과^{forward causation} 137
「전미경제학리뷰」 45
「전미정치학리뷰」 45
정적 대 동적 모델 86
제본스, 윌리엄 스탠리 141
제한된 합리성 232
조건부 현금이전(CCT) 프로그램 16
조건적인 특징^{contingency} 39, 131
조정^{coordination} 모델 29
죄수의 딜레마 28
주인-대리인 모델 179
주택 버블(2008년) 177
중농주의자 140
지니계수 160
지대 141
지대 추구^{rent seeking} 195
진단분석 111
차선의 일반이론(차선의경제학) 77
차선의 이론과 무역 77
최저임금 174
최저임금과 고용 136
최후통첩게임 123
카네만, 다니엘 232
카드, 데이비드 76
카르텔 114, 207
카메론, 데이비드 129
카트라이트, 낸시 34, 44
칼라일, 토마스 140
케인스, 존 메이나드 13, 64, 149
『케인즈 씨와 고전파』 150
케인지안 모델 152
코크레인, 존 153
콜랜더, 데이비드 103

콜롬비아의 교육 바우처 38
쿠퍼스, 롤랜드 103
쿤, 토마스 251
크레머, 마이클 126
크루그먼, 폴 158
클라크, 존베이츠 141
탄소배출권 217
통계적분석 228
통신 주파수 경매와 게임이론 51
튤립 광풍 179
티롤, 장 237
티핑포인트 57
파레토 효율성 28, 66
파마, 유진 181, 259
파생상품 178
파신, 디디어 10
파울리, 볼프강 97
포스너, 리차드 177
폴린, 로버트 94
프리드만, 밀튼 40, 52, 66
플라이더러, 폴 40
피셔, 스탠리 189
피터슨연구소 184
핀스트라, 롭 163
하우스만, 리카도 130
한계비용 142, 217
한계생산성 142
한계주의 141
한계주의자 142
한계효용 141
한나, 레마 126
한슨, 고든 163
합리적 기대 154
합리적 버블 179
합리적 선택 247

항공산업 규제완화 193
해밀튼, 알렉산더 215
행동경제학 88, 231
허쉬만, 알버트 224, 264
헌든, 토마스 94
헥셔, 엘리 161
현금 지원cah grant 73, 124
현장실험field experiment 37, 124
혼잡요금제 14
홀데인, 앤드류 226

화이트, 해리 덱스터 13, 245
『고용, 이자, 화폐에 관한 일반이론』 150
확신의 오류 176, 184
효율성 28, 66
효율성 임금 147
효율적 시장가설 181, 232
후생경제학 제1근본정리 65
후생경제학 제2근본정리 249
힉스, 존 150
2×2 무역 모델 70

그래도 경제학이다

1판 1쇄 펴냄 | 2016년 4월 29일

지은이 | 대니 로드릭
옮긴이 | 이강국
발행인 | 김병준
편집장 | 김진형
디자인 | 정계수(표지) · 박애영(본문)
발행처 | 생각의힘

등록 | 2011. 10. 27. 제406-2011-000127호
주소 | 경기도 파주시 회동길 37-42 파주출판도시
전화 | 070-7096-1332
전자우편 | tpbook1@tpbook.co.kr
홈페이지 | www.tpbook.co.kr

공급처 | 자유아카데미
전화 | 031-955-1321
팩스 | 031-955-1322
홈페이지 | www.freeaca.com

ISBN 979-11-85585-23-9 03320

이 도서의 국립중앙도서관 출판시도서목록(CIP)은
서지정보유통지원시스템 홈페이지(http://seoji.nl.go.kr)와
국가자료공동목록시스템(http://www.nl.go.kr/kolisnet)에서
이용하실 수 있습니다.(CIP제어번호: CIP2016009032)